John Wimber · Power Evangelism

John Wimber

Vollmächtige Evangelisation

Projektion J Verlag GmbH, Hochheim

1. Auflage 1986
2. Auflage 1987

Titel der Originalausgabe: Power Evangelism

© 1985 by John Wimber and Kevin Springer
Published by Hodder and Stoughton, 47 Bedford Square, London WC1 B3 DP, England

© der deutschen Ausgabe 1986 by Projektion J Verlag GmbH, Postf. 1380, D-6203 Hochheim
ISBN 3-925 352-05-8

Übersetzung: Jutta Suthau, Andrea Gleiß
Umschlaggestaltung: Christina Burfeind, Hamburg
Satz: Studio Gerd Höricht, Flörsheim-Weilbach
Druck: Heinzelmann Druckservice, Metzingen

INHALT

VORWORT ZUR DEUTSCHEN AUSGABE

Der Verfasser dieses Buches, John Wimber, ist eine überaus interessante Persönlichkeit. Er wuchs in Los Angeles, Kalifornien, ohne jede christliche Prägung auf; ja, bereits drei vorangegangene Generationen seiner Familie hatten keine kirchliche Bindung besessen. Erst im Alter von 29 Jahren schloß er sich einer Gemeinde an. Seit seinen frühen Teenagerjahren war die Musik sein Lebensthema gewesen.»Ich war ein professioneller Jazzmusiker..., der absolut nichts über das Christentum oder irgendeine organisierte Religion wußte« (S. 15).

Persönliche Schwierigkeiten ließen ihn nach Gott schreien. Erst die Begegnung mit einem Hauskreis, der sich dem Bibelstudium gewidmet hatte, brachten ihn und seine Frau zum lebendigen Glauben. Nachdem Wimber daraufhin ein Kirchenmitglied geworden war, führte er in den nächsten Jahren Hunderte zu Jesus Christus. Die Jahre 1970–1974 verbrachte er im pastoralen Dienst einer Quäkergemeinde der Yorba Linda Friends Church. 1974 gab er sein Pastorenamt auf, um Gründungsdirektor der Abteilung»Gemeindewachstum« am (damals noch nicht so genannten) Charles-E.-Fuller-Institut für Evangelisation und Gemeindewachstum in Pasadena, Kalifornien, zu werden. Gleichzeitig begann er eine Adjunktprofessur am Institut für Gemeindewachstum innerhalb der zum Fuller Theological Seminary gehörenden School of World Mission. Die nächste Zeit war für ihn in vielfacher Hinsicht wichtig: einmal erweiterte er seine Kenntnisse über amerikanische Gemeindeverhältnisse, indem er vier Jahre lang kreuz und quer durch die USA reiste, um mehr als 40.000 Pastoren aus 27 Konfessionen in Gemeindewachstum und Evangelisation zu unterweisen. Sodann wurde er durch die Zusammenarbeit mit Professoren wie Donald A. McGavran, dem Vater der weltweiten Gemeindewachstumsbewegung, C. Peter Wagner und Charles Kraft vertraut mit der Praxis der sog. power evangelism in Ländern der dritten Welt, einer Form der Evangelisation, die dort zu dramatischem Gemeindewachstum führte und die später zu einem seiner Hauptanliegen werden sollte.

Im Jahre 1978 führte ihn Gott wieder in die Gemeindearbeit zurück. »Durch das glaubwürdige, kluge Zeugnis von pfingstlerischen Professoren wie Russel Spittler, durch die Berichte über Zeichen und Wunder, die Studenten und Missionare aus der dritten Welt erstatteten, und durch ein tieferes Verständnis des Ausmaßes, in dem der westliche Materialismus die Annahme des Übernatürlichen bei den Christen untergräbt, hatte ich begonnen, mein Herz für den Heiligen Geist zu öffnen.«

Seit damals entstanden durch seinen Dienst aus einer Anfangsgruppe von 50 Menschen 120 Gemeinden, überwiegend in den USA und in England, mit über 32.000 Mitgliedern (Stand: 1985). Das Geheimnis dieses Wachstums liegt nach Wimber ebenfalls in dem noch zu besprechenden Phänomen der power evangelism. Heute ist John Wimber eine Leitfigur innerhalb der Christenheit des Westens. In seiner Person begegnen sich drei für die Zukunft des Protestantismus wichtige Ströme: die evangelikale Bewegung, von der Wimber herkommt und der er sich weiter zurechnet, die Gemeindewachstumsbewegung, zu deren begabtesten Repräsentanten in den USA er bis heute gerechnet wird, und die Heilig-Geist-Bewegung des 20. Jahrhunderts, in deren vorderster Reihe er seinen Dienst tut. So könnte er für viele zu einer integrierenden Gestalt werden.

Im Mittelpunkt des vorliegenden Buches steht der Begriff power evangelism. Der Autor hat sowohl deutlich gemacht, was er damit meint, als auch von vornherein erklärt, daß er offen ist für andere Wege Gottes. »Unter power evangelism verstehe ich eine Präsentation des Evangeliums, die sowohl rational als auch transrational ist. Die Darbietung des Evangeliums ist hier mit einer Demonstration der Macht Gottes durch Zeichen und Wunder verbunden... Durch diese übernatürlichen Begegnungen erfahren Menschen die Gegenwart und Macht Gottes. Gewöhnlich geschieht dies in Worten der Erkenntnis..., Heilungen, durch prophetische Rede, durch Befreiung von bösen Geistern.« Es folgt eine für die Praxis hochbedeutsame Aussage: »Durch power evangelism wird der Widerstand gegen das Evangelium auf übernatürliche Weise überwunden, und die Aufnahmebereitschaft für den Anspruch Christi ist gewöhnlich sehr hoch.« Wimber begründet seine Sicht sowohl theoretisch als auch durch Erfahrungsberichte. Er konzediert allerdings (dies sollte von Kritikern nicht übersehen werden): power evangelism war, wie ich glaube, »eine (!) der effektivsten Evangelisationsmethoden in der frühen Kirche. Ich will damit nicht sagen, daß power evangelism die einzige Art der Evangelisation ist, die im Neuen Testament praktiziert wurde. Auch bin ich nicht der Meinung, power evangelism sei der häufigste Evangelisationstyp gewesen, den Christen über die Dauer der Kirchengeschichte hin praktiziert hätten. Z.B. behaupten die Evangelikalen, die Proklamation der Evangeliumsbotschaft besitze eine ihr innewohnende geistliche Kraft – eine These, die ich nicht bestreiten würde. Aber für mich bleibt der springende Punkt: power evangelism war eine (!) der normalen Evangelisationsweisen in der frühen Kirche und ist durch die Kirchengeschichte hindurch immer wieder aufgetaucht – mit bemerkenswerten Ergebnissen.«

Das eigentliche Problem, das uns dieses Buch stellt, ist die Frage seiner praktischen Umsetzung. *Wenn* die exegetische Grundthese, daß die urchristliche missionarische Erstverkündigung in der Regel von Zeichen und Wundern begleitet war, die von den damaligen Predigern als wesentlich dazugehörig verstanden wurden und sehr erheblich zur raschen Verbreitung des Evangeliums beitrugen, stimmt –; *wenn*, wie John Wimber behauptet, gegenwärtige Erfahrungen in signifikanter Weise die christliche Sicht bestätigen –; *wenn* es also immer weniger möglich ist, eine fast verlorengegangene Dimension neutestamentlichen Predigtgeschehens – historisierend! – als für unsere Zeit überflüssig zu erklären: *dann* sind wir neu herausgefordert! Nicht etwa dazu, John Wimber zu kopieren, sondern, ermutigt durch seine Einsichten, aber auch durch seine Praxis, mit ihm das alte Gebet der Kirche »Veni Sancte Spiritus« (Komm, Heiliger Geist) zu beten – nun allerdings in neuer Dringlichkeit und in der konkreten *Erwartung* der im Neuen Testament verheißenen Zeichen und Wunder! Falls dieses Buch und darüber hinaus der Dienst von John Wimber in der Bundesrepublik uns nicht zu *eigenen* Schritten erwartenden Glaubens bewegten, wäre uns nicht geholfen.

Ich wünsche dieser Publikation, daß sie ihren Dienst der Ermutigung und Provokation unter uns tut und uns damit der ersehnten Erweckung näherbringt.

Wolfram Kopfermann
Pastor an der Hauptkirche St. Petri
Hamburg

DANK

Viele Menschen haben durch ihr Gebet und ihre Anregungen zur Entstehung dieses Buches beigetragen. Zuerst möchte ich meinem väterlichen Lehrer, meinem Mitstreiter und Freund C. Peter Wagner danken, durch den ich nicht nur das Gemeindewachstum kennengelernt habe, sondern auch die Kirche rund um die Welt. Ohne seine Ermutigung und seine Einsichten hätte ich dieses Buch nicht schreiben können. Auch George Ladd (der schon nicht mehr lebt) habe ich viel zu verdanken. Seine Pionierarbeit über das Reich Gottes bildet die theologische Grundlage für die »power evangelism«.

Die »Schule für Weltmission« am Fuller Theological Seminary förderte und unterstützte »MC:510 – The Miraculous and Church Growth«, einen Kursus, der viel Stoff für dieses Buch entwickelt hat.

Ein besonderer Dank gilt Suzanne Springer, der Frau meines Mitautors, und Kevin Perrotta, dem verantwortlichen Herausgeber der »Pastoral Renewal«. Sie haben viele Stunden damit verbracht, die ersten Entwürfe zu lesen, zu kommentieren und zu bearbeiten. Durch ihre Korrekturen und Vorschläge hat das Buch sehr gewonnen.

Mehr als allen anderen danke ich Jesus dafür, daß er so gnädig in meinem Leben wirkt, und daß er mir, trotz meiner Fehler und Schwächen, immer mehr sein Reich und sein Erbarmen offenbart. Ihm sei alle Ehre, Lob und Preis.

ÜBER DIESES BUCH

Seit 1981 habe ich zusammen mit C. Peter Wagner, der ordentlicher Professor am Fuller Theological Seminary in Pasadena, Kalifornien, ist, einen Kursus unterrichtet mit der Bezeichnung »MC:510 – The Miraculous and Church Growth« (das Übernatürliche und Gemeindewachstum). Dieses Buch basiert größtenteils auf dem Material und den Erfahrungen dieses Kursus wie auch auf meinen Erfahrungen als Pastor der Vineyard Christian Fellowship (christliche Gemeinschaft »Weinberg«) in Anaheim, Kalifornien.

Ich werde sowohl die biblische Grundlage der »power evangelism« darstellen als auch persönliche Erfahrungen des Übernatürlichen beschreiben. Die Heilige Schrift muß immer die Hauptquelle und der Ausgangspunkt unserer Praxis sein. Aber erst, wenn wir die biblischen Wahrheiten selbst erfahren, werden sie lebendig und dringen tief in unser Herz ein.

Die auf diesen Seiten geschilderten Ereignisse geschahen in den Kursräumen am Fuller-Seminar, bei Sonntagsgottesdiensten, bei Konferenzen in Großbritannien und quer durch die Vereinigten Staaten, auf den Straßen und in Flugzeugen. Während also der Kern des Buches in der biblischen Lehre über Zeichen und Wunder besteht, werden persönliche Zeugnisse (von mir und anderen) dazu beitragen, das Gelehrte zu veranschaulichen.

Meine Hoffnung und mein Ziel ist es, eine neue Sicht alter Tatsachen zu vermitteln – ein neues Verständnis biblischer Berichte von übernatürlichen Ereignissen. Ich wünsche, daß uns dies hilft, heute dieselben Erfahrungen zu machen. Die meisten der angeführten Schriftabschnitte werden dem Leser ohne Zweifel vertraut sein. Das Neue besteht in ihrer Anwendung.

Damit hängt auch eine Schwierigkeit zusammen, der mein Mitautor Kevin Springer und ich gegenüberstanden: wir können Sie nicht mit Hilfe eines Buches durch praktische Seminare und Arbeitsgruppen führen, in denen Sie das persönlich erfahren, was wir hier beschreiben. Diese Erfahrung ist sehr wichtig, denn – wie Sie sehen werden – gerade das konkrete *Tun* der Werke Christi (Zeichen und Wunder eingeschlossen) sollte ein fester Bestandteil des normalen Christenlebens sein.

Ich glaube nicht, das es ausreicht, wenn Christen sich Wissen aneignen und neue Tatsachen verstehen – vielleicht sogar anders denken über das Übernatürliche in der Schrift. Unser Leben muß sich ändern. Der Zweck all unseres Lernens besteht darin, das Königreich Gottes zu erleben und es voranzutreiben; dies ist ein zweites Ziel dieses Buches. Anders ausgedrückt

11

– wir wollen Ihnen helfen, neue Fähigkeiten zu erlernen und sie in Ihrem Leben als Christ anzuwenden, besonders in dem Bereich der persönlichen Evangelisation.

Obwohl dies in einem Buch nicht ganz so einfach ist, liefern wir zahlreiche anschauliche Erläuterungen und ausführliche praktische Anweisungen, das Vermittelte persönlich anzuwenden.

Die Jünger versuchten, einen Dämon aus einem Jungen auszutreiben, der diesen schon jahrelang gequält hatte, doch ohne Erfolg. Jesus dagegen konnte ihn austreiben. Als sie ihn fragten, warum sie versagt hatten, gab er ihnen eine einfache Antwort: »Weil euer Glaube so klein ist«, sagte er: »... Wenn euer Glaube auch nur so groß ist wie ein Senfkorn, dann werdet ihr zu diesem Berg sagen: „Rück von hier nach dort!", und er wird wegrücken. Nichts wird euch unmöglich sein« (Mt. 17,10 f.).

Glaube – auch wenn er noch so klein ist. Das ist wahrscheinlich die wichtigste Voraussetzung dazu, um heute Gottes Macht zu erfahren. Ich hoffe, dieses Buch wird dazu beitragen, diesen Glauben wachsen zu lassen, damit Gott durch Sie große Berge versetzen kann.

John Wimber
Yorba Linda, Kalifornien
Juni 1985

Kapitel 1

Das Reich Gottes

1962 fing alles an.

Kurz nach meiner Bekehrung machte ich mich auf, meinen ersten Gottesdienst zu besuchen. Ich war gespannt auf das, was Gott tun würde, und freute mich darauf. Ich war auch naiv. Als Nichtchrist hatte ich nur selten Gottesdienste besucht.

Da ich mir in ein paar wenigen Wochen Bibelstudium ein Idealbild des kirchlichen Lebens geschaffen hatte, war ich auf das, was mich erwartete, nicht vorbereitet. Ich erhoffte mir Ausbildung im geistlichen Kampf und eine entsprechende Ausrüstung, um das Reich Gottes voranzutreiben. Ich stellte mir im Geiste vor, wie Christen zusammenkommen, singen und beten, aus der Schrift Ermutigung oder Ermahnung empfangen, um dann hinauszugehen und überall im Kreis »Orange« (in Kalifornien) aufsehenerregende Heilungen zu vollbringen, Dämonen auszutreiben und bösen Mächten zu widerstehen. Gegen Ende des Tages, dachte ich mir, würden wir mit Neubekehrten und Berichten von großartigen Wundern zurückkommen, überall mit Freude und mit Lob für den Herrn. Es war eine Vision aus dem Buch der Apostelgeschichte.

Bald jedoch entdeckte ich, daß die meisten Christen nicht zusammenkommen, um sich auf den geistlichen Kampf mit Satan vorzubereiten und um feindliche Gebiete für Jesus Christus zu erobern. Sie hatten Gefallen daran, *über* den Kampf zu reden. Gewöhnlich beteten sie für den Sieg. Sie sangen und predigten über die Notwendigkeit, Gottes Reich voranzubringen, und weinten sogar deswegen. Doch dann gingen sie heim, um ein sicheres Leben zu führen, fern aller Schlachtfelder. Der Alltag war so ausgefüllt mit Beruf, Familie und Freizeit-Beschäftigungen, daß für die so hartnäckig verteidigte christliche Lehre kaum noch Platz war. Wenn ich es mir heute recht überlege, so fühlte ich mich nach meinem ersten Gottesdienst betrogen, denn ich hatte mich der Armee Christi angeschlossen, um Jesu Werke zu vollbringen.

Bei meiner Bekehrung war mir ein lang vergessenes Ereignis wieder eingefallen. Ich erinnerte mich an einen Mann, der oft durch die Straßen der Innenstadt von Los Angeles wanderte und Doppel-Plakate trug. Ein Plakat trug er vorne mit der Aufschrift »Ich bin ein Narr für Christus« und eines auf dem Rücken: »Wessen Narr bist du?« Ich erinnere mich daran, wie ich mich über diesen Mann lustig gemacht hatte – wieder einmal so ein religiöser Spinner, der durch die Straßen läuft, hatte ich damals gedacht. Eine seltsame Erinnerung. Trotzdem sprach Christus durch dieses Zeugnis in eindrücklicher Weise zu mir. Er sagte zu mir, daß auch ich bereit sein muß, ein Narr für ihn zu sein. Ganz gleich, was er von mir verlangen würde, ich hatte zu gehorchen – ungeachtet der Konseqenzen, die dieser Gehorsam mit sich bringen würde, finanziell, emotional und physisch.

Auf diese Weise begann meine Beziehung mit der Kirche – eine Beziehung, die nicht immer bequem war, die immer zugleich Segen und Herausforderung bedeutete. Ein Segen, weil die Kirche der Ort ist, wo Jesus regiert, und eine Herausforderung, weil so viele Christen – viele Jahre lang auch ich – die Frohe Botschaft von Gottes Reich nicht verstehen.

Vielleicht lag es an dem Schock und der Enttäuschung jenes ersten Gottesdienstes – jedenfalls war ich mit dem typisch evangelikalen Gemeindeleben nie ganz zufrieden. (Verstehen Sie mich nicht falsch: ich bin ein engagierter evangelikaler Christ und dankbar für das reiche Erbe, aus dem ich über die Jahre hinweg großen Nutzen gezogen habe.)

Die tieferliegende Ursache für meine Unruhe in bezug auf die Kirche ist wahrscheinlich mein persönlicher Hintergrund. Ich wuchs in Anaheim, Kalifornien, auf, nachdem wir aus dem Mittelwesten dorthin gezogen waren, und lebte in dem Gebiet, das jetzt Disneyland ist. Ich wurde als Heide erzogen – ich war ein Ungläubiger in der vierten Generation – und hatte vor meinem neunundzwanzigsten Lebensjahr niemals zu einer Kirche gehört. Ich war kein Teil der christlichen Kultur – und sie war kein Teil von mir. Ich war ein Kind der Welt.

Bereits in meinen frühen Jugendjahren wurde die Musik zum ausschließlichen Mittelpunkt meines Lebens. Ich stieg ins Musikgeschäft ein und spielte zunächst in kleinen Bands mit, die im Kreis »Orange« bekannt waren. Später gehörte ich zu Gruppen, die vor nationalem Publikum spielten, und schließlich sogar zu einigen, die internationale Beachtung erlangten. Um 1962 hatte meine Karriere einen Höhepunkt erreicht. Ich spielte in mehreren Bands, wie zum Beispiel einer Las-Vegas-Show-Gruppe und der Rock-'n'-Roll-Band »The Righteous Brothers«.

Mein persönliches Leben jedoch lag in Trümmern. Meine Frau Carol und ich waren inzwischen sieben Jahre verheiratet und hatten drei Kinder. Mein Lebensstil war einer stabilen Ehe nicht sehr förderlich. Bald nach der Geburt unseres dritten Kindes trennte sich Carol von mir. Es sah aus, als drohe uns die Scheidung.

Mitten in meinem Kummer über die Trennung begann ich, Gott auf meine eigene Weise zu suchen. Eines Morgens ging ich in die Wüste, um den Sonnenaufgang zu sehen, und hoffte, eine religiöse Erfahrung zu machen. Ich fing an, über mein Leben nachzudenken, und wurde immer verzweifelter. Es dauerte nicht lange, bis ich weinte. Dann schrie ich: »O Gott, wenn du da bist, dann hilf mir!«

Als ich in mein Hotel zurückkam, beschämt und verwirrt (»Sieh zu, daß du dich in Gewalt bekommst«, sagte ich mir immer wieder), wartete dort

14

die Nachricht auf mich, meine Frau Carol wolle mit mir sprechen. Ich rief Carol an, und sie bat mich, sie abzuholen. Sie wollte unserer Ehe noch eine Chance geben. »Das ist die Antwort auf mein Gebet«, dachte ich.

Schließlich zogen wir zurück nach Kalifornien. Wir hatten weiterhin Eheprobleme. Aber ich hörte nicht auf, mit Gott zu reden. Mir stand ein Gottesdienstbesuch bevor. Carol war als Katholikin groß geworden und meinte, wir sollten uns in der katholischen Kirche noch einmal trauen lassen. Diese zweite Heirat gehört zu den wenigen kirchlichen Erfahrungen, die ich vor meiner Bekehrung machte. Damals versprachen wir uns, nie wieder das Wort Scheidung in den Mund zu nehmen. Daran haben wir uns bis heute gehalten.

Das zweite Erlebnis mit einem Gottesdienst folgte unmittelbar darauf. Ich hatte zwar begonnen, ernsthaft nach Gott zu suchen, war aber immer noch ein Ungläubiger. Für mich war dieser Gottesdienst unverständlich, besonders deshalb, weil ich ein professioneller Jazz-Musiker war – ein Hippie vor der Hippie-Zeit –, der absolut nichts über das Christentum oder irgendeine organisierte Religion wußte. Der Prediger gebrauchte eine Sprache voller Jargon, Fachausdrücken und eine gekünstelte Redeweise (für mich hatte das, was er sagte, weder Hand noch Fuß). Der Chorgesang kam zwar von Herzen, war aber schrecklich. Die Leute verhielten sich mir gegenüber seltsam – mein Rauchen war ihnen unangenehm und mein Fluchen erweckte Feindseligkeit. Ich war ein Eindringling in ihr Leben. Sie fühlten sich nicht wohl in meiner Anwesenheit und ich mich nicht in ihrer. Es war keine angenehme Begegnung.

Trotz dieser Erfahrung wurden Carol und ich kurze Zeit später mit Hilfe eines Hausbibelkreises zu engagierten Christen. Die Geduld, Wärme und Aufrichtigkeit des Bibelstudien-Leiters, verbunden mit meinem Hunger nach Gott, ließen mich für Gottes Gnade wie eine reife Wassermelone aufbrechen.

Trotz der Mängel der Kirche kam ich immer wieder zum Gottesdienst und wurde schließlich auch Gemeindemitglied. In den folgenden sieben Jahren führte ich Hunderte zum Glauben an Christus, wurde 1970 Hilfspastor und später zweiter Pastor. Wir mußten eine neue Kirche bauen, um alle die Menschen aufnehmen zu können, die zur Gemeinde dazugekommen waren.

Auch als erfolgreicher Pastor blieb ich unruhig, weil ich ständig die Kluft spürte zwischen der Erfahrung der ersten Jünger, als sie das Evangelium vom Reich Gottes verbreiteten, und den Erfahrungen meiner Gemeinde.

Schließlich verließ ich die Pfarrstelle (wie es dazu kam, werde ich später genauer erzählen), aber meine Beziehung zur Kirche bereitete mir nach wie vor Unbehagen. Ich fühlte mich immer noch betrogen, wenn ich zum Gottesdienst ging, so als würde die Sache, für die ich mein Leben hingegeben hatte, mir ständig vorenthalten.

Doch dann machte ich eine neue Erfahrung mit dem Reich Gottes und der Kirche – ja, mein eigenes Christenleben gewann eine gänzlich neue Bedeutung. Ich habe aufgehört, den Sonntagmorgen zu fürchten. Die Gottesdienste sind jetzt so, wie ich sie mir in meiner jugendlichen Naivität vorgestellt hatte: Zusammenkünfte, die begeistern und froh machen, in denen Gottes Volk ausgerüstet wird, um hinauszugehen, das Evangelium zu predigen und es sichtbar werden zu lassen.

Dieses Buch handelt von den Schlüssel-Elementen in meinem Wachstum, die zur Veränderung der Gemeinde führten, die ich jetzt als Pastor betreue – der Vineyard Christian Fellowship (christliche Gemeinschaft »Weinberg«) in Anaheim, Kalifornien. Zeichen und Wunder sind das erste, was den Besuchern an unserer Gemeinde ins Auge fällt. Doch mein Verständnis und meine Erfahrungen mit diesen Dingen entspringen meinen Erkenntnissen über das Reich Gottes – nicht einer Sensationslust. In diesem Kapitel werde ich den biblischen und theologischen Schlüssel beschreiben, mit dessen Hilfe wir auch heute Zeichen und Wunder erfahren können; ich werde von der Grundlage sprechen und der Motivation, sich dem Kampf gegen Satan anzuschließen.[1]

Ein politisches Reich

Die gute Nachricht, die Jesus predigte, war das Evangelium vom Reich Gottes. »Die Zeit ist erfüllt«, sagte Jesus, »das Reich Gottes ist nahe. Kehrt um und glaubt an das Evangelium!« (Mk. 1,15). Was bedeutete der Begriff »Reich Gottes« für Christus und seine Zuhörer? Woher kam er? Durch die Gleichnisse – und ihre Auslegung, die er den Jüngern gewöhnlich im kleinen Kreis gab – vermittelte Jesus eine andere Vorstellung vom Reich Gottes als die, die damals allgemein verbreitet war. Um zu verstehen, was die Juden des ersten Jahrhunderts als gültig annahmen, müssen wir zuerst sehen, was im Alten Testament unter dem Reich Gottes verstanden wurde.

Die längste Zeit lebten die Juden unter der Herrschaft gottloser Völker. Der Niedergang begann nach König David, als bei Salomos Tod Israel in ein Nord- und Südreich geteilt wurde. Die Juden begannen, sich eine Zeit in der Zukunft vorzustellen, in der Gott die Verheißungen, die er David und seinem Haus gegeben hatte, erfüllen würde.

Zu der Zeit entstand die Vorstellung vom »Tag des Herrn«. Die Propheten sprachen davon. Das Volk verstand darunter, daß Gott ein politisches Königreich errichten würde. Sie suchten das Heil in einem nationalistischen und geographischen Reich, frei von fremden Königen. Sie suchten nach einem Reich wie »in den guten alten Tagen« von König David.[2] Aber diese Münze hatte zwei Seiten, und die Kehrseite des Heils war Gericht – das Gericht über die Völker und sogar über Israel (siehe Am. 1).

Nach der Zerstreuung der zehn Nordstämme und der Babylonischen Gefangenschaft der Südstämme erwachte die Hoffnung auf die Erfüllung des »Tages des Herrn« (Ps. 126). Unter Serubbabel, einem Nachkommen Davids, glaubte das Volk, dieser würde nun das Königreich errichten. Aber mit dem Tode Serubbabels wurden ihre Erwartungen zunichte gemacht. Die Juden hörten jedoch nie auf, nach dem Gesalbten – dem Messias – Ausschau zu halten, der sie durch militärische Kraft zu politischer Macht führen sollte.

So etwa stellten sich die Juden zur Zeit Christi das Reich vor, auf das sie warteten, und in diesem Sinne verstanden sie Jesus, wenn er vom Königreich sprach. Das sechste Kapitel des Johannesevangeliums unterstreicht das ganz klar. Das Volk wollte Jesus zum König machen (Vers 15). Sogar die Jünger sehnten sich danach, obwohl sie jahrelang mit Jesus gelebt hatten (Apg. 1,6).

Kurz gesagt, zur Zeit Jesu stellte man sich das Reich Gottes als ein Königreich von dieser Welt vor, mit Juden bevölkert. Es war kein geistliches Reich einer anderen Welt, sondern Wunschtraum im jüdisch-nationalen Denken.[3]

Zwischen zwei Zeitaltern

Aber das war nicht das einzige Verständnis vom Reich Gottes, das zur Zeit Jesu verbreitet war. In der Zeit zwischen den beiden Testamenten (etwa 200 v. Chr. bis zur Zeit des Neuen Testaments), in der die Apokryphen[4] geschrieben wurden, war der Begriff »Reich Gottes« weit verbreitet. Wie beim »Tag des Herrn« stand auch bei dieser Vorstellung die Hoffnung im Vordergrund, aber sie nahm eine neue Bedeutung an. Die Hoffnung der Propheten richtete sich auf ein historisches, politisches Königreich. Die Schreiber der Apokryphen sehen das Ende des gegenwärtigen Zeitalters kommen, wo Gott eine neue Welt schaffen würde, in der alles Böse, alle Dämonen, alle Krankheit und der Tod besiegt sein würden.[5]

Man stellte sich vor, dieses »gegenwärtige Zeitalter« werde vom Satan beherrscht. Diese Vorstellung erwuchs aus den entsetzlichen Verfolgungen, die Antiochus Epiphanes, der König von Syrien (175 bis 164 v.Chr.), veranlaßte. Er versuchte die Juden zu hellenisieren und gab so den Anlaß für den Aufstand der Makkabäer. Die Juden glaubten, daß solch eine Hölle auf Erden das Ergebnis kosmischen Aufruhrs sei.

Im pseudepigraphischen Buch der Jubiläen wird im 23. Kapitel das kommende Zeitalter (das Goldene Zeitalter) von Gott selbst eingeleitet.[6] Es macht den Unheilstaten Satans ein Ende, der als der Herrscher eines Gegen-Königtums des Bösen erscheint. Das Gute triumphiert. Heilung und Austreibung von Dämonen gibt es in großem Maß.

Das Reich Gottes im Neuen Testament

Jesus hatte dieselben Vorstellungen. Auch er gebrauchte die Begriffe aus dem Alten Testament und der Zeit zwischen den Testamenten: »Reich Gottes« und »Zeitalter«. Er baute auf ihre allgemein anerkannte Bedeutung auf, um zu erklären, wozu er gekommen war. Im Matthäusevangelium zum Beispiel, Kapitel 13, Verse 36 bis 43, benutzte er bei seiner Erklärung des Gleichnisses vom Weizen und vom Unkraut Begriffe wie »Söhne des Reiches«, »Söhne des Bösen«, »das Ende der Welt« und »dann werden die Gerechten im Reich ihres Vaters wie die Sonne leuchten«.[7] Er sagte den Jüngern, daß auch er, wie die alttestamentlichen Propheten, von einem Tag des Gerichts wußte, der bald über die Völker kommen und an dem der Menschensohn der Richter sein wird. Und wie in der Zeit zwischen den Testamenten sah auch er ein plötzliches Ende des gegenwärtigen Zeitalters – »das Reich des Vaters« –, das an dessen Stelle treten wird.

George Ladd faßte die biblische Lehre über die Zeitalter mit folgenden Worten zusammen:

Kurz gesagt, dieses Zeitalter, das sich von der Schöpfung bis zum Tag des Herrn erstreckt, ...ist das Zeitalter der menschlichen Existenz in Schwachheit und Sterblichkeit, das Zeitalter des Bösen, der Sünde und des Todes. Das »Kommende Zeitalter« wird die Verwirklichung all dessen sein, was die Herrschaft Gottes ausmacht, und es wird das Zeitalter der Auferstehung zum ewigen Leben im Reich Gottes sein. In den Evangelien deutet alles auf die Vorstellung hin, daß das Leben im Reich Gottes im »Kommenden Zeitalter« Leben auf der Erde sein wird – aber ein Leben, das durch die königliche Herrschaft Gottes verwandelt wird, wenn sein Volk das volle Maß der göttlichen Segnungen empfängt (Mt. 19,28).[8]

Die folgende Zeichnung (von George Ladd übernommen) hilft, die gegenwärtigen und zukünftigen Epochen des Reiches Gottes zu veranschaulichen:[9]

Das kommende Zeitalter (Reich Gottes)

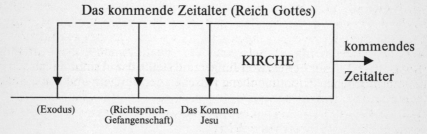

(Exodus)　(Richtspruch-Gefangenschaft)　Das Kommen Jesu

Auf dem Hintergrund dieses Verständnisses verkündigte Johannes der Täufer: »Kehrt um! Denn das Himmelreich ist nahe« (Mt. 3,2). Gott war bereit, das neue Zeitalter ins Dasein zu rufen. Johannes kündigte an, das neue Zeitalter werde bald dasein. Jesus sagte, »das Reich Gottes (ist) schon zu euch gekommen« (Mt. 12,28).

Das im Neuen Testament verwandte griechische Wort *basileia* bedeutet Königtum oder königliche Herrschaft. Es wird gewöhnlich mit »Reich« oder »Königreich« übersetzt. Es bezeichnet nicht einfach nur ein geographisches Reich, über das ein König herrscht, sondern vielmehr die Ausübung königlicher Herrschaft oder Regierung. Menschen des westlichen Kulturkreises stellen sich unter Königreich weithin ein geographisches Reich vor. Das Vereinigte Königreich von Großbritannien zum Beispiel ruft die Assozation mit dem Territorium hervor, welches zur britischen Oberhoheit gehört. Auch der biblische Begriff bezieht sich auf ein geographisches Reich, aber er umfaßt noch mehr. Er bezieht sich auch auf eine Herrschaft.

Das ist es, was Jesus meinte, wenn er sagte, daß das Reich und die Herrschaft Gottes *in ihm* gekommen sind. Die Autorität Gottes war gekommen, um das zu beanspruchen, was rechtmäßig Gott gehörte. Das zukünftige Zeitalter - das Reich Gottes - drang in das gegenwärtige Zeitalter - das Reich des Satans - ein.[9] Um einen Ausdruck von George Ladd zu gebrauchen, wir leben in »der Gegenwart der Zukunft«. Wir befinden uns sozusagen zwischen den Zeiten, zwischen der Einsetzung und der Vollendung des Königreiches Gottes.

Das macht die Vorgehensweise Christi deutlich, die sich wiederholte, wohin er auch kam:

1. *Verkündigung:* Er predigte Umkehr und die gute Nachricht vom Reich Gottes.
2. *Sichtbare Zeichen:* Er trieb Dämonen aus, heilte die Kranken, weckte Tote auf - was bewies, daß in ihm, dem Gesalbten, das Reich Gottes gegenwärtig war.

Jesus kam als Jude zum Volk Israel. Er akzeptierte die Autorität des Alten Testaments, und sein Dienst richtete sich im wesentlichen an die »verlorenen Schafe des Hauses Israel« (Mt. 10,5-7). Er bot die Königsherrschaft zuerst den Juden an. Aber Israel lehnte Christus und sein Königreich ab. Jesus war enttäuscht (Mt. 23,37-39). Israel *als Volk* lehnte Christus ab, doch gab es einige wenige - einen „Rest" - die ihn annahmen, und diese wenigen bildeten das Fundament der neutestamentlichen Kirche (Röm. 11,1-24). Jesus berief zwölf Jünger und stellte damit sinnbildlich den ununterbrochenen Zusammenhang zwischen den Jüngern und den zwölf Stämmen Israels dar (Mt. 19,28). Indem er die Zwölf auswählte, zeigte Jesus, daß er dabei war, ein neues Volk zu erwecken. Es sollte das alte Volk ersetzen, das seine Botschaft ablehnte.

Die Verheißung, die Christus über Petrus ausspricht - im 16. Kapitel des Matthäusevangeliums, als er Petrus die »Schlüssel des Himmelreichs« gibt -, können wir verstehen im Sinne der alttestamentlichen Vorstellung von Israel als dem Volk Gottes.[10]

Jesus sagte zu Petrus: »Du bist Petrus, und auf diesen Fels werde ich meine Kirche bauen.« Die Aussage stand in vollkommenem Einklang mit der Vorstellung des alttestamentlichen Israel vom Aufbau einer Nation. Jesus gebrauchte die Bilder der alttestamentlichen Propheten (Jer. 1,10; Am. 9,11+12). Im Neuen Testament ist Israel mit der *Kirche Christi* identisch.[11]

Als Israel das Reich Gottes verwarf, übergab Christus seine Herrschaft der Kirche; durch sie will er erlösen, durch sie will er wirken (Mt. 21,33-46). Deshalb hat die Kirche den »Schlüssel« – den Weg – zum Reich Gottes. Jesus nahm den Pharisäern den Schlüssel weg, weil diese dem Volk den Schlüssel zur Erkenntnis des Reiches Gottes weggenommen hatten (Lk. 11,45-52). George Ladd würde sagen, der Schlüssel ist die geistliche Erkenntnis und die Vollmacht, die Petrus dazu befähigen, andere durch die Tür der Offenbarung zu führen. Der Schlüssel ist der schmale Weg zum Reich Gottes.[12]

Die Vollmacht, zu binden oder zu lösen, bedeutet auch, Menschen in das Reich Gottes aufzunehmen oder sie davon auszuschließen.[13] Die Verkündigung und die sichtbaren Zeichen des Reiches Christi bieten den Menschen die Möglichkeit, in das ewige Leben einzugehen (Mt. 10,14+15+40).

Zu einem Königreich gehören drei Dinge: ein König, Macht und Untertanen. Wenn eins davon fehlt, können wir nicht von einem Königreich sprechen. Jesus ist unser König. Sein Vater hat ihm alle Macht im Himmel und auf Erden gegeben. Die Christen sind seine Untertanen.

Durch mangelndes Verständnis darüber, wie die Beziehung zwischen dem Reich Gottes und der Kirche aussieht, verwechseln manche Christen die beiden miteinander und lehren, die Kirche sei das Reich Gottes. Das führt zu schwerwiegenden Irrtümern, wie zum Beispiel der Gleichsetzung von Kirchenmitgliedschaft und endgültiger Erlösung. Die Kirche ist ein Weg zur Erlösung, soweit sie die Menschen in die Gemeinschaft mit Christus führt. Aber sie ist nicht die Quelle der Erlösung.

Dadurch, daß Pfingsten der Heilige Geist ausgegossen wurde, entstand die Kirche. Die Kirche ist der Hauptbereich der Herrschaft Gottes, wenn auch Gottes Herrschaft nicht auf sie begrenzt ist. Das bedeutet, daß die Kirche Zeugnis gibt vom Reich Gottes, aber sie hat nicht in sich selbst die Macht, das Reich zu bauen – nur Gott hat diese Macht. Wenn die Kirche mit dem Reich Gottes verwechselt wird, meinen ihre Leiter, daß ihrem Amt die Autorität Gottes innewohne, daß sie selbst die Herrschaft Gottes verkörpern. Ein autoritäres Führungssystem – ja sogar Sektiererei – kann eine negative Folge dieses Denkens sein. Wenn Pastoren verstehen, daß ihre Vollmacht vom Reich Gottes kommt und ihr Amt nicht gleich Herrschaft ist, so werden sie davor bewahrt, aus eigener Autorität zu leiten.

Die Kirche ist auch das Werkzeug des Reiches Gottes. Die Jünger verkündigten nicht nur das Reich Gottes, sondern sie zeigten auch die Werke und Wunder des Königreiches. Jesus sagte zu Petrus, »die Mächte der Unterwelt werden sie (die Kirche) nicht überwältigen« (Mt. 16,18). Die »Mächte der Unterwelt« sind die Festungen des Bösen und des Todes, satanische Mächte, die danach trachten, uns zu zerstören (Eph. 6,10 bis 12).[14] Als Christi Werkzeuge bekämpfen wir diese Festungen und setzen an die Stelle ihrer Herrschaft die Herrschaft von Gottes Reich.

Vor dem Hintergrund dieser Wirklichkeit bevollmächtigte und beauftragte Christus die Zwölf (Mt. 10,5-15), die Zweiundsiebzig (Lk. 10,1-20) und jetzt auch uns (Mt. 28,18-20). Während der vierzig Tage zwischen seiner Auferstehung und seiner Himmelfahrt sprach Jesus zu den Aposteln über das Reich Gottes (Apg. 1,3). Philippus »verkündete das Evangelium vom Reich Gottes« in Samaria (Apg. 8,12), und Petrus, Jakobus und Paulus erwähnen in ihren Briefen alle das Reich Gottes.

Das Evangelium vom Reich Gottes

Eine falsche Verkündigung des Evangeliums wird Christen hervorbringen, die falsche Einstellungen haben oder die im besten Falle schwach sind. Das ist heute nur allzuoft der Fall. Statt des Rufes zur Herrschaft Christi und zum Eintritt in seine Armee hören die Menschen ein auf das Ego gemünztes Evangelium: komm zu Jesus und laß dir in dieser oder jener Not von ihm helfen, laß dir ein erfülltes Leben geben, schöpfe deine Möglichkeiten aus. Das ist nicht das Evangelium vom Reiche Gottes, das Christus verkündigte und für das man einen hohen Preis zahlen muß: »Wer sein Leben retten will, wird es verlieren; wer aber sein Leben um meinetwillen und um des Evangeliums willen verliert, wird es retten« (Mk. 8,35).

In das Reich Gottes hineinzukommen ist so ähnlich, als wenn man Marinesoldat wird. Doch oft wird das Reich Gottes wie eine Kreuzfahrt in der Karibik auf einem Luxusdampfer dargestellt. Wer würde schon solch ein Angebot ausschlagen? Also ziehen die Leute ihre Freizeitkleidung an, stecken ihre Sonnencreme ein und schlendern hinunter zum Hafen. Was für ein Schock ist es, wenn sie ein großes, graues Schiff sehen, das an der Seite mit Zahlen beschrieben ist! Noch schockierender ist es zu erfahren, daß das Schiff mit Gewehren, Kanonen, Düsenjägern und Hubschraubern beladen ist. Es ist ein Kriegsschiff, kein Luxus-Kreuzfahrt-Dampfer!

Das gleiche gilt für Gottes Reich in dieser Zeit: es ist ein Kriegsschiff, das feindliches Territorium durchfährt.

Die Fronten der Schlacht

Der Feind hält sich an keine Kampfregeln. Für ihn ist nichts unfair. Der Satan ist kein Gentleman. Je eher ein Christ das versteht, desto ernsthafter wird er danach trachten, sich für den geistlichen Kampf gut ausrüsten und ausbilden zu lassen.

Obwohl er sich an keine Regeln hält, wissen wir, daß der Satan an drei Fronten angreift – durch das »Fleisch«, durch die Welt und durch seine direkten Attacken. Weil dieses Buch sich hauptsächlich mit den direkten Angriffen Satans beschäftigt, werde ich zu den ersten beiden Fronten nur ein paar Bemerkungen machen. Am Ende des Kapitels geht es um die dritte Front.[15]

Das Fleisch:

Im spanischen Bürgerkrieg 1936 besiegte Francos Loyalisten-Armee in Madrid die Armee der Republikaner. Es war die entscheidende Schlacht dieses Krieges; sie führte zum Aufbau von Francos Regime in Spanien. Als Franco nach dem Schlüssel zu seinem Sieg gefragt wurde, antwortete er: »Die fünfte Kolonne.« Er hatte seine Truppen in Kolonnen eingeteilt und besaß eine »fünfte Kolonne« von Loyalisten, die sich *in* Madrid befanden und durch Sabotage die republikanische Armee ernsthaft schwächten.

Auch wir haben eine fünfte Kolonne – »sündhafte Leidenschaften«, die in uns wohnen. Paulus sagt es so: »Ich weiß, daß in mir, das heißt in meinem Fleisch, nichts Gutes wohnt« (Röm. 7,18). Der Feind tut nichts lieber, als diese fünfte Kolonne auszunutzen und uns durch sie in Versuchung zu führen. Aber Gott hat uns die Kraft gegeben, im Glauben zu leben und diesen Versuchungen zu widerstehen.

Die Welt:

Psalm 137 sagt: »Wie könnten wir des Herrn Lied singen in fremdem Lande?« (Luther '75). Wie können Christen in Gottes Reich dienen, wenn sie den Lebensstil und die Wertmaßstäbe der Welt übernehmen? Sie können es nicht.

Wenn wir uns als Armee betrachten, werden Disziplin und die Erfüllung der königlichen Maßstäbe entscheidender. Manchmal sieht sich eine Armee, die in ein Land einfällt, die Zivilisten an und denkt: »Ihr Lebensstil sieht verlockend aus. Mir gefällt der Glanz des Materialismus, der Nervenkitzel persönlicher Macht, das Vergnügen sexueller Unmoral, das Streben nach Selbsterfüllung. Vielleicht läßt es sich bei ihnen gar nicht so schlecht leben.« Wenn sich diese Haltung bei uns einschleicht, so ist es mit der Disziplin vorbei, die Welt ist in uns eingedrungen und wir werden schließlich gefangen. Paulus sagt dies ganz deutlich: »Keiner, der in den Krieg zieht, läßt sich in Alltagsgeschäfte verwickeln, denn er will, daß sein Heerführer mit ihm zufrieden ist« (2. Tim. 2,4).

Wir haben den Schlüssel zum Reich Gottes bekommen, die Autorität und Macht über den Feind; aber wenn wir diese Macht nicht ausüben, so nützt sie uns gar nichts. Das Reich der Finsternis ist darauf aus, uns zu zerstreuen und zu verwirren, uns davon abzuhalten, Gottes Befehle auszuführen. Durch den Glanz des Materialismus und der Macht, durch sexuelle Unmoral und das Streben nach Selbsterfüllung lenkt der Satan unsere Aufmerksamkeit vom Reich Gottes ab.

Das nächste Ziel des Satans ist es, uns dazu zu verleiten, unseren Wehrpaß zu verbrennen und uns unerlaubt von der Truppe zu entfernen.

Die Gemeinschaft mit anderen Christen in den örtlichen Gemeinden – Stützpunkt des Reiches Gottes – ist das Hauptverteidigungsmittel gegen die Vereinnahmung durch die Welt. Gebet, Bibelstudium und geistliche Übungen wie z.B. das Fasten sind nicht nur dazu da, um Gottes Kraft und Erkenntnis zu bekommen, sondern durch sie werden wir auch dazu ausgerüstet, die Welt zu überwinden.

Der Teufel:

In Johannes 10 lesen wir, daß der Satan ganz klare Ziele hat: »Der Dieb kommt nur, um zu stehlen, zu schlachten und zu vernichten« (Vers. 10). Im sechsten Kapitel des Epheserbriefes sehen wir auch, daß wir nicht gegen Menschen, sondern gegen den Teufel und seine Dämonen kämpfen.

Unsere Situation gleicht der einer Untergrundarmee in einem Land, das immer noch von einem besiegten Feind besetzt ist. Das war die Rolle des französischen Widerstandes nach der Landung der Alliierten in der Normandie am 6. Juni 1944 im Zweiten Weltkrieg. Die deutschen Truppen verübten noch immer Greueltaten an französischen Zivilisten, obwohl die endgültige deutsche Niederlage bereits sicher war. Claus Barbies Verhaftung und Prozeß 1984 veranschaulichen, wie barbarisch seine Taten waren: obwohl Barbie wußte, daß es keine Hoffnung gab für einen deutschen Sieg, folterte und mordete er trotzdem Hunderte von Franzosen, darunter auch Kinder. Man nannte ihn den »Schlächter von Lyon«.

Auch der Satan hat viele Namen: Zerstörer, Verführer, Lügner – der Schlächter der Welt. In unserem Krieg gegen den Satan gibt es keine entmilitarisierte Zone. Es gibt keine Ruhepause im Kampf. Wir wurden in den Kampf hineingeboren, und – wenn nicht der »Tag des Herrn« in der Zwischenzeit kommt – werden wir in diesem Kampf sterben. Alles, was wir in dieser Welt kennen sollen, ist Kampf.

Das Reich des Satans war und ist der wahre Feind Christi. Es herrscht Krieg! Jesus führt den Auftrag seines Vaters aus, nämlich die Gefangenen Satans zu befreien. Der endgültige Ausgang der Schlacht wurde bereits entschieden durch Christi Tod, Auferstehung und Auffahrt zum Ausgangsort aller Macht, der rechten Hand des Vaters (1. Kor. 15,20-28).

Aber noch ist Satan nicht hinausgeworfen, dies wird erst geschehen, wenn Christus wiederkommt, um für immer sein Königreich aufzurichten. So stehen wir also zwischen zwei Zeitaltern. Der Kampf geht weiter.

Wir sind Gottes Armee – ob wir es wollen oder nicht.

Ein Stellungsbefehl

Um in diesen Krieg ziehen zu können, müssen wir verstehen, was Macht und Autorität im Königreich bedeuten. In Lukas 9,1+2 lesen wir: »Dann rief *er* die zwölf Apostel zu sich und *gab ihnen die Kraft und die Vollmacht, alle Dämonen auszutreiben und die Kranken gesund zu machen.* Und er sandte sie aus mit dem Auftrag, das Reich Gottes zu verkünden und zu heilen.« Er gab ihnen die Kraft und die Vollmacht, Krankheiten zu heilen und *alle* Dämonen auszutreiben. Nach Apostelgeschichte 1,8 kann jeder Christ vom Heiligen Geist Vollmacht empfangen. Vollmacht ist eine Fähigkeit, die Stärke und die Kraft, eine Aufgabe auszuführen. Vollmacht ist das Recht, die Kraft Gottes zu gebrauchen.

Ein Polizist zum Beispiel hat nicht die körperliche Kraft, um Autos zum Stehen zu bringen. Trotzdem kann er bewirken, daß sie anhalten, weil er ein Dienstgradabzeichen und eine Uniform trägt, die ihm von einem Vorgesetzten verliehen wurden. Uns hat Jesus ein Rangabzeichen und eine Uniform gegeben. Diese Gaben werden wirksam, wenn wir lernen, sie in der richtigen Weise zu zeigen und sie zu gebrauchen.

Der Hauptmann im Neuen Testament verstand das Prinzip, wie Vollmacht und Kraft wirken (siehe Mt. 8,5-13). Er unterstand einem höheren Befehl, hatte aber auch selbst Vollmacht über andere. Er wußte Befehle zu empfangen und auszuteilen. Nachdem er Jesus gebeten hatte, seinen gelähmten Diener zu heilen – worauf Jesus erwidert hatte, er würde »kommen und ihn gesund machen« – sprach der Hauptmann: »Sprich nur ein Wort, dann wird mein Diener gesund.« Jesus, »erstaunt« über die Worte des Hauptmanns, sagte: »Einen solchen Glauben habe ich in Israel noch bei niemandem gefunden.«

Unsere Schwierigkeit ist, daß wir weder gelernt haben, Befehle zu empfangen noch sie zu geben. Weil wir unseren ersten Ruf zu Christus mißverstanden haben, führen wir weitgehend ein oberflächliches christliches Leben. Wir meinen, der Schlüssel zu Reife und Vollmacht liege darin, »gut« zu sein. Wir konzentrieren uns dann auf unser Verhalten, aber unser Verhalten kann niemals die hohen Maßstäbe der Gerechtigkeit Christi erfüllen.

Ich habe das jahrelang getan. Indem ich mich auf mein Verhalten konzentrierte, lebte ich in ständiger Anspannung, weil mein Verhalten nie gut genug war und nie Gottes (oder meine eigenen) Maßstäbe von Gerechtigkeit erfüllte. Gerade weil ich wußte, daß ich nicht gut war, hatte ich mein Vertrauen auf Jesus gesetzt und war Christ geworden – doch auch nach meiner Bekehrung kämpfte ich immer noch aus eigener Kraft gegen meine Schlechtigkeit an. So quälte ich mich ständig mit Schuldgefühlen.

Eines Tages dann, vor sechzehn Jahren, hörte ich einen Mann ein ähnliches Zeugnis geben – ich fiel auf die Knie und bat Gott, mir zu helfen. Gott erwiderte: »Du kannst ja nichts ohne mich tun – wieviel Hilfe willst du also?« Dann sagte er: »Es geht nicht darum, gut zu sein, sondern Gott zu gehören. Komm einfach zu mir, und dann werde ich dich in mein Bild verwandeln.«

Ich verstand seine Worte nicht ganz. Was meinte er damit, »ich will dich in mein Bild verwandeln«? Ich war verwirrt, und so versuchte ich auch die nächsten fünf Jahre lang aus eigener Kraft gut zu sein. Ich wurde immer verzweifelter. Schließlich begann ich, Gott zu fragen, was er gemeint hatte, als er damals davon sprach, mich in sein Bild zu verwandeln. Er erklärte mir, daß er gute Werke für mich vorbereitet habe, aber daß es *seine* Werke sind, die ich nicht für ihn tun kann. Er sagte mir, daß ich lernen sollte, auf seine Stimme zu hören, und nicht versuchen sollte, das Christenleben auf ein System von Regeln und Prinzipien zu reduzieren. Ich begann, während meiner Gebets- und Bibelstudienzeiten mehr auf ihn zu hören und während der normalen Alltagstätigkeiten bewußter mit ihm zu sprechen.

Was dann geschah, war interessant. Gott legte neue Wünsche und Einstellungen in mich hinein. Sein Geist gab mir nun die Kraft, Dinge zu tun, nach denen ich vorher überhaupt kein Verlangen gehabt hatte. Ich begann, den ganzen Tag hindurch auf seine Stimme zu hören. Und ich tat viel mehr gute Werke als früher.

Heute konzentriere ich mich nicht mehr darauf, gut zu sein, sondern mein Hauptanliegen besteht darin, das zu tun, was Gott will. Was er befiehlt, das tue ich. Jetzt entspricht mein persönliches Leben viel eher seiner Gerechtigkeit und seinem Charakter als früher. Wenn ich seine Befehle ausführe, so bleibt nicht viel Zeit für die Sünde.

Die meisten von uns sind verwirrt und wissen nicht, wie man ein Leben im Glauben führen kann. Wir verstehen nicht, wie wir die Kraft empfangen können, die nötig ist, um die Werke zu tun, die Jesus tat. Der Grund dafür liegt darin, daß wir zu oft nach Methoden, Formeln und Prinzipien suchen, durch die Gottes Macht in unserem Leben und Dienst freigesetzt wird, und wir sind jedesmal frustriert, wenn wir einen »Schlüssel« gefunden haben, der dann nicht funktioniert.

Wie ich bereits sagte – wir sind nicht das Reich Gottes, wir sind Werkzeuge des Reiches Gottes. Die Werke des Reiches Gottes werden durch uns vollbracht, und so ist es unser Ziel, Zeugnis abzulegen von dem, was Gott getan hat, was er jetzt tut und noch tun wird. Wie Jesus, so sind auch wir gekommen, um den Willen des Vaters zu tun. Als er gefragt wurde, wie wir beten sollten, lehrte Jesus uns: »Unser Vater im Himmel ..., dein Reich komme, dein Wille geschehe wie im Himmel so auf Erden ...« Wenn wir Zeichen und Wunder tun wollen, müssen auch wir lernen, Jesu Befehle zu hören und ihnen zu glauben, so wie es der Hauptmann tat.

Kosmischer Krieg

In dem Buch *The Real Satan* sagt James Kallas:

Es herrscht Krieg! Ein kosmischer Krieg! Jesus ist der göttliche Eindringling, der von Gott gesandt ist, um die Kräfte Satans zu zerschmettern. In diesem Licht zeigt sich Jesu Auftrag ganz klar. Er hat ein Ziel – den Satan zu besiegen. Er nimmt die Schlagkraft des Feindes ernst.[16]

Kallas' Bemerkungen führen zu einer wichtigen Frage: Greift Satan das Reich Gottes an, oder ist Christus der »göttliche Eindringling«? Und was für ein Unterschied ergibt sich für uns Christen aus der Antwort auf diese Frage? Der Unterschied wirkt sich auf unsere Haltung und Einstellung gegenüber dem geistlichen Leben aus. Wenn Jesus der Eindringling ist, ist der Satan in die Defensive gedrängt. Wir werden zu angreifenden Soldaten, die Territorien einnehmen und Seelen retten – wir werden Christi Mitstreiter.

In Matthäus, Kapitel 11, sagt Jesus das gleiche: »Aber von den Tagen Johannes des Täufers an bis jetzt wird das Reich der Himmel mit Gewalt erstrebt, und gewaltsam Ringende reißen es an sich« (Vers 12, Züricher Bibel). George Ladd führt aus, daß man diesen Vers auf verschiedene Weise interpretieren kann, je nachdem, wie man den griechischen Ausdruck »mit Gewalt erstreben« übersetzt. Man kann ihn verstehen als »Gewalt ausüben« oder aber als »gewaltsam behandelt werden«. Die letztere Übersetzung würde bedeuten, daß Satan das Reich Gottes direkt bekämpft und Christus und uns in die Defensive drängen möchte.

Ladd argumentiert, »wir finden (im Neuen Testament) nicht die Vorstellung, daß Satan das Reich Gottes angreift oder seine Macht gegen das Reich Gottes selbst ausübt. *Er kann seinen Krieg nur gegen die Söhne des Reiches führen... Gott ist der Angreifer; Satan befindet sich in der Defensive«*.[17] Ladd meint abschließend, die beste Interpretationsmöglichkeit sei, »das Reich der Himmel „übt seine Gewalt aus" oder „setzt sich machtvoll durch" in der Welt«.[18] *Wir* sind mitten in eine Schlacht mit Satan geworfen, in ein Tauziehen, und der Preis sind die Seelen von Männern und Frauen. Satan hält die Menschen mit den unterschiedlichsten Mitteln gefangen, sein Hauptziel ist, daß sie die endgültige Erlösung ablehnen. Aber es gibt auch andere Arten seiner Herrschaft: Gebundenheit an die Sünde, körperliche und emotionale Probleme, sozialer Verfall, dämonische Heimsuchung.

Unser Auftrag besteht darin, denen die rettende Botschaft zu bringen, die als Folge von Adams Fall in Gefangenschaft geraten sind. Die weiteren Kapitel dieses Buches beschäftigen sich damit, wie wir diesen Auftrag erfüllen können.

Kapitel 2

Begegnung mit der Macht Gottes

Im Jahre 1978 wurde ich einmal mitten in der Nacht von einem Telefon-anruf geweckt. Ein junger Mann schrie verzweifelt ins Telefon: »Pastor Wimber, bitte kommen Sie und helfen Sie Melinda.« Er erklärte, daß seine Freundin Melinda (das ist nicht ihr wirklicher Name) sich in einem kleinen Lieferwagen auf einem nahegelegenen Feld befand. Sie war achtzehn Jahre alt und wog nur 91 Pfund, aber sie schlug so wild um sich, daß der Lieferwa-gen schwankte. Seltsame Laute – nicht ihre normale Stimme – kamen aus ihr: Knurren, tierische Laute.
Mir stand die Begegnung mit einem Dämon bevor.

Schon vorher hatte ich an die Existenz von Dämonen geglaubt und war möglicherweise schon einigen begegnet, ohne es zu wissen. Aber das war das erste Mal, daß ich auf einen traf, der seine ganze Bosheit offen zeigte – Lügen und abscheuliche Taten durch ein menschliches Wesen. Dies war ein Seelsorgeruf, den ich niemals vergessen werde.

Nachdem ich an der Tankstelle angekommen war, brachte mich der junge Mann zu dem Lieferwagen. Das Mädchen (d.h. eher etwas in dem Mädchen) redete. »Ich kenne dich«, waren die ersten Worte, die mich angreifen sollten – in einer krächzenden, grausigen Stimme – »und du weißt nicht, was du tun sollst.«
Ich dachte: »Du hast recht.«
Dann sagte der Dämon durch Melinda: »Du kannst nichts mit ihr machen. Sie gehört mir.«
Ich dachte: »Du irrst dich.«

Dann begannen zehn Stunden geistlichen Kampfes, in dem ich die Mächte des Himmels anrief, um Satan zu überwältigen. Der äußerte sich auf unterschiedliche Weise, es roch nach Fäulnis, Melinda rollte ihre Augen, schwitzte fürchterlich, lästerte Gott und bewegte sich mit solch einer Wildheit und Kraft, wie sie ein so zierliches Mädchen nie besitzen konnte. Ich war entsetzt und hatte große Angst.
Aber ich weigerte mich, den Kampf aufzugeben.

Ich glaube, der Dämon verschwand am Schluß, weil ich ihn zermürbte – ganz bestimmt nicht deshalb, weil ich Erfahrung im Austreiben böser Gei-ster gehabt hätte. (Seit der Zeit habe ich viel über die Begegnung mit Dämonen gelernt. Ich glaube, wenn ich damals das gewußt hätte, was ich heute weiß, so hätte diese Begegnung nicht länger als eine Stunde gedauert.)[1]

Der Kampf zwischen den Reichen

Begegnungen und Kämpfe mit Dämonen sind für mich inzwischen nichts Ungewöhnliches mehr. Der Missionar Alan Tippett nennt diese Begegnungen *Zusammenprall der Mächte,* das Reich Gottes stößt auf Satans Reich.[2] Diese Konflikte, diese Zusammenstöße können sich überall und zu jeder Zeit ereignen. Das Austreiben von Dämonen ist am aufsehenerregendsten, obwohl sich das Zusammenprallen der Mächte bei weitem nicht nur auf das Dämonische beschränkt.

Immer wenn eine Struktur oder eine Festung des feindlichen Machtbereichs überwunden werden muß, damit Menschen an das Evangelium glauben können, stehen sich zwei Mächte gegenüber. Das gilt besonders für die Weltmission. C. Peter Wagner, Professor für Gemeindewachstum am Fuller-Seminar in Pasadena, Kalifornien, schreibt in einem Kommentar über den Kampf mit den Mächten und die Evangelisation unter Naturvölkern: »Ein Zusammenstoß der Mächte zeigt deutlich und praktisch, daß Jesus Christus mächtiger ist als die falschen Götter oder Geister, die eine Volksgruppe anbetet oder fürchtet«.[3]

Gleich zu Anfang seines öffentlichen Auftretens stand Jesus der feindlichen Macht gegenüber. Nach vierzig Tagen, in denen er fastete und in der Wüste versucht wurde, zog er durch ganz Galiläa. Dort verkündete er das Evangelium und berief seine ersten Jünger. Schließlich kam er in Kapernaum an, wo er einen Gottesdienst in der Synagoge besuchte. Jesus lehrte das Volk; die Tradition erlaubte dies einem Rabbi, der zu Gast war.

»Die Menschen waren sehr betroffen von seiner Lehre; denn er lehrte sie wie einer, der (göttliche) Vollmacht hat, nicht wie die Schriftgelehrten« (Mk. 1,22). Ein Mann, der von einem unreinen Geist besessen war, schrie aus: »Was haben wir mit dir zu tun, Jesus von Nazareth? Bist du gekommen, um uns ins Verderben zu stürzen? Ich weiß, wer du bist: der Heilige Gottes« (Vers 24).

Dies war eine klare Herausforderung an das Reich Gottes. Wie reagierte Jesus? Es brachte den Geist zum Schweigen, und dann gebot er ihm, den Mann zu verlassen. Die Leute waren von seiner Macht beeindruckt: »Sogar die unreinen Geister gehorchen seinem Befehl.« Als Folge dieses Ereignisses versammelte sich an jenem Abend eine große Menschenmenge in der Nähe der Unterkunft Jesu, und wiederum trieb er Dämonen aus, »und er heilte viele, die an allen möglichen Krankheiten litten« (Vers 34).

Dieses Aufeinandertreffen der zwei Reiche ist im Alten Testament wohl am dramatischsten in 1. Könige 18 in der Geschichte von Elia beschrieben, als er auf dem Berg Karmel 450 Propheten des Baal entgegentritt. Hier sehen wir, wie Gottes Prophet einem ohnmächtigen Gott begegnet, einem Götzenbild, das ein religiöses System repräsentiert, welches vom Satan unterstützt wird. Nachdem der gottlose König Ahab gegen Elia die Anklage erhoben hatte, daß er Israel in Schwierigkeiten brächte, forderte Elia ihn zu einer offenen Konfrontation heraus: mein Gott gegen euren Baal – und derjenige, der am Ende als der Stärkere dasteht, ist der wahre Gott. Ahab nahm die Herausforderung an.

Vor dem ganzen Volk überwältigte Gott Baal. Während dieser Machtprobe verhöhnte Elia die falschen Propheten wegen Baals Ohnmacht: »Ruft lauter! Er ist doch Gott. Er könnte beschäftigt sein, könnte beiseite gegangen oder verreist sein. Vielleicht schläft er und wacht dann auf« (Vers 27). Elia war angriffslustig, voller Eifer für Gottes Macht und ergriff diese Gelegenheit nicht nur mit dem Ziel, Satan zu besiegen, sondern auch, um die Herrschaft und Macht Jahwes zu zeigen.

Der Schlüssel zu der ganzen Begebenheit lag in Elias Gehorsam. Er war bereit, zu tun, was Gott ihm aufgetragen hatte. Er war ein Diener Gottes. Er betete: »Herr, Gott Abrahams, Isaaks und Jakobs, heute soll man erkennen, daß du Gott bist in Israel, daß ich dein Knecht bin und all das *in deinem Auftrag* tue« (Vers 36). Nach diesem Gebet fiel das Feuer Gottes herab, ein Beweis der Gegenwart Gottes. Gottes Knecht war bestätigt.

Die Antwort des Volkes kam unverzüglich: »Jahwe ist Gott! Jahwe ist Gott!«

Damit Menschen aus Naturvölkern zum Glauben kommen, ist es wichtig, daß die überlegene Macht des Evangeliums für sie sichtbar wird. C. Peter Wagner wurde von Terrie L. Lillie, einem Studenten, diese Geschichte aus einem Dorf in Kenia erzählt. Ein Augenzeuge berichtet:

Am Ende der zweiten Woche lag in demselben Haus ein todkrankes Kind. Das Mädchen hatte Malaria, und es war klar, daß sie im Sterben lag. In der Nacht wurden wir von einem lauten Schrei geweckt. Wir rannten alle in die Richtung von dem Haus meiner Großmutter. Kavili weinte, auch Mbulu und die alte Frau. Kanini, das erst kürzlich geborene Kind, lag in den letzten Zügen. Sie sah sehr blaß aus, und ihre Augen waren vollkommen weiß geworden. Die Augenlider bewegten sich nicht mehr.

Viele andere Menschen waren da und es kamen immer noch mehr. Ich betrat das Haus. Hier waren lauter hilflose Menschen, die nicht wußten, was sie tun sollten. Mir ging es genauso – mitten in der Nacht, ohne Auto und ohne jede Hilfe. Nirgendwo gab es Medizin. Es mußte etwas geschehen. Ich dachte, es wäre gut, zu beten und zu sehen, was wir dann tun könnten.

Ich bat darum, das Kind haben zu dürfen. Ich nahm es in meine Arme und bat meine Frau, neben mich zu treten. Ich sagte allen, sie sollten hereinkommen, damit wir für das sterbende Kind beten könnten. Sie kamen herein, aber manche fürchteten, das Kind würde sterben, und darum gingen sie nicht in das Haus mit dem sterbenden Kind. Dann bat ich alle, sich zu setzen. Ich begann zu beten. Ich sprach kein langes Gebet. Ich sagte nur wenige Worte. Ich bat einfach den Herrn, das Kind im Namen Jesu zu heilen. Dann gab ich es der Mutter zurück.

In dem Moment, als ich das Mädchen zurückgab, war sie gesund. Sie atmete jetzt. Sie fing an zu weinen, wurde gestillt, und es ging ihr gut. Alle blieben noch, um den Namen des Herrn zu preisen. Ich konnte nicht richtig verstehen, was geschah, aber ich spürte, wie die Kraft Gottes von mir ausging. Ich war einfach erst mal sprachlos. Das war ein großartiges Erlebnis, und alle Anwesenden staunten darüber, wie schnell der Herr wirkte.

Daraufhin wurden alle Dorfbewohner Christen.

In diesem Fall war es eine tödliche Krankheit, die überwunden werden mußte, um die Dorfbewohner für den Glauben an Christus zu öffnen.

Alan Tippett schildert eine Begebenheit in Süd-Polynesien, die wiederum deutlich macht, wie wichtig es für viele Völker ist, daß die überlegene Macht Gottes sichtbar wird. Dieses Verlangen nach sichtbaren Zeichen ist so tief verwurzelt, daß ein einfacher Schlag auf den Kopf einer Priesterin die Menschen von der jahrelangen Bindung an den falschen Gott Haehaetahi befreite und von der Furcht vor ihm. Wie Baal repräsentierte Haehaetahi ein vom Satan gelenktes religiöses System:

Peter Vi [ein Missionar] arbeitete mit dem Häuptling und lehrte ihn das Evangelium. Schließlich erreichte der Häuptling Taufa'ahau den Punkt, an dem er spürte, daß er anfangen mußte, Gott anzubeten. Doch das war nicht möglich, ohne daß sich sein bisheriger Gott Haehaetahi dem entgegenstellte und eine Konfrontation herausforderte.

Die Priesterin, die diesem Gott diente, war sehr gefürchtet, weil sie durch Besessenheit (von Dämonen) die Gottheit verkörperte. Taufa'ahau zog einen jungen Bananenbaum aus der Erde und schnitzte eine Keule aus dem weichen Stamm. »Damit werde ich den Teufels-Gott schlagen«, erklärte er. Auf den Rat von Peter Vi entfernte er den harten Teil der Wurzel, um die Frau nicht zu töten, wenn er sie schlug, während sie unter dämonischer Einwirkung stand. In dem Moment, als die Priesterin, unter dämonischer Gewalt, den zeremoniellen Kava trank, gab ihr der Häuptling einen Schlag auf die Stirn, der sie zu Boden gehen ließ. Dann, bevor der trinkende Gott Zeit hatte, sich zu erholen, schlug der Häuptling noch einmal zu und stieß einen Siegesschrei aus. Er hatte den Gott mit einer Keule erschlagen, während er Kava trank.[4]

Die Priesterin war gedemütigt, und sie verlor ihre Macht. Das Volk sah die siegreiche Macht Gottes, die der Macht des falschen Gottes überlegen war, der sie in Furcht und Knechtschaft gehalten hatte. Auf Grund dieser Begegnung mit der Macht Gottes glaubten sie an das Evangelium.

Ein Kriegsgebiet

In der Natur finden wir eine Analogie, die uns helfen kann, das, was ich mit Zusammenprall der Mächte meine, zu verstehen. Wenn warme und kalte Wetterfronten zusammenstoßen, entstehen daraus Blitz und Donner,

Regen oder Schnee – sogar Tornados und Hurrikans. Es gibt einen Zusammenstoß, und als Folge davon wird Kraft freigesetzt. Dieser Zusammenstoß ist nicht berechenbar, er ist ohne Ordnung – schwierig zu lenken.

Das Zusammenprallen der Mächte ist dem sehr ähnlich. Wenn das Reich Gottes in direkten Kontakt mit dem Reich der Welt kommt (Jesus trifft auf Satan), dann gibt es einen Zusammenstoß. Und gewöhnlich ist auch dieser ohne Ordnung und unberechenbar – für uns schwierig zu lenken.

Das größte Beispiel dafür ist die Kreuzigung Christi. In diesem Augenblick wurde für uns ein ewiges Opfer gebracht, damit die Schuld unserer Sünde vergeben werden kann, und damit das Fleisch, die Welt und der Teufel völlig besiegt werden.

An jenem Tag wurde ungeheure Kraft freigesetzt. Die ganze Schöpfung geriet ins Wanken: die Erde bebte, Felsen wurden gespalten, die Sonne verfinsterte sich drei Stunden lang, der Vorhang im Tempel zerriß in zwei Teile. Sogar Gräber öffneten sich und gaben die Toten frei – »Heilige«, wie sie in Matthäus 27,52 genannt werden. Durch Christi Tod entstand Leben; sein Tod erschütterte eine Schöpfung, die unter der Herrschaft des Bösen stand.

Zwei Fronten, zwei Reiche, zwei Weltordnungen waren frontal zusammengestoßen. In der Auferstehung und der Himmelfahrt erwies sich Christus als der Sieger, Satan als der Verlierer.

Die Folge dieses größten Zusammenpralls der Mächte war die Erlösung für alle Menschen, die Christus glauben und vertrauen. Doch man muß diese Erlösung auch zur Auswirkung kommen lassen. Jetzt in dieser Zeit, einer Übergangzeit vor der kommenden Vollendung des Königreiches, muß der Sieg über Satan sichtbar werden im Leben von Menschen, die noch unter seiner Macht stehen.

Viele Christen erkennen nicht richtig, daß der Sieg Christi, obwohl er unumstößlich und endgültig ist, ständig in den alltäglichen Geschehnissen angewandt und vollzogen werden muß. Satan ist immer noch lebendig und rege, obwohl seine Zeit auf der Erde begrenzt ist.

Der deutsche Theologe Oscar Cullmann gebraucht einen Vergleich, der uns hilft, zu verstehen, daß Satan – obwohl er besiegt ist – immer noch große Macht hat – er hat die Macht, zu töten, solange er nicht daran gehindert wird. Die meisten Militärexperten sind sich darüber einig, daß im Zweiten Weltkrieg, am 6. Juni 1944, der Sieg für die Alliierten feststand. Es war der Tag, an dem sie an den Stränden der Normandie ins nationalsozialistisch besetzte Europa einfielen. Weil es Deutschland nicht gelang, ihre Invasion zu verhindern, war den britischen, amerikanischen und kanadischen Streitkräften der Sieg sicher.

Aber die Alliierten brauchten elf Monate, um den Krieg tatsächlich zu beenden. In diesen elf Monaten verloren in den blutigsten Schlachten des ganzen Krieges Tausende ihr Leben. Der kommende Tag der Kapitulation (8. Mai 1945) war sicher, aber noch nicht Wirklichkeit.[5]

Wir sind als Christen in einer ähnlichen Lage: das endgültige und vollständige Kommen des Reiches Gottes, mit Christus als dem Haupt, ist seit Jesu Auferstehung völlig gewiß. Unsere Aufgabe jedoch ist es, solange wir hier auf Erden leben, die Fülle des Reiches zur sichtbaren Wirklichkeit werden zu lassen.

Auch wir sind Soldaten, Glieder der Armee Christi. Im zweiten Timotheus-Brief, Kapitel 2, Vers 3, wird Timotheus von Paulus beauftragt: »Leide mit mir als guter Soldat Christi Jesu.« Es gibt einen Krieg, der noch geführt werden muß, und einen Feind, der uns immer noch großen Schaden zufügen kann – wenn wir es zulassen.

Ein Volk, eine Sprache

Die Einheit der ersten Christen war eine entscheidende Voraussetzung für ihre Erfahrung der Kraft des Heiligen Geistes. Dort, wo es in der Apostelgeschichte von den Christen heißt, sie waren ein Herz und eine Seele, konnte auch die Kraft Gottes in außergewöhnlichem Maße wirken:

✦ Sie »befanden sich alle am gleichen Ort« (2,1), da ereignete sich Pfingsten (2,2-13).

✦ Sie »hielten an der Lehre der Apostel fest und an der Gemeinschaft« (2,42), und »es geschahen viele Wunder und Zeichen« (2,43).

✦ Sie waren »ein Herz und eine Seele« (4,32), und »mit großer Kraft legten die Apostel Zeugnis ab« (4,33).

Im zweiten Kapitel lesen wir von der Entstehung eines Kriegsvolkes, der Armee Gottes, seiner Kirche. In diesem neuen Volk entdecken wir Gottes Antwort auf einen früheren Versuch der Menschheit – beim Turmbau zu Babel –, sich zu »einem Volk mit einer Sprache« zu vereinigen (Gen. 11,1-9). Was die Menschen in Babel mit falscher Motivation vergeblich versuchten, hat Gott durch das Wirken des Heiligen Geistes an Pfingsten bewirkt.

Der Herr sah zu, wie das Volk in Babel versuchte, sich einen Namen zu machen, und sprach: »Seht nur, ein Volk sind sie, und eine Sprache haben sie alle. Und das ist erst der Anfang ihres Tuns. *Jetzt wird ihnen nichts mehr unerreichbar sein, was sie sich auch vornehmen.* Auf, steigen wir hinab und verwirren wir dort ihre Sprache, so daß keiner mehr die Sprache des anderen versteht.«

Gott weiß sehr wohl, daß dort Macht ist, wo Menschen dasselbe Ziel und dieselbe Sprache haben. Selbst die rebellischsten und selbstsüchtigsten Leute können, wenn sie sich zusammentun, viel von dem verwirklichen, was sie sich vorgenommen haben. Wenn wir zusammenarbeiten, so ist das Potential an Gutem *und Bösem* in uns Menschen fast grenzenlos.

An Pfingsten kam der Heilige Geist, um aus vielen Völkern ein neues Volk zu schaffen, eine neue Rasse aus vielen Rassen – das Volk Gottes (Apg. 2,5-6+41). In der Schrift werden mehrere Begriffe gebraucht, um die Vorstellung von einem christlichen Volk zu vermitteln. Eines der gebräuchlichsten griechischen Wörter für Volk ist *ethnos*. Im *Theologischen Wörterbuch zum Neuen Testament* sagt Karl Ludwig Schmidt, *ethnos* bedeutet eine »Menschenmenge«, die durch die gleichen Sitten, Gebräuche oder andere Unterscheidungsmerkmale zusammengehalten wird. Dies vermittelt uns die Bedeutung von Volk«.[6] Wenn von den »Völkern« der Welt immer in der Mehrzahl die Rede ist, so steht das »Volk« Christi in der Einzahl, es ist eine Einheit. Das bedeutet, daß Gott uns – obwohl wir eine große Menge sind – als ein Volk oder eine Gemeinschaft sieht (siehe 1. Petr. 2,10; Gal. 3,6-9). Diese Einheit ist einer der Schlüssel, um geistliche Kraft zu erfahren.

Ein Volk braucht eine gemeinsame Sprache. An Pfingsten schuf Gott aus der Verwirrung heraus Ordnung, und in der Vielzahl der Sprachen weckte er das Verstehen seines Wortes. Als der Heilige Geist auf die Jünger kam, hörten alle Anwesenden sie in ihrer jeweiligen Muttersprache sprechen. Die Bibel schildert, daß sie anfangs »außer sich und ratlos« waren (Apg. 2,12). Das Geschehen war um so bemerkenswerter, da die Jünger ja keine Ausbildung genossen hatten. (Als Galiläer sprachen die Jünger wahrscheinlich mit starkem Akzent. Obwohl es der Text nicht ausdrücklich erwähnt, glaube ich, daß die Jünger nicht nur die Sprachen anderer Völker sprachen, sondern auch deren Dialekte. Das wäre so, als ob jemand mit einem starken Liverpooler oder Alabama-Akzent plötzlich einwandfreies Pariser Französisch spräche. Das wäre wirklich ein Wunder.)

In Babel wurde ein Volk in viele Völker zersplittert, eine einheitliche Sprache wurde verwirrt – dadurch verloren die Menschen ihre Macht und ihr gemeinsames Ziel. An Pfingsten wurden viele Völker und Sprachen vereinigt – die Folge davon war, daß Kraft ausgegossen wurde und 3.000 Jünger hinzukamen (Apg. 2,41).

Sichtbare Zeichen der Macht Gottes, die zur Bekehrung führen, ereignen sich oft zuerst an denen, die evangelisieren, und danach erst an Menschen, die evangelisiert werden. An Pfingsten waren die Menschen »außer sich, ratlos«. Viele von ihnen traten jedoch augenblicklich auf die andere Seite: sie wurden Teilhaber an Gottes Gnade. Wenn Nichtchristen erleben, wie Gott seine Macht an einem Christen offenbart, so öffnen sie sich dadurch auf übernatürliche Weise dem Evangelium vom Reich Gottes.

Um die dreitausend Menschen zu Christus zu führen, war es nötig, daß Petrus das Phänomen erklärte. Wenn Nichtchristen Gottes Macht begegnen, haben sie gewöhnlich viele Fragen, die nur das Evangelium beantworten kann. Einer Erfahrung, die unser Verstand nicht begreifen kann, sollte eine verständliche Erklärung folgen, das Natürliche dem Übernatürlichen – so kann das Reich Gottes am kraftvollsten voranschreiten.

Durch die Zeichen der Macht Gottes an Pfingsten wurde ein internationales Heer ins Leben gerufen. Der Rest der Apostelgeschichte liest sich wie ein Kriegsbericht über die Armee Gottes, die seine Befehle ausführt. Unsere Lebensgeschichte sollte genauso aussehen.

Wir auch

Es ist schwierig, die Zeichen der Macht Gottes unter Kontrolle zu halten.

Für viele Christen des westlichen Kulturkreises ist diese Aussage schwer zu akzeptieren, weil wir Dinge, die nicht mit unserem rationalen Denken übereinstimmen, schnell abweisen. Sie stürzen uns in die nebelhafte Welt dessen, was unser Verstand nicht mehr begreifen kann, in einen Bereich, wo wir die Situation nicht mehr in unserer Hand haben. Ereignisse, die nicht in unsere normale Denkkategorie passen, erscheinen uns bedrohlich und rufen Angst hervor, weil sie ungewohnt und fremd sind – vor allem da, wo es um geistliche Mächte geht.

Als ich das erste Mal Gottes Macht auf ähnliche Weise erlebte, wie es von Pfingsten beschrieben wird, wurde ich äußerst ärgerlich auf Gott. Es war der Muttertag 1979, und ich hatte einen jungen Mann gebeten, in unserem Abendgottesdienst zu sprechen. Ich war erst seit kurzem Pastor dieser Gemeinde, es war die Vineyard Christian Fellowship in Anaheim, Kalifornien. Der junge Mann kam aus der »Jesus People«-Bewegung der späten 60er und frühen 70er Jahre in Kalifornien, und wenn er sprach, war er (so sagte man mir) unberechenbar. Ich war ängstlich und skeptisch, spürte jedoch, daß Gott wollte, daß er predigte. Gott hatte ihn dazu gebraucht, Christen zu einer neuen und tiefen Erfahrung mit dem Heiligen Geist zu führen, und mir war klar, daß auch unsere Gemeinde eine geistliche Erneuerung brauchte. Es sei noch erwähnt, daß ich als Pastor diesen jungen Mann normalerweise nie eingeladen hätte. Die Ermahnung, Hirten sollten ihre Herde beschützen, nahm ich sehr ernst. Aber in diesem Falle spürte ich, daß es Gottes Willen entsprach. Ich mußte zu meinem Entschluß stehen, was immer daraus werden würde.

Als er auf meine Einladung hin sofort freudig zusagte, wurde ich noch skeptischer. Was würde er wohl sagen? Was würde er mit meiner Gemeinde machen? Der Herr erinnerte mich sanft: »Wessen Gemeinde ist das?«

An jenem Abend gab er sein Zeugnis, eine packende Geschichte der Gnade Gottes. Während er sprach, begann ich mich zu entspannen. Das ist nichts Neues, dachte ich mir.

Aber dann tat er etwas, was ich noch nie in einem Gottesdienst erlebt hatte. Am Ende seiner Rede sagte er: »Das ist also mein Zeugnis. Diese Gemeinde hat lange Zeit den Heiligen Geist betrübt, und er wird zurückgewiesen. Deshalb werden wir ihn jetzt bitten, zu kommen und uns zu dienen«. Wir warteten alle, mit Spannung – und Besorgnis.

Dann sagte er: »Heiliger Geist, komm.« Und er kam!

(Sie dürfen nicht vergessen, daß wir keine »Pfingstgemeinde« waren. Wir hatten weder Erfahrung in all den Dingen, die geschahen, noch verstanden wir sie. Wir ahmten nichts nach, was wir woanders vielleicht schon einmal gesehen hätten.)

Manche Leute sanken zu Boden. Andere beteten laut in anderen Sprachen, obwohl sie an diese Gabe gar nicht geglaubt hatten. Der junge Mann ging in der Menge umher und betete für Menschen, die daraufhin sofort niedersanken, während der Heilige Geist auf ihnen ruhte.

Ich war entsetzt! Ich konnte die ganze Zeit nur denken: »O Gott, hol mich hier heraus!« Nach jenem Abend verloren wir Gemeindemitglieder, und meine Mitarbeiter waren völlig außer Fassung. Ich selbst konnte in der folgenden Nacht nicht schlafen. Statt dessen las ich in der Bibel und suchte den Vers: »Heiliger Geist, komm.« Ich habe ihn bis heute nicht gefunden.

Meine Unruhe steigerte sich immer weiter. Um halb fünf in der Frühe fiel mir schließlich *Das Tagebuch John Wesleys* ein, in dem ich von ähnlichen Dingen gelesen hatte. Ich ging hinaus in meine Garage, fand eine Kiste mit Büchern über Erweckungen und Erweckungsprediger und begann sie zu lesen. Dabei entdeckte ich: unser Erlebnis in der Vineyard-Gemeinschaft war im Grunde gar nichts Neues. Der Dienst von Männern wie John und Charles Wesley, George Whitefield, Charles Finney und Jonathan Edwards war von ähnlichen Erscheinungen begleitet gewesen. Gegen sechs Uhr morgens hatte ich mindestens zehn Beispiele mit ähnlichen Ereignissen in der Kirchengeschichte gefunden.[7]

John Wesley schrieb zum Beispiel am 1. Januar 1739 in sein Tagebuch: *Die Herren Hall, Hinching, Ingham, Whitefield, Hutching sowie mein Bruder Charles und andere sechzig Brüder waren bei unserem Liebesmahl in Fetter Lane gewesen. Gegen drei Uhr morgens, während wir beteten, kam die Kraft Gottes plötzlich mit solch einer Macht über uns, daß viele vor Freude laut weinten und andere zu Boden fielen. Sobald aber die Furcht und das Erstaunen über die so spürbare Gegenwart Gottes nachgelassen hatten, brach es aus uns heraus: »Wir preisen dich, o Gott. Wir bekennen, daß du der Herr bist.«*

Dann bat ich Gott um die Gewißheit, daß alles, was wir erlebt hatten, von ihm kam, daß dies sein Wirken war – nicht das eines Menschen oder des Satans. Gleich nach diesem Gebet klingelte das Telefon. Tom Stipe rief an, er war ein guter Freund von mir und Pastor in Denver, Colorado. Ich erzählte ihm, was am Abend zuvor geschehen war, und er sagte, es sei von Gott. »Genau dasselbe ist in den ersten Tagen der Jesus-People-Erweckung geschehen. Viele Menschen wurden gerettet.«

Dieses Gespräch war wichtig für mich, denn Tom war ein glaubwürdiger Zeuge. Ich hatte von diesen Dingen nur gehört – Tom jedoch hatte sie erlebt.

Über die nächsten Monate hinweg ereigneten sich fortwährend übernatürliche Dinge, oft ohne daß wir darum baten und dies erwarteten. Es geschah spontan. Neues Leben kam in unsere Kirche. Alle, die vom Heiligen Geist angerührt wurden und sich ihm hingaben – ob sie nun umfielen, zu zittern begannen, sehr still wurden oder in Sprachen beteten – empfanden das, was sie erlebten, als ein wunderbares Geschenk, weil es sie näher zu Gott brachte. Was noch wichtiger war: das Gebet, das Bibellesen, die Zuwendung zu anderen Menschen und die Liebe Gottes nahmen unter uns zu.[8]

Unsere jungen Leute fingen an, in der Nachbarschaft umherzugehen und nach Menschen Ausschau zu halten, denen sie das Evangelium verkündigen und für die sie beten konnten. Folgendes Erlebnis, von dem ich hörte, ist ein gutes Beispiel für das, was oft geschah. Eines Tages sprach eine Gruppe von unseren jungen Leuten auf einem Parkplatz einen Fremden an. Sie beteten für ihn, und er fiel zu Boden. Als der Mann wieder aufstand, war er bekehrt. Inzwischen ist er Mitglied unserer Gemeinde.

In jenem Mai brach eine Erweckung aus, und bis September hatten wir über 700 Neubekehrte getauft. In dreieinhalb Monaten hat es an die 1700 Neubekehrte gegeben. Ich war zwar ein Fachmann auf dem Gebiet des Gemeindewachstums, aber diese Art von Evangelisation hatte ich noch nie erlebt.

Das Zusammenprallen der Mächte in unserer Gemeinde – Gottes Kraft gegen »zivilisierte Anstandsformen« – gab den Startschuß für eine Großerweckung. Was ich mir unter »Ordnung« in der Kirche des 20. Jahrhunderts vorgestellt hatte, entsprach offensichtlich nicht dem, was die Christen in der Urgemeinde erlebt hatten.

Hier ist allerdings auch Vorsicht geboten. Es wäre ein Irrtum zu glauben, daß mangelnde Ordnung und Organisation dem Wirken des Heiligen Geistes größere Freiheit ließ, und daß mehr Ordnung ihn hemmen würde. Die Kirche braucht eine geordnete Struktur, um geistliches Wachstum zu fördern und um ihre Aufgaben zu erfüllen. Die Kirche ist ein Organismus, ein lebendiger Körper. Ein Leichnam ist auch ein komplexer und geordneter Körper, aber er ist tot – er hat keinen Geist in sich. Viele Gemeinden sind einem Leichnam ähnlich: wohlgeordnet, aber ohne das Leben Christi. Auf der anderen Seite mag die einzellige Amöbe, der sicherlich Organisation und Vielseitigkeit fehlen, sehr lebendig sein, aber sie kann nur wenig zustande bringen. Gebetsgruppen und andere christliche Gruppierungen, die die Notwendigkeit der Leiterschaft ablehnen, sind oft wie Amöben: sie sind zwar lebendig, können aber nicht viel zuwege bringen.

Gott will einen lebendigen Körper, in dem der Heilige Geist frei wirken kann und der auf solch eine Weise geordnet ist, daß er viel Frucht bringt. Dieser Körper ist sehr vielgestaltig, er hat sowohl das Ziel der Evangelisation als auch das der Jüngerschaft. Der Schlüssel dazu ist jedoch, daß Gottes Ordnung – und nicht unsere eigene – errichtet wird. Manchmal stößt Gott unsere Ordnung um, damit er seine aufrichten kann.

Furcht vor Gottes Macht

In Apostelgeschichte 5,12-26 lesen wir von einer weiteren Reaktion auf die Begegnung mit Gottes Macht: Furcht. Dieser Abschnitt beginnt mit den Worten:»Durch die Hände der Apostel geschahen viele Zeichen und Wunder im Volk.« In Jerusalem trafen sich die Apostel täglich im Tempel in der Halle Salomos, und die Kraft Gottes kam auf sie.»Das Volk schätzte sie hoch« zu dieser Zeit.

Aber die Jünger waren auch gefürchtet, weil das Volk wußte, daß Gott mit ihnen war. »Von den übrigen wagte niemand, sich ihnen anzuschließen«, sagt die Schrift.

Heute sind viele Kirchen so verweltlicht, daß Menschen unbesorgt, ohne sich Gedanken zu machen, die Räume einer Gemeinde betreten. Genaugenommen sieht die Welt die Kirche oft nur als eine weitere Organisation, die ihre Hilfe braucht. Ich bekomme häufig Briefe von weltlichen Organisationen mit dem Angebot, unserer Gemeinde Geldmittel zu beschaffen. Für viele ist die Kirche eine unfähige Institution, die fachmännischen Rat braucht, natürlich gegen Bezahlung.

Zur neutestamentlichen Zeit hatten Außenseiter Angst, weil sie nicht wußten, was mit ihnen geschehen würde, wenn sie sich unter die Christen begaben. Gottes Kraft konnte sie verzehren. Ihre heimlichen Sünden konnten offenbar werden, sie konnten Heilung erfahren, und Dämonen konnten ausgetrieben werden. Paulus schreibt den Korinthern über die Ordnung der geistlichen Gaben und lehrte sie, mit Zeichen und der Macht Gottes zu rechnen:

Wenn also die ganze Gemeinde sich versammelt und alle in Zungen reden, und es kommen Unkundige oder Ungläubige hinzu, werden sie dann nicht sagen: Ihr seid verrückt! Wenn aber alle prophetisch reden und ein Ungläubiger oder Unkundiger kommt herein, dann wird ihm von allen ins Gewissen geredet, und er fühlt sich von allen ins Verhör genommen; was in seinem Herzen verborgen ist, wird aufgedeckt. Und so wird er sich niederwerfen, Gott anbeten und ausrufen: Wahrhaftig, Gott ist bei euch! (1. Kor. 14,23-25)

Gottes Geist wirkt auch heute noch auf diese Weise. Kürzlich las ich diesen anonymen Bericht über das Bekehrungserlebnis eines Homosexuellen:

Einmal, an einem Wochenende, besuchte ich Freunde außerhalb der Stadt [in der ich lebte], es waren Menschen, die ich aus der Zeit vor meiner offen ausgelebten homosexuellen Phase kannte. Wir hatten uns in sehr verschie-

denen Richtungen entwickelt – sie waren jetzt Christen und hielten sich zur charismatischen Erneuerung – und ich hatte mit ihnen nie über mein neues Leben gesprochen. Ich freute mich jedoch immer noch, wenn ich sie gelegentlich sah, das heißt, ich war von ihrer sichtbaren Freude und ihrer Leidenschaft fasziniert.

Bei dem erwähnten Besuch fragten sie mich, ob ich mit ihnen zu einem Gebetstreffen gehen würde. Ich stimmte zu, obwohl ich eineinhalb Stunden Langeweile erwartete. Wir fuhren durch den dunstigen Sommerabend zu einem großen Versammlungsraum, der mit Menschen überfüllt war.

Die Versammlung begann mit einigen Worten des Leiters und ein paar Liedern, gefolgt von dem leisen Gemurmel der Leute, die beteten. Eigentlich hatte der Abend noch gar nicht so richtig begonnen, da stand der Leiter schon wieder auf. Er wirkte etwas nervös. Ich höre heute noch, wie er sagte: »Der Herr hat mir gesagt, daß heute abend jemand unter uns ist, der Homosexualität praktiziert. Gott möchte Ihnen sagen, daß er Sie liebt und Ihnen vergibt.«

Diese gütige Botschaft traf mich wie ein Blitz. Jahrelang hatte ich den Gott meiner Kindheit aus meinen Gedanken verdrängt. Jetzt sprach Gott zu mir. Er sagte mir nicht nur »guten Tag«, sondern er forderte mich dazu auf, meinen ganzen Lebensstil aufzugeben.

Den Rest des Abends verbrachte ich im Kampf mit mir selbst. »Warum brauche ich Vergebung?« dachte ich immer wieder. »Ich habe nichts Schlechtes getan.« Dann wurden mir die Religionsstunden meiner jungen Jahre wieder lebendig: ich hatte gelernt, wer Gott ist, was es bedeutet, daß er mich liebt, und was es heißt, ihn zurückzuweisen. Mein Kampf endete schließlich mit folgender Erkenntnis: »Ich weiß genug über Gott, um zu erkennen, was ich tun muß, wenn er zu mir spricht. Das einzig Vernünftige ist dann, zu gehorchen. Und er hat zu mir gesprochen.

Als der Abend zu Ende war, wandte ich mich an meine Freunde und sagte: »Jene Botschaft war für mich. Ich will tun, was Gott sagt.«

...Gott tat viel, und nach einiger Zeit wuchs in mir der Wunsch, zu heiraten. Ich verliebte mich in eine Frau, die heute meine Ehefrau ist. Unser gemeinsames Leben ist eine beständige Quelle des Glücks.[9]

Mein Mit-Autor Kevin Springer lernte den Verfasser dieses Zeugnisses kennen. Acht Jahre sind vergangen, seit er seine Geschichte aufschrieb, und er ist immer noch ein starker und standhafter Christ. Er und seine Frau haben drei hübsche Kinder. Im Rückblick auf sein Bekehrungserlebnis sagte er: »Als ich noch kein Christ war, war ich immer nervös, wenn ich mit Charismatikern zusammenkam – ich hatte Angst, Gott könnte ihnen meine Homosexualität enthüllen. Aber damals, als ich mit zu dem Gebetstreffen ging, auf dem ich bekehrt wurde, war ich nicht mehr auf der Hut. In den Monaten, wo ich mich nicht mehr bewußt versteckte, kam die Kraft Gottes über mich.«

Die Überwindung von Widerständen

Im 13. Kapitel der Apostelgeschichte lesen wir von einem Aufeinanderstoßen der Mächte, das demjenigen zwischen Elia und den Baalspropheten ähnelt. Paulus und Barnabas, die von der Gemeinde in Antiochien ausgesandt waren, befanden sich in der Stadt Paphos auf der Insel Zypern. Die Nachricht von ihrer Anwesenheit hatte auch Sergius Paulus, den römischen Prokonsul, erreicht, und er ließ sie zu sich bringen, denn er »wünschte, von ihnen Gottes Wort zu hören«.

Paulus und Barnabas kamen zu Sergius Paulus. Dort sollten sich Licht und Finsternis begegnen. Elymas, der Zauberer, war anwesend, und er trat ihnen mit der Absicht entgegen, den Prokonsul von seinem aufkeimenden Glauben abzubringen. Jesus hatte Paulus als Zeugen, und der Zeuge Satans war Elymas.

Es mußte etwas geschehen, um Sergius Paulus zu einer echten Bekehrung zu führen. Paulus, mit dem Heiligen Geist erfüllt, nahm die Herausforderung an. Er sagte Elymas: »Du elender und gerissener Betrüger, du Sohn des Teufels, du Feind aller Gerechtigkeit, willst du nicht endlich aufhören, die geraden Wege des Herrn zu durchkreuzen? Jetzt kommt die Hand des Herrn über dich. Du wirst blind sein und eine Zeitlang die Sonne nicht mehr sehen. Paulus sprach in jenem Augenblick Worte aus, die Gottes Geist ihm eingab. Elymas erblindete auf der Stelle.

Und Sergius Paulus glaubte. Warum? »Er war betroffen von der Lehre des Herrn.« Wie lautete die Lehre? Sie lautete so: Der Herr ist anwesend und mächtiger als jede andere Macht in der Schöpfung.

Vollmacht und Barmherzigkeit

Der Geist kann mit seiner Macht genauso gut in der Natur wirken wie durch Menschen. Die Folge davon ist oft Furcht und Offenheit bei den Zeugen des Geschehens. Als man in Philippi Paulus und Silas ins Gefängnis geworfen hatte (sie waren fälschlicherweise angeklagt worden, einen Aufruhr angezettelt zu haben), traf Gottes Kraft dieses Gefängnis und verursachte ein Erdbeben; die Türen öffneten sich und die Ketten lösten sich (siehe Apg. 16,16-40).

Der Gefängniswärter, der vom Schlaf übermannt worden war, nahm an, die Gefangenen seien geflohen. Römische Wachen, die – aus welchem Grund auch immer – ihre Gefangenen fliehen ließen, wurden getötet. Also zog der Gefängniswärter sein Schwert, um sich selbst das Leben zu nehmen. Aber Paulus hielt ihn zurück. »Tu dir nichts an! Wir sind alle noch da!«

Gottes Macht löste Erbarmen in Paulus aus – ein Erbarmen, das er dann dem Gefängniswärter erwies. Anstatt zu fliehen und sich in Sicherheit zu bringen, blieben Paulus und Silas im Gefängnis. Der Wärter stürzte zu ihnen, fiel nieder und fragte: »Was muß ich tun, um gerettet zu werden?« Paulus antwortete: »Glaube an Jesus, den Herrn, und du wirst gerettet werden.« Der Gefängniswärter und alle, die zu seinem Hause gehörten, wurden gerettet, und er »war mit seinem ganzen Haus voll Freude, weil er zum Glauben an Gott gekommen war«. Wenn Menschen Gottes Macht, verbunden mit seiner Barmherzigkeit, begegnen, dann werden angsterfüllte Herzen für den Glauben geöffnet.

Der Missionsbefehl

Wir sollten nicht überrascht sein, daß die Apostelgeschichte voll von solchen Geschichten ist. Am Ende des Matthäusevangeliums hat Jesus uns den Auftrag gegeben, uns zur Verfügung zu stellen, damit andere Menschen durch uns Gottes Macht begegnen. Wir sollen jederzeit bereit sein, jede Gelegenheit zu ergreifen, um Gottes Gnade und Barmherzigkeit zu verkünden, damit andere durch unser Beispiel auch zu gehorsamen Jüngern Jesu werden. Ich glaube, daß wir den Missionsbefehl besser erfüllen und mehr Frucht bringen, wenn wir unser Leben so für Gottes Macht öffnen, wie ich es in diesem Buch beschreibe.

Bevor Jesus uns befahl: »Geht zu allen Völkern, und macht alle Menschen zu meinen Jüngern«, sagte er: »Mir ist alle Macht gegeben im Himmel und auf der Erde.« *Alle* Macht ist in Christus – gleichgültig, was er uns zu tun befiehlt, wir haben Zugang zu der Macht, die dazu nötig ist.

Das griechische Wort, das hier für Macht bzw. Vollmacht gebraucht wird, heißt *exousia*. Der Theologe Werner Förster gibt uns Aufschluß über die Bedeutung dieses Wortes. Er beschreibt sie als »die gottgegebene Kraft und Vollmacht, in der Jesus handelt..., seine eigene Herrschaft in freiwilliger Übereinstimmung mit dem Vater«.[10] Im Vaterunser heißt es: »Dein Reich komme, dein Wille geschehe wie im Himmel, so auf der Erde« (Mt. 6,10). Jesus ganzes Leben war auf dem Grundsatz aufgebaut, den Willen des Vaters zu tun und in seinen Werken zu wandeln. »Ich sage euch die Wahrheit«, erklärte er den Juden, die ihn verfolgten, »der Sohn kann nichts von sich aus tun, sondern nur, wenn er den Vater etwas tun sieht. Was nämlich der Vater tut, das tut in gleicher Weise der Sohn« (Joh. 5,19).

In Christus finden wir alle Vollmacht und Autorität, um Jünger zu gewinnen und auszubilden. Christus ist bei uns. »Seid gewiß: Ich bin bei euch alle Tage bis zum Ende der Welt«, versichert er uns im Missionsbefehl (Mt. 28,20).

Wie ist er bei uns? »Alles, was der Vater hat, ist mein; darum habe ich gesagt: Er (der Heilige Geist) nimmt von dem, was mein ist, und er wird es euch verkünden« (Joh. 16,15). Der Heilige Geist, der »vermittelnde Gott«, hat den Schlüssel zu Begegnungen mit der Macht Gottes. Unsere Erfüllung des Missionsbefehls hängt davon ab, wie weit wir uns öffnen und zur Verfügung stehen für Jesu Anweisungen, wieweit wir uns von ihm ausrüsten, salben und bevollmächtigen lassen.

Ganz offensichtlich waren die ersten Christen offen für das Wirken der Macht Gottes, die Zeichen und Wunder bewirkte und Gemeindewachstum zur Folge hatte. Wenn wir wie die Urgemeinde sein wollen, müssen wir uns der Kraft des Heiligen Geistes öffnen.

Kapitel 3

»Power Evangelism«

Es war das Ende eines langen Arbeitstages, und ich war erschöpft. Ich hatte gerade eine Konferenz in Chicago hinter mir und mußte nach New York fliegen, wo ich den nächsten Vortragstermin hatte. Ich freute mich auf den Flug und auf die Gelegenheit, mich ein paar Stunden zu entspannen, bevor ich mich wieder in meine Vortragstätigkeit stürzen würde.

Aber der Flug sollte nicht so ruhig und ereignislos werden, wie ich es erhofft hatte.

Kurz nach dem Abheben unserer Maschine schob ich die verstellbare Rückenlehne meines Sitzes zurück, zog den Sicherheitsgurt nach und fing an, mich zu entspannen. Meine Augen wanderten im Passagierraum umher, ohne irgend etwas Besonderes zu suchen. Auf der einen Seite des Ganges saß ein Mann mittleren Alters: nach seinem Aussehen zu schließen, ein Geschäftsmann – es war nichts Außergewöhnliches oder Bemerkenswertes an ihm. Als meine Augen gerade zufällig in seine Richtung blickten, sah ich etwas, was mich aufschrecken ließ.

In sehr klaren, deutlichen Buchstaben glaubte ich das Wort »Ehebruch« über sein Gesicht geschrieben zu sehen. Ich blinzelte, rieb mir die Augen und sah nochmals hin. Es stand noch da: »Ehebruch«. Ich sah es – nicht mit meinen natürlichen Augen, sondern vor meinem geistigen Auge. Ich bin sicher, daß außer mir niemand im Flugzeug es sah. Es war der Geist Gottes, der mir dies offenbarte. Obwohl ich es nur mit meinen geistlichen Augen sah, war es eine Realität.

Der Mann hatte inzwischen bemerkt, daß ich ihn ansah (»ihn anstarrte«, wäre wohl eine passendere Beschreibung).

»Was wollen Sie?« fuhr er mich an.

Während er sprach, trat mir deutlich der Name einer Frau ins Bewußtsein. Damit war ich schon eher vertraut: ich hatte mich daran gewöhnt, daß der Heilige Geist mir durch diese Art von Eingebungen Dinge ins Bewußtsein rief.

Etwas nervös lehnte ich mich zu ihm hinüber und fragte: »Sagt Ihnen der Name Jane irgend etwas?« (der Name ist geändert).

Sein Gesicht wurde aschfahl. »Wir müssen miteinander reden«, stammelte er.

Das Flugzeug, in dem wir uns befanden, war ein Jumbo-Jet und hatte in einer Art Obergeschoß eine kleine Cocktail-Bar. Während ich ihm die Treppe hinauf zur Bar folgte, spürte ich, wie der Geist erneut zu mir sprach. »Sage ihm, wenn er nicht von seinem Ehebruch abläßt, werde ich ihn holen.«

Großartig. Alles, was ich mir gewünscht hatte, war ein netter, friedlicher Flug nach New York – und da saß ich nun in einer Flugzeug-Bar mit einem Mann, den ich noch nie gesehen hatte, dessen Name ich noch nicht einmal kannte, und war im Begriff, ihm zu erklären, Gott würde ihm das Leben nehmen, wenn er nicht sein Verhältnis mit irgendeiner Frau beenden würde.

Wir setzten uns, angespannt und schweigend. Der Mann sah mich einen Moment lang mißtrauisch an und fragte dann: »Wer hat Ihnen diesen Namen genannt?«

»Gott hat ihn mir genannt«, platzte ich heraus. Ich war zu nervös, um nach einer taktvollen Art zu suchen, mit der ich mich dem Thema hätte nähern können.

»*Gott* hat es Ihnen gesagt?« Fast schrie er die Frage heraus, so schockiert war er von dem, was ich gesagt hatte.

»Ja«, antwortete ich und atmete tief durch. »Er hat mir auch aufgetragen, Ihnen zu sagen..., wenn Sie sich nicht von dieser Frau abwenden und mit dem Ehebruch aufhören, wird er Ihnen das Leben nehmen.«

Ich rüstete mich innerlich, denn ich war sicher, daß der Mann sehr zornig und abwehrend reagieren würde. Aber zu meiner Erleichterung ließ er seine abwehrende Haltung fallen, als ich zu ihm sprach, und sein Herz wurde weich. Mit erstickter Stimme fragte er mich voll Verzweiflung: »Was soll ich tun?«

Endlich hatte ich wieder vertrauten Boden unter den Füßen. Ich erklärte ihm, was es heißt, Buße zu tun und Christus zu vertrauen, und fragte ihn, ob er mit mir beten wolle. Mit gefalteten Händen und geneigtem Haupt begann ich, ihm ein Gebet vorzusprechen: »O Gott, ...«

Weiter kam ich nicht. Die Sündenerkenntnis in ihm war so groß geworden, daß sie nun förmlich aus ihm herausexplodierte. Er brach in Tränen aus und rief: »O *Gott*, es tut mir so *leid*...« Er schrie so herzzerreißend um Vergebung, wie ich es noch nie zuvor gehört hatte.

In diesen beengten Räumlichkeiten war es unmöglich zu verbergen, was hier vor sich ging. Nicht lange, und jeder in der Cocktail-Bar wußte genau Bescheid über die Vergangenheit dieses Mannes und über seine Reue. Sogar die Stewardessen weinten mit ihm!

Als er sein Gebet beendet und seine Fassung wiedererlangt hatte, sprachen wir eine Weile über das, was mit ihm geschehen war.

»Ich bin deshalb so aus der Fassung geraten, als Sie das erstemal diesen Namen erwähnten«, erklärte er, »weil meine Frau direkt neben mir saß. Ich wollte nicht, daß sie etwas mitkriegte.«

Ich wußte, daß ihm das, was ich ihm als nächstes zu sagen hatte, nicht gefallen würde.

»Sie werden es ihr erzählen müssen.«

»Wirklich?« erwiderte er schwach. »Wann?«

»Am besten tun Sie es gleich jetzt«, sagte ich milde.

Die Aussicht, seiner Frau alles gestehen zu müssen, war verständlicherweise etwas erschreckend, aber er sah ein, daß es keinen anderen Weg gab. So folgte ich ihm wieder, diesmal die Treppe hinunter und zurück zu unseren Plätzen.

Wegen all der anderen Geräusche konnte ich das Gespräch mit seiner Frau nicht verstehen, aber ich konnte sehen, wie sehr seine Frau überwältigt war, nicht nur von dem Bekenntnis seiner Untreue, sondern auch von seinem Bericht darüber, wie der Fremde auf der anderen Seite des Ganges von Gott gesandt worden war, um ihn vor den Konsequenzen seiner Sünde zu warnen. Während sich ihr die unglaubliche Geschichte nach und nach offenbarte, waren ihre Augen vor Verblüffung (und wahrscheinlich auch vor Schrecken!) weit geöffnet, und sie starrte erst ihren Ehemann an, dann mich, dann wieder ihren Mann und wieder mich. Zum Schluß führte der Mann seine Frau zu Christus, und sie nahm ihn dort im Flugzeug als ihren Retter an.

Als wir in New York das Flugzeug verließen, gab es nur wenig Zeit, miteinander zu reden. Sie besaßen keine Bibel, also gab ich ihnen meine. Dann trennten sich unsere Wege.

Vielleicht denken Sie, das sei ein ungewöhnliches – wenn nicht phantastisches – Erlebnis, und doch könnte ich Hunderte von ähnlichen Begebenheiten erzählen – aus meiner eigenen Erfahrung und von Menschen, die ich kenne. Ich nenne dies *»power evangelism«*, und sie war – glaube ich – eine der effektivsten Evangelisationsmethoden in der frühen Kirche.[1] Darüber hinaus können wir nachlesen, daß es durch die ganze Kirchengeschichte hindurch diese Art der Evangelisation in Zeiten großer missionarischer Aufbrüche und in Zeiten der Erneuerung gab (siehe Anhang A).

Mit »power evangelism« meine ich eine Darstellung des Evangeliums, die für den Verstand zu begreifen ist, die aber auch Elemente enthält, die nicht vom Verstand erfaßt werden können. Die Verkündigung des Evangeliums wird von sichtbaren Erweisen der Macht Gottes begleitet, von Zeichen und Wundern. »Power evangelism« ist eine spontane, vom Geist eingegebene und bevollmächtigte Darlegung des Evangeliums. Übernatürliche, sichtbare Zeichen der Gegenwart Gottes gehen ihr voraus und unterstützen sie.

Durch diese übernatürlichen Zeichen erleben Menschen die Gegenwart und Macht Gottes. Gewöhnlich äußert sich Gottes Macht in Worten der Erkenntnis (so wie bei dem Mann im Flugzeug), Heilungen, durch prophetische Rede und Befreiung von bösen Geistern. Bei der »power evangelism« wird der Widerstand gegen das Evangelium durch übernatürliche Ereignisse überwunden. Sie erzeugt eine große Bereitschaft, dem Anspruch Christi Folge zu leisten.

Viele von uns werden mißtrauisch, wenn sie hören, wie jemand, dem Gott Erkenntnis über die Sünde eines anderen Menschen gegeben hat, diese Erkenntnis als evangelistisches Mittel anwendet. Das zeigt, wie weit sich die Christenheit in der westlichen Gesellschaft entfernt hat von Erfahrungen, die zu neutestamentlichen Zeiten alltäglich waren. Wenn aber »power evangelism« von der Bibel her gesehen etwas ganz Normales ist und wenn wir westliche Christen diese Art der Evangelisation kaum kennen, so läßt sich daraus die Schlußfolgerung ziehen, daß sich dieser Mangel in unseren evangelistischen Bemühungen niederschlagen wird.

Wer evangelisiert wen?

Bringen die christlichen Kirchen heute viel Frucht durch ihre Evangelisationsarbeit? Jesus sagte zu seinen Jüngern: »Die Ernte ist groß, aber es gibt nur wenige Arbeiter« (Mt. 9,37). In der westlichen Kultur ist in den letzten fünfzehn Jahren die Zahl der Arbeiter in der inneren (und äußeren) Mission gestiegen, besonders unter evangelikalen Christen. (Wir irren, wenn wir glauben, nur Missionare oder hauptberufliche christliche Leiter seien die »Arbeiter«, die Christus im 9. Kapitel des Matthäusevangeliums rief. *Jeder* Christ ist zur Ernte gerufen. Daß sich aber die Zahl der vollzeitlichen Arbeiter vergrößert hat, ohne daß der Ertrag der Ernte gestiegen ist, zeigt an, daß es noch einen anderen Faktor gibt, der für das Schwinden der Christenheit im westlichen Kulturkreis verantwortlich ist.)

Englische und amerikanische evangelistische Organisationen wie Campus für Christus, die Navigatoren, Inter-Varsity Christian Fellowship und zahlreiche evangelikale kirchliche Gruppen sind heute aktiver als zu irgendeiner anderen Zeit der Geschichte. Programme wie »Evangelism Explosion«, »Luis Palau-Feldzüge« und »Here's Life« von »Campus Crusade for Christ« werden mit einer wachsenden Zahl von Mitarbeitern durchgeführt. Natürlich werden immer noch mehr Mitarbeiter gebraucht. Aber zur Zeit ist die Anzahl der Erntearbeiter und der Programme größer als je zuvor in diesem Jahrhundert.

Wenn man an die vielen evangelistischen Bemühungen in den letzten Jahren denkt, dann könnte man eigentlich erwarten, daß es viele lebendige Gemeinden gibt. Die Anzahl der Kirchgänger sagt etwas über die Qualität des gemeindlichen Lebens aus (und indirekt auch etwas über die Wirksamkeit von Evangelisation). In England besuchen weniger als zehn Prozent der Bevölkerung einen wöchentlichen Gottesdienst. In den Vereinigten Staaten – einem Land, das nicht so stark säkularisiert ist wie England – ist die Beteiligung am kirchlichen Leben viel höher. Gegenwärtig besuchen 42 Prozent der amerikanischen Bevölkerung durchschnittlich einmal in der Woche einen Gottesdienst und 68 Prozent sind offiziell bei den Kirchen registriert (1984 waren es 140.816.358 Mitglieder). Sieht man sich jedoch die Zahlen der letzten fünfzehn Jahren an, so zeigt sich ein steter Abwärtstrend beim Gottesdienstbesuch.[2]

Von größerer Bedeutung allerdings ist die Tatsache, daß diejenigen, die behaupten, Christen zu sein, keine Frucht bringen und sich Christus nicht völlig hingeben. Der Autor Joseph Bayly beschreibt dieses Problem: »Ich glaube, kein Beobachter würde die Tatsache bestreiten, daß die evangelikale protestantische Lebensanschauung inzwischen von den Wertvorstellungen der amerikanischen Kultur beherrscht wird. Wenn die Scheidungsrate in der Gesellschaft steigt, so steigt sie auch unter den evangelikalen Protestanten... Ihr Verhalten zeigt, daß ihre Einstellung zum Fernsehen, zum Materialismus und zu anderen gesellschaftlichen Trends weitgehend angepaßt ist![3] Studien zufolge, die das »National Opinion Research Center« (Nationales Meinungsforschungs-Institut) kürzlich durchführte, ist die Zahl der Ehepaare, die in Trennung oder Scheidung leben, unter den amerikanischen Protestanten sogar noch höher als in der übrigen Bevölkerung.[4]

In seinem Bericht »Religion in Amerika 1984« gibt uns George Gallup eine genaue Beschreibung von der Qualität des christlichen Lebensstils in den Vereinigten Staaten: »Die Religion nimmt unter den Amerikanern an Wichtigkeit zu, aber die Moral verliert an Boden... Zwischen kirchlichen und nichtkirchlichen Menschen gibt es in vielen Punkten kaum noch einen Unterschied, einschließlich Lügen, Betrügen und kleineren Diebstählen.«

Für diese entmutigenden Zahlen und Beobachtungen könnte es noch andere Erklärungen geben. Sie könnten zum Beispiel auch anzeigen, daß die Welt uns Christen erfolgreicher evangelisiert als wir die Welt. Mit anderen Worten, die Zahlen decken die Tendenzen der Verweltlichung innerhalb der Kirche auf, was noch nicht unbedingt einer Anklage unserer missionarischen Methoden gleichkommt.

Was noch wichtiger ist – diese Zahlen könnten auch andeuten, daß der Mangel nicht so sehr bei den Methoden liegt, sondern vielmehr bei der Botschaft: häufig wird ein Evangelium der »billigen Gnade« verkündet. Solch eine Verkündigung bringt schwache Christen hervor, die nicht standhalten können, wenn die Welt sie mit aller Kraft angreift und sie zu überzeugen versucht. Ich glaube, daß hier ein schwerwiegendes Problem liegt; viele Christen wissen einfach nicht, wie sie die Botschaft vom Reich Gottes weitergeben können.

Ich will damit nicht behaupten, alle westlichen, evangelikalen Methoden der Evangelisation seien wirkungslos. Kirchen wie die »Christian and Missionary Alliance«, die »Church of the Nazarene« und die »Southern Baptists«, die im allgemeinen den Gebrauch der charismatischen Gaben ablehnen, haben in den letzten Jahren ein eindrucksvolles Wachstum erlebt. Aber weltweit gesehen findet schätzungsweise 70 Prozent des gesamten Gemeindewachstums in Pfingstgemeinden und Gruppen der charismatischen Gemeindeerneuerung statt.

Die Wirksamkeit westlicher Evangelisationsmethoden wird in Studien über einzelne evangelikale Programme deutlicher. In der Januar/Februar-Ausgabe 1977 von *Church Growth America* (Gemeindewachstum in Amerika) berichtete Dr. Win Arn über mehrere Programme, einschließlich »Here's Life America«, einer übergemeindlichen missionarischen Aktion mit Hilfe der Medien von »Campus Crusade for Christ«. Von der West Morris Street Free Methodist Church in Indianapolis, Indiana, deren Gemeinde an einer »Here's Life«-Aktion teilnahm, schrieb Dr. Arn: »Als wir mit Pastor Riggs die Ergebnisse untersuchten, fanden wir heraus..., daß die Gemeinde über 6.000 Telefonanrufe machte..., 362 Menschen eine Entscheidung getroffen ...und 20 einen oder mehrere Bibelgesprächsabende mitgemacht hatten. Als ich fragte, wie viele von denen, die sich entschieden hatten, jetzt (fünf Monate danach) Mitglieder der Gemeinde waren, kam die Antwort „keiner". Wirksame Evangelisation? Wohl kaum.«

In seinem Beitrag zur September-Ausgabe 1977 des *Eternity-Magazins* veröffentlicht Dr. Peter Wagner Zahlen, die noch mehr Aufschluß über das »Here's Life America«-Programm geben. Er sammelte statistisches Material von 178 beteiligten Gemeinden in sechs Städten. Hier sind die Ergebnisse:

26.535 Evangelien wurden verteilt
4.106 Entscheidungen für Christus wurden getroffen
526 kamen zu einem Bibelkurs
125 wurden Mitglieder einer Gemeinde

Die Zahl 4.106 ist beeindruckend, aber die Menschen haben sich Jesus offensichtlich nicht ganz ausgeliefert. Ihre Bekehrung ist nicht überzeugend, ihnen fehlt die Frucht der Jüngerschaft: sie setzen ihr Bibelstudium nicht fort und schließen sich keiner Gemeinde an; dies beides wären deutliche Anzeichen wirksamer Evangelisation.

In der Januar/Februar-Ausgabe 1978 von *Church Growth America* berichtete Dr. Arn über die Ergebnisse des Billy-Graham-Feldzugs 1976 in Seattle-Tacoma. Von den 434.100 Besuchern trafen 18.000 eine Entscheidung für Christus. Von jenen 18.000 schlossen sich aber 1.285 einer örtlichen Gemeinde an.

Diese letzte Statistik mag schon ermutigender klingen, trotzdem kann man auch hier nicht von wirksamer Evangelisation sprechen.

Sowohl Billy Graham als auch »Campus Crusade for Christ« kennen diese Statistiken und haben Schritte unternommen, um wirksamer zu evangelisieren. Eddie Gibbs zum Beispiel, ein Professor am Fuller-Seminar, hat sich dafür eingesetzt, daß für den 1984er England-Feldzug von Billy Graham ein Nacharbeitsprogramm entwickelt wurde. Und die ersten Statistiken lassen erkennen, daß sich viel mehr Menschen örtlichen Gemeinden anschließen und Bibelkurse mitmachen als nach früheren Feldzügen.

»Campus Crusade for Christ« hat inzwischen Mitarbeiter, die sich in ihrer Ausbildung mit den Prinzipien des Gemeindewachstums auseinandergesetzt haben, die von Donald McGavran und C. Peter Wagner entwickelt wurden.

Größtenteils weist die Evangelisation, die in der westlichen Welt durchgeführt wird, nicht die Kraft auf, wie sie die Evangelisation im Neuen Testament hatte. Obwohl es immer einen Bedarf nach mehr Arbeitern, die die Ernte einbringen, gibt, zeigt die gegenwärtige Situation in den westlichen Kulturen auch ein Bedürfnis nach machtvolleren Wegen, um die Menschen mit dem Evangelium zu erreichen.

Es ist ein westliches Problem

Sie haben sicherlich bemerkt, daß ich sagte, das Bedürfnis nach wirksamer Evangelisation sei in den westlichen Kulturen am größten; in vielen nichtwestlichen (gewöhnlich Dritte-Welt-)Ländern scheint die Situation anders zu sein. C. Peter Wagner war sechzehn Jahre lang Missionar in Bolivien. In den lateinamerikanischen Ländern erlebte er wachsende Gemeinden und berichtet darüber:

Mein Hintergrund ist evangelikal, ich bin mit der Scofield-Bibel aufgewachsen. Mir wurde beigebracht, die Gaben des Geistes seien in unserer Zeit nicht wirksam; sie seien mit der apostolischen Kirche zu Ende gegangen... (Auch heute) betrachte ich mich weder als Charismatiker noch als Pfingstler. ...Ich fing an, mich umzuschauen, und versuchte, einen Anhaltspunkt für das Gemeindewachstum in Lateinamerika zu finden. Zu meiner großen Überraschung entdeckte ich, daß gerade die Pfingstgemeinden alle anderen an Wachstum weit übertrafen.

Während ich in Bolivien lebte, reiste ich oft nach Chile und untersuchte die dortige Pfingstbewegung. Durch Einsichten, zu denen mir die chilenischen Pfingstler verhalfen, öffnete ich mich langsam der Tatsache, daß Gott auch in unserer Zeit Zeichen, Wunder, Heilungen und die Gabe der Zungenrede schenkt.

Dr. Wagners Schlußfolgerung in bezug auf den Schlüssel zur wirksamen Evangelisation ist bemerkenswert, besonders wenn man bedenkt, daß er kein »klassischer« Pfingstler ist:

Ich erkenne immer deutlicher, daß weltweit eine auffallend enge Beziehung zwischen dem Wachstum der heutigen Kirchen und dem Heilungsdienst besteht – besonders, wenn auch nicht ausschließlich, in Gebieten, wo das Evangelium gerade erst Fuß gefaßt hat, und wo Satan jahrhundert- oder jahrtausendelang die vollständige Herrschaft besaß. Wenn wir in Gebiete gehen, wo das Evangelium noch nie verkündet wurde, ohne dabei die übernatürliche Kraft des Heiligen Geistes zu verstehen und sie anzuwenden, dann werden wir kaum Erfolg haben...

In Brasilien (zum Beispiel) wenden 40 Prozent der Bevölkerung spiritistische Praktiken an, und weitere 40 Prozent haben schon einmal direkte Erfahrungen damit gemacht. **Die Ausbreitung des Evangeliums geschieht dort dadurch, daß die Menschen mit Gottes Macht konfrontiert werden: mit Heilungen, Wundern, Zeichen und übernatürlichen Ereignissen.**[5]

Ein weiteres Beispiel für das, was Dr. Wagner beschreibt, ist die »Fuller Gospel Central Church« in Seoul, Korea. Sie begann am 18. Mai 1958 unter der Leitung von Dr. Paul Yonggi Cho und hat heute über 500.000 Mitglieder, zu denen jeden Monat 17.000 hinzukommen! Sie ist ohne Frage die größte örtliche Gemeinde der Welt.

»Meine Gedanken gehen zurück zu den Anfangstagen der Gemeinde, die gerade damals für den ständigen Strom der Wunderkraft Gottes bekannt war«, sagte Dr. John Hurston, der von Anfang an zur Fuller Gospel Central Church gehörte. Auf die Frage nach dem Grund für das phänomenale Wachstum dieser Gemeinde antwortet er: »Vielleicht besteht die Antwort darin..., daß wir die Art des Dienstes weitergeführt haben, die Christus selbst ausübte: »Am Abend brachte man viele Besessene zu ihm. Er trieb mit seinem Wort die Geister aus und heilte alle Kranken« (Mt. 8,16).

Vollmächtige Evangelisation hat großen Erfolg in Ländern mit geringem technologischen Fortschritt. Die Menschen dieser Länder sind oft Animisten – das heißt, sie glauben, daß es wirkliche Geister gibt, die die Menschen gebunden halten. Die übernatürliche Kraft des Heiligen Geistes wird gebraucht, um sie aus dieser Bindung zu lösen. Dr. Charles Kraft, einer meiner Kollegen vom Fuller-Seminar, erzählte, wie er nach Nigeria ging und versuchte, einem kleinen Stamm den Römerbrief zu erklären. Nach einigen Monaten kamen sie zu ihm und sagten sehr höflich, daß sie seine Lehre zwar schätzten, aber daß sie für ihre Nöte und Bedürfnisse nicht von Belang sei. Was sie brauchten, sei Weisheit, um die Geister zu vertreiben, die jede Nacht die Dorfbewohner plagten – Kraft gab sofort zu, daß er dazu nicht ausgebildet sei.

Unter solchen Umständen ist es nicht verwunderlich, wenn die meisten westlichen Missionsgesellschaften berichten, daß ungefähr die Hälfte ihrer Missionare nach den ersten Jahren im Dienst wieder in die Heimat zurückkehren.[6]

Es wäre ein Irrtum, zu glauben, daß »power evangelism« nur in Ländern mit einer Kultur notwendig sei, die technologisch nicht so hoch entwickelt ist. Wegen des Einflusses von Materialismus und Rationalismus glauben viele Menschen, die von der westlichen Kultur geprägt sind, nicht an das Vorhandensein einer geistlichen Welt, und wenn sie es doch tun, dann leben sie allenfalls so, als ob die geistliche Welt die materielle Welt nicht beeinflussen könnte. Aber ihr Unglaube verhindert nicht, daß es auch in unserer Gesellschaft dämonische Einflüsse gibt. Die Existenz eines Dämons hängt nicht von unserem Glauben an ihn ab. Christen, die die

Möglichkeit ausschließen, daß übernatürliche Mächte (gute oder böse) direkt in das Weltgeschehen eingreifen, sind Satans Angriffen eher ausgesetzt.

Diese Haltung der westlichen Christen erweist sich als Hindernis für die »power evangelism«; und daher ist der Erfolg dieser Christen auch nur mäßig. Sie können nicht vollmächtig helfen, wenn Menschen Probleme mit Dämonen, Krankheiten und schwerwiegender Sünde haben.

Im Jahre 1974 trat ich als zweiter Pastor der »Yorba Linda Friends Church« zurück und wurde der Gründer und Leiter des Fachbereichs Gemeindewachstum an der theologischen Einrichtung, die sich heute »Charles E. Fuller Institute of Evangelism and Church Growth in Pasadena, Kalifornien«* nennt. Zur gleichen Zeit begann ich, als Gastprofessor an der »School of World Missions – Institute of Church Growth, Fuller Theological Seminary«** zu lehren. Während ich mit Männern wie Donald A. McGavran (der weltweit als der Vater der Gemeindewachstums-Bewegung anerkannt ist), C. Peter Wagner und Charles Kraft zusammenarbeitete, erfuhr ich etwas von der »power evangelism«, die in Ländern der Dritten Welt verbreitet ist. Ich hörte Berichte über Zeichen und Wunder und aufsehenerregendes Gemeindewachstum. Diese Berichte zogen meine Aufmerksamkeit an.

Zur gleichen Zeit machte ich ausgedehnte Reisen durch die Vereinigten Staaten. Ich lernte in vier Jahren über 40.000 Pastoren aus 27 Konfessionen (keine davon war pfingstlerisch oder charismatisch) kennen und sprach mit ihnen über Gemeindewachstum und Evangelisation. Der Kontrast zwischen den Gemeinden in den Missionsländern und denen in Amerika war sehr groß: den meisten amerikanischen Gemeinden fehlten sichtbare Zeichen der Macht Gottes, auch von sichtbarem Gemeindewachstum konnte nicht die Rede sein. Beides ist in anderen Teilen der Welt völlig normal.

Als ich 1974 das Pastorenamt niederlegte, glaubte ich, ich würde niemals wieder dahin zurückkehren. Ich konnte nicht mehr hinter einer Institution stehen, an die ich so viele Fragen hatte. Meine folgenden Reisen durch das Land trugen wenig dazu bei, meine negativen Eindrücke von amerikanischen evangelikalen Gemeinden zu verändern.

Aber 1978 machte Gott mir deutlich, daß ich ins Pfarramt zurückkehren sollte. Ich hatte das glaubwürdige und kluge Zeugnis von pfingstlerischen Professoren wie z.B. Russel Spittler (Fuller-Seminar für Theologie) gehört und die Berichte von Zeichen und Wundern von Missionaren und Studenten aus der Dritten Welt. Auch verstand ich nun besser, wie sehr der westliche Materialismus die Christen daran hindert, an übernatürliche Dinge zu glauben. Durch all das begann ich, dem Heiligen Geist mein Herz zu öff-

---

* Charles-E.-Fuller-Institut für Evangelisation und Gemeindewachstum in Pasadena, Kalifornien
** »Schule für Weltmission – Institut für Gemeindewachstum am Fuller-Seminar für Theologie«

nen. Ich fragte mich, ob es auch in den Vereinigten Staaten möglich sei, dieselben Zeichen und Wunder und dasselbe Gemeindewachstum zu erleben, wie wir es in den Ländern der Dritten Welt sehen. Um das herauszufinden, mußte ich wieder Pastor werden.

Mit vielen Befürchtungen, aber auch ermutigt durch meine Frau und meinen Freund Peter Wagner gab ich also meine Stelle auf und kehrte zu meinem Amt als Pastor zurück – ein eigenwilliger Hirte, der kam, um einer winzigen Herde zu dienen. Im Unterschied zu meiner ersten Amtszeit als Pastor hatte ich diesmal einen klaren Auftrag: es sollte sich herausstellen, ob die Zeichen und Wunder und das Gemeindewachstum, wovon die Studenten aus der Dritten Welt am Fuller-Seminar für Theologie berichtet hatten, auch in den Vereinigten Staaten möglich waren.

Wir fingen mit etwa fünfzig Menschen an, einer Hausgemeinde. Wir feierten Gottesdienst, studierten die Heilige Schrift, sangen und beteten. Nach zwei Jahren war die Gemeinde auf über 200 Mitglieder angewachsen, und wir versammelten uns in der Turnhalle einer Schule. (Später gaben wir uns den Namen »Vineyard Christian Fellowship«.) In unserem ersten Jahr erlebten wir nicht die Zeichen und Wunder, von denen im Neuen Testament berichtet wird. Deshalb begann ich mit einer Predigtreihe über das Lukasevangelium. Das Lukasevangelium ist voll von Heilungen, die Jesus vollbrachte. Mir blieb jetzt nichts anderes übrig, als über dieses Thema zu predigen. Konnte es einen besseren Ausgangspunkt geben, um einen Dienst ins Leben zu rufen, bei dem für die Heilung der Kranken gebetet werden sollte?

Bald betete ich für die Kranken – nicht etwa, weil ich schon erlebt hätte, daß Kranke geheilt wurden, sondern weil die Bibel uns Christen das gebietet. Im Laufe der nächsten zehn Monate betete ich Woche für Woche für kranke Menschen – und nicht einer wurde geheilt. Die Hälfte der Mitglieder verließ die Gemeinde. Immer noch predigte ich über Heilung und betete weiter um Heilung. Denn Gott hatte während dieser Zeit (als ich schon aufhören wollte) ganz deutlich zu mir gesprochen: »Predige nicht deine Erfahrung. Predige mein Wort.« Obwohl ich mich lächerlich machte, weil keine Resultate zu sehen waren, hörte ich nicht auf, darüber zu predigen, daß Gott auch heute noch den Wunsch hat, zu heilen. (Ich behauptete nicht, Leute seien geheilt, die in Wirklichkeit noch krank waren, ich erklärte nur, daß nach Aussage der Bibel heutzutage mehr Menschen geheilt werden sollten.)

Während dieser Zeit lehrte Gott mich mehrere Dinge. Es dauerte ein paar Monate, bis ich den ersten Hinweis verstand: Wenn eine Sache wie zum Beispiel Heilung, von der an vielen Stellen der Bibel berichtet wird, nicht zu meiner Erfahrung gehört, so muß der Grund dafür bei mir selbst liegen. Früher hatte ich angenommen, daß der Grund darin läge, daß Gott mich nicht hört.

Ich teilte die Überzeugung, daß das gründliche Studium von Gottes Wort, so wie es in evangelikalen Einrichtungen gelehrt wird, der Schlüssel zur Ausrüstung und Bevollmächtigung für den Dienst ist. Ich sollte aber erfahren, daß mehr nötig war als viel über die Bibel zu wissen. Ich bin immer noch überzeugt von der Wichtigkeit und Notwendigkeit einer guten theologischen Ausbildung, aber sie ist nicht der einzige Weg, um mit der Vollmacht Jesu ausgerüstet zu werden.

Zweitens wurde mir bewußt, daß es verschiedene Arten von Glauben gibt. Und wie oft hatte ich den neutestamentlichen Glauben, daß Gott Wunder tun will, unbeachtet gelassen. Als evangelikaler Christ ging ich davon aus, daß das persönliche Wachstum des Christen zwei Inhalte hat: Überzeugtsein von der biblischen Lehre und Treue zu Jesus Christus. Glaube an eine Lehre entsteht dadurch, daß wir die richtige Lehre immer besser begreifen. Wir wissen, daß unser Glaube an die Lehre wächst, wenn sich unser Verständnis vertieft, unsere Erkenntnis über Gott: über sein Wesen, seine Eigenschaften, wie er handelt, und so weiter. Treue und Zuverlässigkeit im Leben eines Christen wachsen, wenn sein Charakter sich verändert und die Frucht des Geistes sichtbar wird (Gal. 5,22 f.). Ich stellte fest, daß dies wahr und doch nicht alles ist.

In diesen zehn Monaten wurde mir bewußt, daß es noch einen weiteren Bereich gibt, der Einfluß auf unser Wachstum als Christen hat, nämlich der Glaube, der Wunder bewirkt, wie z.B. Heilungen, Worte der Erkenntnis und so weiter. (Vielleicht ist das der Glaube, der im 1. Kor. 12,9 erwähnt wird.) Um diesen Glauben auszuüben, mußte ich lernen zu erkennen, wann Gottes Salbung für spezielle Aufgaben, wie z.B. Heilung, da war.

Die Betonung zu legen auf das richtige biblische Lehrverständnis und die persönliche Charakterentwicklung eines Christen ist wichtig, aber diese weitere Dimension des Glaubens trägt zu seinem Wachstum noch sehr viel mehr bei. Es fiel mir schwer, diese Lektion zu lernen – das erklärt, warum viele Monate lang nichts geschah.

Als ich am Ende dieser zehn Monate an meinem tiefsten Punkt angelangt war, wurde eine Frau geheilt. Ihr Mann hatte mich angerufen mit der Bitte, zu kommen und für sie zu beten – sie war sehr krank. Die Heilung geschah, als ich für sie gebetet hatte und ihrem Mann gerade eine im voraus überlegte Erklärung dafür abgeben wollte, warum seine Frau wahrscheinlich nicht geheilt würde. Während meiner Erklärung stand sie vom Bett auf – und war völlig wiederhergestellt.

Damit begann ein Rinnsal, das bald zu einem beständigen Strom anwuchs.

Heute erleben wir, wie jeden Monat Hunderte von Menschen in den Gottesdiensten der Vineyard Christian Fellowship geheilt werden. Auch außerhalb der Gottesdienste werden viele geheilt, wir beten für sie in Krankenhäusern, auf den Straßen und in Wohnungen. Die Blinden sehen, die

Lahmen gehen, die Tauben hören. Krebs verschwindet.

Für mich als Pastor ist es äußerst wichtig, daß die Mitglieder unserer Gemeinde auf die Straße gehen und daß dort durch sie Heilungen und andere Wunder geschehen. Dadurch führen sie viele zu Christus, die andernfalls für die Botschaft des Evangeliums nicht offen gewesen wären. Ich schätze, etwa zwanzig Prozent unserer Gemeindemitglieder erfahren regelmäßig, daß jemand durch ihre Gebete geheilt wird. Die Gaben sind nicht auf Gottesdienste beschränkt – sie dienen auch im Alltag als Werkzeuge, um verlorene Menschen zu erreichen.

In dem Buch *Joy Unspeakable,* das Auszüge aus Predigten enthält, betont D. Martyn Lloyd-Jones, daß in der Apostelgeschichte ein auffallender Zusammenhang zwischen der Salbung des Heiligen Geistes und der Evangelisation besteht: Lesen Sie die Apostelgeschichte durch – jedesmal, wenn es heißt, daß der Geist über diese Männer kam, oder daß sie mit dem Geist erfüllt wurden, geschah dies, damit sie Jesus bezeugen und das Evangelium verkünden konnten.[7]

Seit 1978 ist die Vineyard Christian Fellowship so gewachsen, daß sie inzwischen 140 Gemeinden mit über 40.000 Mitgliedern umfaßt, größtenteils in den Vereinigten Staaten und England. Die Mehrheit unserer Mitglieder besteht aus Neubekehrten (meist jungen Leuten), die Gottes Macht sichtbar erlebt haben.

Nicht nur die Gemeinden der Vineyard Christian Fellowship haben die »power evangelism« entdeckt. Auch andere Kirchen, wie z.B. die anglikanische Kirchengemeinde St. Andrews in Chorleywood, Herts, England; die »Gateway Baptist Church« in Boswell, New Mexico; das »Crenshaw Christian Center« in Crenshaw, Kalifornien, und »Our Lady of Perpetual Help« in Boston, Massachusetts, haben ein auffallend großes Gemeindewachstum erfahren, nicht nur, was die Zahl der Mitglieder anbelangt, sondern auch ihre geistliche Reife. In jeder dieser Gemeinden geschehen bis heute viele Zeichen und Wunder.

Es gibt keine Kultur, in der »power evangelism« nicht möglich wäre. Wir haben erlebt, daß Gott durch sie im westlichen Kulturkreis ähnliche Ergebnisse schenkt, wie sie uns aus dem ersten Jahrhundert berichtet werden, oder in der heutigen Zeit aus Afrika, Mittel- und Südamerika und Asien.

Kraft kontra Programm

In den letzten sieben Jahren habe ich gesehen, wie stark die Reaktion auf »power evangelism« ist. Ich fing an, darüber nachzudenken, warum diese Art der Evangelisation so viel Erfolg hat. Dieser Erfolg wird noch deutlicher, wenn man sie mit westlichen evangelistischen Bemühungen unserer Zeit vergleicht, von denen ich die meisten »programmatische Evangelisation« nenne. Ein Vergleich dieser beiden Arten der Evangelisation macht die Unterschiede deutlich.

Die programmatische Evangelisation versucht ohne die charismatischen Gaben den Verstand und das Herz der Menschen zu erreichen. Programmatische Evangelisation ist vor allem dadurch gekennzeichnet, daß die Predigt im Mittelpunkt steht, durch sie wird das Evangelium weitergegeben, hauptsächlich mit Hilfe rationaler Argumente. In manchen Fällen wird auch an die menschlichen Gefühle appelliert. In der Regel verläuft die Kommunikation nur in einer Richtung – der Sprecher wendet sich mit einer vorbereiteten Predigt an die passiven Zuhörer. Betont werden auch Organisation und Methode. Man ist immer auf der Suche nach der wirksamsten Darstellung des Evangeliums, in der stillschweigenden Annahme, Menschen würden sich entschließen, Christen zu werden, wenn sie nur verstehen, worum es geht. Natürlich gehen sie auch von der völlig richtigen Annahme aus, daß schon allein die Verkündigung des Evangeliums Kraft in sich birgt.

Programmatische Evangelisation kann die unterschiedlichsten Formen haben: organisierte Feldzüge oder Erweckungsversammlungen, Aktionen, bei denen von Haus zu Haus Traktate verteilt werden, um so ein ganzes Wohnviertel systematisch zu »durchdringen«, Medienaktionen, persönliche Evangelisation, Evangelisation in der Nachbarschaft – um nur ein paar Beispiele zu nennen. Bei jedem von ihnen besteht die eigentliche evangelistische Aufgabe darin, die Schritte darzustellen, die nötig sind, um in eine Beziehung mit Christus zu treten. Es handelt sich dabei nicht um eine Liste kluger Argumente für das Evangelium, sondern um eine einfache Darstellung der wichtigsten Aussagen. Fast jeder Befürworter der programmatischen Evangelisation geht von der Annahme aus, Vorbehalte, die ein fragender Mensch hat, seien in der Regel intellektueller Natur – also wird großes Gewicht auf die Beantwortung theologischer Einwände gelegt.

Von ihrem Ansatz her besteht bei der programmatischen Evangelisation die Tendenz, das Ziel darin zu sehen, daß Menschen sich für Christus entscheiden, und nicht darin, daß Menschen zu Jüngern werden. Viele Menschen, die eine Entscheidung für Christus treffen, begegnen bei ihrer Bekehrung nicht so der Macht Gottes, daß ihr Glaube wächst und sie reife Christen werden. Weil ihr Bekehrungserlebnis in gewisser Weise unvollständig war, verzögert sich das geistliche Wachstum bei vielen von ihnen.

Bei der programmatischen Evangelisation bezeugen die Christen jedem, dem sie begegnen, das Evangelium, sie gehorchen damit dem Missionsbefehl. Auch bei der »power evangelism« folgen die Christen diesem Auftrag, nur auf andere Weise. Die Initiative geht dabei jedesmal vom Heiligen Geist aus, er zeigt *konkret,* welche Menschen oder welche Gruppe angesprochen werden sollen, und bestimmt auch Ort und Zeitpunkt. Die einen streuen überall, wo sie hinkommen, den Samen aus und machen sich dabei abhängig von ihrem ausgearbeiteten Zeugnis oder irgendeinem Programm. Die anderen machen sich abhängig von der Eingebung des Heiligen Geistes im jeweiligen Augenblick und vertrauen darauf, daß er sie bei jeder Begegnung das wissen läßt, was wichtig ist.

Bei der programmatischen Evangelisation sagt der Christ: »Ich gehe im Gehorsam. Heiliger Geist, segne mich.« Bei der »power evangelism« sagt er: »Ich gehe, so wie es mir der Heilige Geist aufträgt.«

Bei der programmatischen Evangelisation kann der jeweilige Christ durchaus ängstlich sein beim Reden, aber er weiß, *was* er sagen wird, schon bevor er den Mund öffnet. Bei der »power evangelism« wissen Christen, daß sie von Gott mit einem bestimmten Auftrag in eine Situation hineingeführt werden, die ganz seiner Kontrolle unterliegt. Auch sie sind während des Gesprächs ängstlich. Aber sie sind *nicht so abgesichert,* als wenn sie den Regeln der programmatischen Evangelisation folgen würden, denn sie können sich auf keine Vorbereitung stützen. (Die meisten westlichen Christen fühlen sich bedroht, wenn sie sich vorstellen, daß sie die Situation nicht mehr in der Hand haben – dazu werde ich in Kapitel 5 Stellung nehmen.)

Die programmatische Evangelisation geschieht oft in der Haltung, »wir tun etwas, und dann wirkt Gott«. Bei der »power evangelism« spricht Gott zuerst, und dann handeln wir.

Ich behaupte nicht, daß programmatische Verkündigung falsch ist. Beide Arten der Evangelisation haben dasselbe Anliegen: die einfache Darstellung des Evangeliums. Durch die programmatische Evangelisation wurden Millionen von Menschen zu einer persönlichen Beziehung mit Christus geführt. Ich unterstütze die Anwendung und die Entwicklung neuer Formen von programmatischer Evangelisation. »Power evangelism« wirkt dabei als Katalysator für die programmatische Evangelisation. Was ich aber deutlich machen möchte, ist, daß programmatische Evangelisation oft unvollständig bleibt, weil Gottes Reich bei ihr nicht durch Zeichen und Wunder sichtbar wird – aber das macht die programmatische Verkündigung keineswegs wertlos.

In seinem Buch *Frontiers in Missionary Strategy* beschreibt C. Peter Wagner verschiedene Ziele der Evangelisation. Ich habe diese Aufteilung als sehr hilfreich empfunden, um zu verstehen, inwieweit »power evangelism« und programmatische Evangelisation das Erreichen dieser Ziele unterstützen oder hemmen. Peter Wagner beschreibt drei Evangelisationsstile, die abhängig sind von ihrer jeweiligen Zielsetzung.

1. Evangelisation durch Taten ist das Zeugnis guter Werke (Mt. 5,16). Hier handelt es sich nicht um übernatürliche Werke wie Heilung oder Befreiung von bösen Geistern, sondern um Taten der Barmherzigkeit, Freigebigkeit und Hilfe gegenüber den Armen und Bedürftigen. Die Wirksamkeit dieser Art von Evangelisation wird daran gemessen, wie vielen Menschen im Namen Jesu Christi geholfen wird.

2. Evangelisation durch Verkündigung fügt den guten Taten gute Worte hinzu. Hier besteht das Ziel darin, den Menschen zu helfen, das Evangelium zu hören und ihm zu folgen (Röm. 10,14 f.). Man will besonders Menschen helfen, die Entscheidung zu treffen, daß sie Christus vertrauen.

3. Evangelisation durch Einschluß des Jüngerschaftsprozesses ist der beste Evangelisationsstil, sagt Wagner, weil er die Menschen nicht nur zur Entscheidung führt, sondern Jünger Jesu aus ihnen machen will. Das ist das Evangelisationsziel, zu dem Christus uns im Missionsbefehl (Mt. 28,19 f.) beruft. Mit dem Begriff Jünger verbindet Wagner, daß der betreffende Mensch in den Leib Christi (in eine örtliche Gemeinde) *eingegliedert* wird. Das schließt ein, daß man ihn die Grundlagen aus Gottes Wort *lehrt,* ihn in einem christlichen Lebensstil *schult,* der Einfluß hat auf alle Bereiche des Lebens, und ihn dazu *befähigt,* Gottes Werke auf Erden zu tun. Kurz gesagt, das Ziel der Jüngerschaft ist es, daß wir, wie C. S. Lewis es ausdrückt, »kleine Christusse«[8] werden – daß wir seinen Charakter annehmen und seine Werke tun.

Mir ist aufgefallen, wie viele Christen es gibt, die überzeugt sind, daß in Gottes Augen Jüngerschaft das eigentliche Ziel der Evangelisation ist. Aber sie wissen nicht, wie sie Menschen nach der Entscheidung weiterführen können. Sie sind erlahmt bei ihren Bemühungen, Jünger heranzubilden. Weil sie eine Entscheidung der Vernunft betonen, kann man mit den meisten Programmen die Menschen aber auch nur bis zur Entscheidung führen. Inhalte der programmatischen Evangelisation reichen oft nicht aus, um die Menschen auch nach ihrer Entscheidung weiterzuführen in ein Leben als Jünger Jesu Christi.

In der »power evangelism« haben wir einen Schlüssel, der die Tür zu allen drei Evangelisationszielen öffnet – und dabei wird die Macht Gottes durch Zeichen und Wunder sichtbar. Die »power evangelism« ist ein Katalysator, der den Übergang von einer Phase zur anderen fördert und beschleunigt. Dadurch werden Dinge, die große Hindernisse darstellen, aufgedeckt und überwunden, wie z.B. Ehebruch, Bitterkeit, körperliche Leiden, Besessenheit – alles Dinge, die zutiefst das Herz der Menschen berühren. So werden bei ganz neuen Christen Hindernisse aus dem Weg geräumt, und sie können ungehindert wachsen. Darüber hinaus wird die Erfahrung der Bekehrung durch die Begegnung mit der Macht Gottes in einer Tiefe bestätigt, wie es bloß vernunftmäßige Erkenntnis nie bewirken könnte. Dadurch bekommen neue Christen Gewißheit über ihre Bekehrung – und damit ein solides Fundament für ihr ganzes Leben.

Durch die Gegenwart und Macht Gottes können Menschen zu reifen Jüngern Jesu werden und seine Werke tun. Ohne seine Kraft können wir niemand in der Jüngerschaft anleiten.

Eine enthüllende Frage

Kurz nachdem Jesus in der Stadt Nain einen jungen Mann von den Toten auferweckt hatte, sandte Johannes der Täufer zwei seiner Jünger zu ihm, um ihn zu fragen:»Bist du der, der kommen soll, oder müssen wir auf einen andern warten?« (Lk. 7,19). Jesus antwortete nicht mit einer Reihe logischer Beweise, so wie wir es vielleicht erwartet hätten. Statt dessen verweist Jesus auf die sichtbaren Zeichen der Macht Gottes und seines Reiches. Jesu Werke waren die Erfüllung der alttestamentlichen messianischen Verheißungen. Durch die Werke zeigte Jesus, daß er der Messias war. (So betrachtet enthielt seine Antwort an die Jünger des Johannes doch eine gewisse Logik.)»Geht und berichtet Johannes, was ihr gesehen und gehört habt: Blinde sehen wieder, Lahme gehen, und Aussätzige werden rein: Taube hören, Tote stehen auf, und den Armen wird das Evangelium verkündet.« Jesus trug den Jüngern auf, Johannes zu beruhigen und ihm zu erzählen, wovon sie gehört und was sie gesehen hatten – die Heilung von Kranken, die Austreibung böser Geister und die Auferweckung von Toten.

Das waren nicht nur sporadische Ereignisse im Dienst Jesu. Wenn man die Evangelien gründlich studiert, so entdeckt man, daß Jesus mehr Zeit damit verbrachte, zu heilen und Dämonen auszutreiben, als zu predigen. Von 3.779 Versen in den vier Evangelien beziehen sich 727 (das sind 19%) speziell auf die Heilung körperlicher und geistig-seelischer Krankheiten und auf die Auferweckung von Toten. Mit Ausnahme der Diskussion über Wunder im allgemeinen findet der Heilungsdienst Jesu weit größere Beachtung als jeder andere Aspekt seines Dienstes. Durch die alttestamentlichen Propheten wie z.B. Jesaja müssen die Jünger des Johannes gewußt haben, daß die Erweise der Macht Gottes ein Anzeichen dafür sind, daß der Messias gekommen ist – und in ihm das Reich Gottes.

In Christus hatte sich die Messiasverheißung erfüllt. Die frühe Kirche brachte reiche Frucht, weil sie dies in den Mittelpunkt ihrer Evangelisation stellte und weil gleichzeitig machtvolle Zeichen des Reiches Gottes ihre Verkündigung bekräftigten.

»Wie mich der Vater gesandt hat«, sagte Jesus nach seiner Auferstehung zu seinen Jüngern, »so sende ich euch.« Dann hauchte er ihnen den Heiligen Geist ein (Joh. 20,21 f.). Davor fand das Gespräch mit Thomas statt, in dem Jesus ihn aufgefordert hatte, auf Grund seiner Wunder an ihn zu glauben; dann sagte er:»Wer an mich glaubt, wird die Werke, die ich vollbringe, auch vollbringen, und er wird noch größere vollbringen...« (Joh. 14,11 f.). Jesus hatte ein klares Bild vor Augen. Er sah Menschen – seine Jünger –, die nicht nur die gleichen Wunder vollbringen würden wie er, sondern noch größere. Das einzige Hindernis, um diese Kraft zu empfangen, ist mangelnder Glaube:»*Jeder*, der an mich glaubt ...« Es war Absicht Jesu Christi, daß das Reich Gottes auch weiterhin auf dieselbe Weise ausgebreitet werden sollte, wie es durch sein Wirken geschehen war – durch »power evangelism«.

Der ungeheure Erfolg von Paulus in Korinth zeigt, daß er dieses Prinzip verstanden hatte. Diese Einsicht erlangte er, nachdem er in Athen nur recht wenig Menschen zum Glauben hatte führen können. In Athen, auf dem Areopag, wandte Paulus seine ganze Redekunst auf. Das Ergebnis sah so aus: »*Einige* Männer aber schlossen sich ihm an und wurden gläubig« (Apg. 17,34). Viele westliche Christen gebrauchen die Predigt des Paulus in Athen als Modell für heutige evangelistische Aktionen und übersehen ihr mageres Resultat.

In Korinth, dem nächsten Aufenthaltsort auf seiner Reise, sah das Ergebnis anders aus: »*viel* Volk in dieser Stadt« glaubte (Apg. 18,10). Sicherlich gibt es mehrere Faktoren, die die unterschiedliche Reaktion erklären (besonders auffällig ist, daß die Menschen der einen Stadt sehr viel offener und empfänglicher waren als die der anderen). Aber Paulus schrieb in seinem 1. Brief an die Korinther, Kapitel 2, Verse 1, 4 und 5: »Als ich zu euch kam, Brüder, kam ich nicht, um glänzende Reden oder gelehrte Weisheit vorzutragen... Meine Botschaft und Verkündigung war nicht Überredung durch gewandte und kluge Worte, sondern war mit dem Erweis von Geist und Kraft verbunden, damit sich euer Glaube nicht auf Menschenweisheit stützte, sondern auf die Kraft Gottes.« Paulus änderte seine Evangelisationsmethode: in Korinth verband er die Verkündigung mit sichtbaren Zeichen der Kraft Gottes.

Kapitel 4

Gottes Führung

Ein langer Tag im Büro lag hinter dem Verleger Kerry Jennings (Name geändert), viele Sachen mußten dringend erledigt werden, und eine Sitzung war der anderen gefolgt. Nun sehnte er sich nur noch danach, nach Hause zu kommen und sich bei seiner Familie zu entspannen. Als Kerry durch das Gewirr der Stadtautobahn auf sein Haus am Stadtrand zusteuerte, begann er zu beten – er hatte sich angewöhnt, dies im Auto zu tun, um die Zeit auszunutzen, die er in Verkehrsstaus zubrachte. Er tat Fürbitte für seine Familie, seine Mitarbeiter und seine Freunde. Er betete für einen Artikel, den er gerade schrieb. Dann bat er Gott, ihm Gelegenheiten zur persönlichen Evangelisation zu schenken. Da kamen ihm plötzlich seltsame Gedanken, aber der Friede, den er dabei empfand, zeigte ihm, daß diese Gedanken Gottes Antwort auf sein Gebet waren. Er hatte schon öfters solche Gedanken gehabt, und fast jedesmal, wenn er ihnen folgte, erlebte er, wie Gott durch ihn wirkte.

Gott sagte Kerry, er solle bei einem ihm bekannten Restaurant anhalten, nach einer bestimmten Kellnerin Ausschau halten und ihr mitteilen, daß »Gott ihr etwas sagen wolle«. Dann ließ ihn der Herr wissen, daß er das, was er der Kellnerin sagen wollte, Kerry offenbaren würde, wenn er mit der Frau sprach. Obwohl er ein bißchen ängstlich war, folgte Kerry dem Wink und lenkte seinen Wagen zu dem Restaurant.

Er tat es, weil er spürte, daß Gott ihn zu einer »göttlichen Verabredung« führte. Gott handelt zu bestimmten Zeiten so, um sich einem einzelnen oder einer Gruppe durch Gaben des Geistes oder übernatürliche Ereignisse zu offenbaren. Er selbst arrangiert solche Begegnungen – durch sie soll sein Reich sichtbar werden (Eph. 2,10).

Kerry wurde ein Tisch zugewiesen, für den diese besagte Kellnerin zuständig war. Er begann, sich alle Gründe vor Augen zu halten, die dafür sprachen, die Botschaft nicht zu überbringen. Er war noch ganz mit diesen Gedanken beschäftigt, da kam die Kellnerin schon auf ihn zu.

Bevor er überhaupt den Mund öffnen konnte, sagte sie fröhlich: »Sie wollen mir etwas sagen, nicht wahr?« Nun zögerte er nicht mehr; er sagte ihr, daß Gott ihn mit einer speziellen Botschaft geschickt hätte. Und dann offenbarte ihm Gott zwei Dinge; sie betrafen die Arbeit der Kellnerin und eine Beziehung (in beiden Bereichen hatte sie Probleme). Kerry bat Gott um Mut und sagte ihr das, was Gott ihm gezeigt hatte.

Sie war verblüfft. Sie wußte, daß sie Gott begegnete, denn Kerry konnte diese Dinge nur auf übernatürliche Weise erfahren haben. (In der Bibel wird in solch einem Zusammenhang vom »Wort der Erkenntnis« gesprochen. Siehe 1. Kor. 12,8.)

Nach dem Gespräch beteten sie. Die Kellnerin weinte. Später erfuhr Kerry, daß sie die Tochter eines – inzwischen verstorbenen – Pastors war, und daß sie sich von Gott abgewandt hatte. Bald nach dieser von Gott herbeigeführten Begegnung öffnete sie Gott ihr Herz.

Begegnungen, die von Gott arrangiert werden, sind ein wesentlicher Bestandteil der »power evangelism«. Menschen, die sonst nicht zuhören würden, wenn das Evangelium verkündet wird, öffnen sich auf der Stelle für Gottes Wort. Wenn ihnen in einer großen Not geholfen wird, wenden sich manchmal sogar Menschen Gott zu, die ihm vorher völlig ablehnend gesinnt waren.

Glücklicher »Zufall« – aus Gottes Hand

Im 1. Petrusbrief, Kapitel 3, Vers 15 lesen wir: »Seid stets bereit, jedem Rede und Antwort zu stehen, der nach der Hoffnung fragt, die euch erfüllt« – das heißt, jeder Christ sollte immer bereit sein, die rettende Botschaft in Christus zu verkündigen. Zugleich geht aber das, was ich als »Führung Gottes« umschreibe, also Begegnungen, die von Gott geplant sind, über die bloße Erklärung des Evangeliums hinaus. Wenn auch die Verkündigung ein wichtiges Element solcher Begegnungen ist, so wäre es doch falsch, wenn man in ihnen nur eine Gelegenheit sähe, um das Evangelium zu erklären.

In Lukas 19,1-10 wird zum Beispiel erzählt, wie Jesus durch die Stadt Jericho kommt. Seine Begegnung mit Zachäus, dem kleinen und unbeliebten Steuereinnehmer, ist eine ausgezeichnete Illustration für eine Begegnung, die von Gott herbeigeführt wurde. Als Jesus Zachäus sah, sagte er: »Zachäus, beeile dich und komm herunter, denn ich muß heute in deinem Haus zu Gast sein.« »Herr, die Hälfte meines Vermögens will ich den Armen geben, und wenn ich von jemand zuviel gefordert habe, gebe ich ihm das Vierfache zurück.« Wie läßt sich diese erstaunliche Reaktion auf eine einfache Bitte erklären?

Erstens sprach Jesus Zachäus mit seinem Namen an. Es gibt in der Bibel keinen Hinweis darauf, daß Jesus Zachäus vorher schon gekannt hätte. Gott hatte es ihm offenbart. Auch uns will der Heilige Geist solche Worte der Erkenntnis geben, auf die hin wir handeln können, so wie Kerry Jennings es tat, als er die Kellnerin ansprach. Zweitens war Zachäus bei den Leuten der Stadt verhaßt. Im Auftrag der Römer trieb er bei den Juden die Steuern ein, und alles, was die römische Forderung überstieg, behielt er für sich (in der Regel eine beachtliche Geldsumme). Er hatte wahrscheinlich wenig Freunde. Er hatte ein tiefes Bedürfnis nach menschlicher Gemeinschaft und sehnte sich danach, angenommen zu werden. Jesus wandte sich ihm zu, und durch eine schlichte Bitte um Gastfreundschaft ließ er ihn wissen, daß er ihn liebte und annahm.

Zwei Dinge kommen hier zusammen, göttliche Offenbarung – und Hilfe für einen Menschen in großer Not. Kein Wunder, daß Zachäus gerettet wurde (wahrscheinlich noch bevor seine Füße den Boden berührten, noch während er vom Baum sprang!), und kein Wunder, daß aller Widerstand gegenüber dem Evangelium überwunden wurde.

Wir können noch mehr von Zachäus lernen. Gott vollbringt seine Wunder oft unabhängig von unseren Motiven und Handlungen. Zachäus stieg auf den Baum, um Jesus besser sehen zu können. Aber indem er das tat, wurde er selbst von Gott besser gesehen. In dieser Hinsicht haben solche von Gott herbeigeführten Begegnungen einen Hauch von »glücklichem Zufall« an sich, man entdeckt auf einmal Gottes Liebe.

Von Begegnungen, die über unseren Verstand hinausgehen und bei denen ein übernatürliches Eingreifen Gottes eine Rolle spielt, wird in der Bibel häufig berichtet. Das vielleicht auffallendste Beispiel ist die Berufung Nathanaels im 1. Kapitel des Johannesevangeliums.

Leider verlassen sich die meisten westlichen Christen, wenn sie evangelisieren, viel zuwenig auf Gottes Gegenwart und Führung. Der Grund für diese Haltung ist der, daß wir nicht merken, wie der Heilige Geist mit seiner leisen Stimme zu uns redet. Haben Sie schon einmal ähnliche Eingebungen oder Gedanken gehabt wie Kerry Jennings? Vielleicht haben Sie diese als Schnapsidee schnell wieder beiseite geschoben. Haben Sie schon einmal etwas blitzartig erkannt, wenn Sie mit jemandem sprechen? Wußten Sie plötzlich, wie das Problem oder die Not des betreffenden Menschen aussah, bevor dieser es Ihnen erzählte? Haben Sie es hinterher als glückliche Eingebung wieder abgetan? Wenn ja, dann sollten Sie vielleicht von jetzt an aufmerksamer auf Gottes Stimme hören, und wenn Sie glauben, eine Eingebung zu haben, im Glauben vorwärtsgehen.

Der Prozeß der Bekehrung

Evangelisation ist ein komplexer Prozeß, bei dem der Heilige Geist im Herzen und im Verstand des Menschen wirkt. Der wichtigste Faktor dabei ist die Art der Weitergabe des Evangeliums. 1970 hat Viggo Sogaard bei einem Seminar in Bangkok ein Schema entwickelt. Es stellt die verschiedenen Phasen dar, die ein Mensch in der Regel durchläuft, bevor er in den Augen Jesu ein reifer Christ ist:

S	*A*	Völlige Unwissenheit über das Evangelium
Ä	*D*	Erste Konfrontation mit dem Evangelium
E	*G*	Verstehen einiger Grundzüge des Evangeliums
N	*J*	Verstehen der Zusammenhänge des Evangeliums und des Heilsweges
E	*M*	
R		
N	*N*	
T		Entscheidung
E	*O*	
N		
	R	
R		Junger Christ
E	*U*	
I		Reifer Christ und Laie mit geistlicher Verantwortung
N		
I	*X*	Reifer und geschulter Leiter, der andere lehren kann
G		
E		
N	*Z*	

Zur Erläuterung seines Modells sagt Sogaard:

»Es ist zu beachten, daß das Schema drei Phasen darstellt, die in sich selbst wiederum Prozesse sind. Ernten ist als Prozeß dargestellt, und die konkrete „Bekehrung" ist hier nur als Beispiel genannt. Die Entscheidung kann auch in einer anderen Phase gefällt werden. Doch zeigt die Erfahrung, daß eine echte und bleibende Bekehrung in der Regel stattfindet, nachdem der Betreffende die Grundzüge des Evangeliums verstanden hat. Deshalb geschehen Bekehrungen gewöhnlich in dem Abschnitt, der hier mit „Ernten" bezeichnet ist«.[1]

Das Ziel des Evangelisationsprozesses ist es, Menschen von Punkt A bis zum Punkt Z zu führen. Wir sollen Menschen nicht nur zu der Erfahrung einer persönlichen Bekehrung verhelfen, sondern sie auch zur Reife in Christus führen.

Aber dieses Schema alleine reicht nicht aus, um den Bekehrungsvorgang zu verstehen. Es ist auch wichtig, sich anzusehen, wie sich die Einstellung des Menschen in diesem Prozeß verändert.

James F. Engel nahm Studien aus dem säkularen Bereich über Einstellungen im Geschäftsleben und in der Politik zu Hilfe und zeigt in der sogenannten »Engel-Skala«, wie Einstellungen den Evangelisationsprozeß beeinflussen.[2]

Die Engel-Skala berücksichtigt Wissen, Glaube, Einstellung, Absicht und Entscheidung und hilft uns so, die Bekehrung zu verstehen:

−8 Glauben an ein höheres Wesen
−7 Bruchstückhafte Kenntnis des Evangeliums
−6 Kenntnis der Grundzüge des Evangeliums
−5 Verständnis der persönlichen Ansprüche des Evangeliums an den einzelnen
−4 Positive Einstellung gegenüber der Möglichkeit, ein Christ zu werden
−3 Problembewußtsein und Absicht, zu handeln
−2 Entscheidung, zu handeln
−1 Reue und Glaube an Christus
NEUES GESCHÖPF
+1 Erkenntnisse über die Bedeutung der Entscheidung
+2 Eingliederung in eine Gemeinde
+3 Erkennen geistlicher Zusammenhänge und Änderung des Verhaltens

(In Anbetracht der Unvollständigkeit der Engel-Skala wandelte C. Peter Wagner sie so ab, daß sie auch Phasen der Jüngerschaftsschulung sowie das verbale und für Christus gelebte Zeugnis einschließt.)

Die Engel-Skala ist ein Modell, das leicht zu verstehen ist, und die meisten Christen können ihre Gesprächspartner schnell auf der Skala einordnen und so deren Bedürfnisse besser verstehen. Wenn das einmal geschehen ist, kann die Botschaft des Evangeliums auf die Bedürfnisse des betreffenden Menschen sowie auf seine Haltung und sein Denken zugeschnitten werden.

Da die meisten Christen die Engel-Skala aber nicht kennen, sprechen sie oft völlig unüberlegt mit Nichtchristen. Nehmen wir zum Beispiel an, daß wir mit einem Menschen reden, der so gut wie gar nicht an die Existenz eines höheren Wesens glaubt (−8 auf der Engel-Skala). Wenn wir nun mit ihm auf die gleiche Weise sprechen wie mit jemandem, der den Anspruch versteht, den das Evangelium an ihn persönlich stellt (−5), dann wird unsere Botschaft für jenen unverständlich sein.

Da die programmatische Evangelisation im voraus geplant wird, verleitet sie dazu, alle Nichtchristen gleich zu behandeln, so als ob sie sich im Bekehrungsprozeß alle an der gleichen Stelle befänden. Natürlich trägt auch mangelnde oder fehlende Schulung in persönlicher Evangelisation dazu bei, daß Christen die Gedanken und die Einstellung von Nichtchristen falsch verstehen.

»Power evangelism« zerbricht den Widerstand, der durch Unwissenheit oder durch eine negative Haltung entstanden ist. Das heißt, sie beschleunigt den Bekehrungsprozeß (siehe die Engel-Skala) und überwindet in besonderer Weise negative Einstellungen gegenüber dem Christentum. Gott dringt tief in das Herz und in das Bewußtsein der Menschen ein und überwindet so auf übernatürliche Weise ihren Widerstand. Wenn man mit Hilfe der Vernunft versuchen wollte, diesen Widerstand zu beseitigen, so würde man ein ganzes Leben dazu brauchen – wenn es überhaupt möglich wäre.

Es gibt zwei treibende Kräfte bei der Verkündigung des Evangeliums: die natürliche Kraft, wie mit Hilfe der Engel-Skala dargestellt, und die übernatürliche, die bei der »power evangelism« eingesetzt wird und durch die die Menschen rasch durch den Evangelisationsprozeß hindurch geführt werden.

»Power evangelism« widerspricht nicht der Vernunft. Wenn Menschen zur Bekehrung geführt werden sollen, müssen sie die wesentlichen Aussagen des Evangeliums kennen – daß sie Sünder sind, die Gottes Gnade brauchen, und daß sie durch den Glauben an Christus diese Gnade erfahren können. Aber wenn wir Ungläubigen von Christus erzählen, bewirkt das nicht immer, daß sie an ihn glauben. Unsere Verkündigung des Evangeliums wird glaubwürdiger, wenn sie durch Gaben des Geistes unterstützt wird. Oft werden dadurch sogar überzeugende Argumente überflüssig, weil die Ungläubigen ganz einfach Gottes Liebe und Macht erfahren.

Wenn beide Kräfte – Information und sichtbare Zeichen der Macht Gottes – zusammenwirken, werden diese Phasen, die in der Engel-Skala dargestellt sind, am nachhaltigsten durchlaufen.

Der Unterschied zwischen »power evangelism« und programmatischer Evangelisation entspricht dem Unterschied zwischen der Auswirkung einer 45-Kaliber-Kugel und einer Schrotladung. Die 45er Kugel ist dazu bestimmt, in einem konkret bezeichneten Gebiet Zerstörung anzurichten. Wenn man genau zielt – auf die Stelle der größten Verwundbarkeit –, so geht der Schuß immer tödlich aus. Im Vergleich dazu ist grober Schrot in der Regel weniger wirksam, und der Erfolg hängt mehr vom Zufallstreffer ab. Göttliche Führung wirkt eher wie der Einschlag von 45er Kugeln: sie treffen genau das angepeilte Ziel und dringen dort ein.

Vor einigen Jahren, als die Vineyard Christian Fellowship sich noch in der Turnhalle einer Schule versammelte, kam ein Ehepaar mittleren Alters in unseren Gottesdienst. Auf einem Spaziergang hatten sie die Autos gesehen, die vor der Schule parkten, sie fragten sich neugierig, was da wohl los sei. Sie ahnten nicht im entferntesten, daß es ein Gottesdienst sein könnte. Sie wußten praktisch nichts über das Christentum.

Im hinteren Teil des Raumes fanden sie Platz (wir waren gerade dabei, Gott anzubeten und zu singen), und nach zwei oder drei Minuten begannen sie zu weinen. Sie wußten noch nicht einmal, worum es in dieser Veranstaltung ging! Ihnen gefiel einfach die Musik und sie spürten die Gegenwart Gottes. Sie verstanden nicht, warum sie weinten. Als ich zum Schluß sagte, alle, die die Erlösung in Christus annehmen wollten, sollten nach vorne kommen, kam auch dieses Ehepaar, obwohl ich überhaupt nicht das Evangelium gepredigt hatte.

Als sie dann vorne von einem unserer Mitarbeiter gefragt wurden, was sie wollten, antworteten sie, sie wüßten es nicht – sie waren nach vorne gekommen, weil es sie einfach dazu gedrängt hatte. Der Mitarbeiter erklärte ihnen mit wenigen Sätzen das Evangelium, und sie gaben Christus ihr Leben. Da sie kaum etwas von Jesus wußten, war es wichtig, daß sie eine Weiterführung in ihrem Glauben bekamen.

Der von Gott bestimmte Zeitpunkt und seine Macht überwanden alle Vorbehalte. An diesem Beispiel sehen wir, wie Gott um uns wirbt und wie er mit seiner Kraft auf einer Ebene wirkt, die wir nicht mit unserem Verstand begreifen können. Dieses Ehepaar wurde nicht durch eine Predigt angezogen, sondern durch Gottes übernatürliche Gegenwart. Um das Ehepaar ans Ziel zu führen, mußte ihnen das Evangelium verkündet werden; aber wenn der Heilige Geist sie nicht gezogen hätte, wären sie nicht offen gewesen für das Evangelium.

Anknüpfungspunkte

In der Bibel finden wir viele Beispiele göttlicher Offenbarungen. Am vertrautesten ist uns wahrscheinlich die Begebenheit aus Jesu Leben, die wir im vierten Kapitel des Johannesevangeliums finden: das Gespräch mit der samaritischen Frau am Jakobsbrunnen.

Nachdem Jesus sie um Wasser gebeten hatte, gebrauchte er das Wasser als Anknüpfungspunkt, um ihr eine geistliche Wahrheit zu erklären. Im Verlauf des Gesprächs zeigte sich, daß die Frau nur eine sehr vage Vorstellung von dem wahren Wesen Gottes hatte.

Dann sagte Jesus: »Du hast fünf Männer gehabt, und der Mann, den du jetzt hast, ist nicht dein Ehemann.« Mit dieser Aussage gewann er ihre Aufmerksamkeit. »Herr, ich sehe, daß du ein Prophet bist.« Das heißt, sie begriff, daß Jesus ein Seher war, jemand, der das Unbekannte sehen kann – in diesem Fall ihre verborgenen Sünden.

Dadurch löste sich ihr Widerstand auf und sie öffnete sich Jesu Worten. Die Folge war, daß sie zum Glauben kam. Durch ihr Zeugnis begann eine Erweckung in diesem samaritischen Ort. »Kommt, seht einen Mann, der mir alles gesagt hat, was ich je getan habe. Könnte das nicht der Christus sein?«

Durch Gottes Offenbarung in dieser Begegnung machte die Samariterin in wenigen Minuten eine große Entwicklung durch. Zu Anfang wußte sie nur wenig über Gott, doch Jesus führte sie zur Umkehr, aus einem Leben der Sünde kam sie zum Glauben an Christus.

Vor einigen Jahren bekam Blaine Cook, ein Kollege von mir, auf einem Flug von New York nach Los Angeles ein Wort von Gott, daß er eine der Stewardessen zu Christus führen werde. Nach der ersten Flugstunde (dieser Flug dauert fünf Stunden) ging Blaine ins Heck des Flugzeugs und begann mit der Stewardeß zu reden.

Während des Gesprächs gab der Heilige Geist Blaine fünf konkrete Informationen, die die Stewardeß betrafen: sie hatte große Angst, daß sie niemals heiraten würde; sie hatte gerade eine Beziehung mit einem Mann, mit dem sie zusammengelebt hatte, abgebrochen; sie hatte einen schwerwiegenden Konflikt mit ihrer Mutter; sie fürchtete sich vor körperlichem Leiden, und schließlich nannte der Geist ganz konkrete Beschwerden, unter denen sie litt. Diese Gedanken kamen Blaine in rascher Folge – blitzartige Eingebungen, die – wie er wußte – von Gott waren.

Er sagte ihr, was er wußte.

Sie begann auf der Stelle zu weinen und fragte ihn, woher er diese Dinge wisse. »Ich kenne jemanden«, antwortete er, »der Sie nie aufgeben oder im Stich lassen wird und der Sie von Ihren Krankheiten heilen wird.« Er betete für sie. Sie wurde körperlich geheilt. Dann betete die Stewardeß und gab Christus ihr Leben.

Ein Jahr später mußte Blaine dieselbe Strecke nach New York zurückfliegen, und Gott sagte ihm, er würde wieder derselben Stewardeß begegnen. Er ging an Bord, tatsächlich, auch sie war da. Sie erzählte ihm, daß sie sich einer Kirche in Manhatten angeschlossen habe, daß keine Symptome ihrer Krankheit mehr aufgetreten seien, seit er für sie gebetet hatte, und daß sie mit einem Christen verlobt sei, den sie heiraten wolle. Wie bei der Samariterin war auch der Widerstand der Stewardeß auf übernatürliche Weise überwunden worden – die von Gott geleitete Begegnung hatte sie dazu gebracht, sich dem Anspruch des Evangeliums zu öffnen und zu glauben.

Wege zu Gott

In Apostelgeschichte 8,26-40 lesen wir von einer weiteren Führung Gottes. Es ist die Geschichte des Jüngers Philippus. Ein Engel sagte ihm, er solle von Jerusalem in Richtung Süden nach Gaza gehen. Der Geist gab ihm die Anweisung, zu dem Wagen eines äthiopischen Eunuchen zu gehen. Dieser war ein Hofbeamter der Königin von Äthiopien. (Man darf annehmen, daß Philippus allen Mut zusammennehmen mußte, um Gott zu gehorchen. Denn als hoher Beamter war der Eunuch wahrscheinlich schwer bewacht. Sich solch einem Mann ohne Erlaubnis zu nähern, hätte den Tod bedeuten können.)

Dieser Äthiopier las gerade in Jesaja 53. Nach der »Engel-Skala« befand er sich am Punkt der Entscheidung (−2), es fehlte ihm nur jemand, der ihm genau sagen konnte, was er glauben sollte. Durch Gottes Fügung wurde Philippus gesandt, um ihm den nächsten Schritt zu erklären. Damit das geschehen konnte, mußte Philippus auf Gott hören und seinem Wort gehorchen.

Nach der Taufe des äthiopischen Eunuchen wurde Philippus auf übernatürliche Weise weitergeführt. Bis zum heutigen Tag wird dieser Eunuch als der Gründer der äthiopischen Kirche anerkannt.

Die Ernte war reif, aber ohne einen willigen Arbeiter hätte es keine Ernte gegeben.

Oft arrangiert Gott gerade für Menschen mit großen persönlichen Problemen solche Begegnungen. Das sollte uns nicht überraschen. Zu Anfang seines Wirkens verkündigte Jesus in der Synagoge in Nazareth, Gott habe ihn gesandt, »damit ich den Armen eine gute Nachricht bringe; damit ich den Gefangenen die Entlassung verkünde und den Blinden das Augenlicht; damit ich die Zerschlagenen in Freiheit setze und ein Gnadenjahr des Herrn ausrufe« (Lk. 4,18 f.).

Harte und schwere Schicksale werden zu Wegen, auf denen Menschen Christus begegnen. Wenn wir ein besseres Gespür für die Nöte der Menschen um uns herum bekommen, werden wir immer häufiger Situationen erleben, in denen wir »ein Gnadenjahr des Herrn ausrufen« können.

Die Erzählung von der Tochter des Jairus in Markus 5 ist ein ausgezeichnetes Beispiel. Jairus, der Vorsteher einer Synagoge, brauchte Hilfe: seine kleine Tochter lag im Sterben. Als Jesus auf dem Weg zu Jairus war, um dessen Tochter zu heilen, wurde er aufgehalten. Eine Frau, die zwölf Jahre lang an Blutungen gelitten hatte, berührte ihn und wurde geheilt.

Da kam die Nachricht, Jairus' Tochter sei gestorben. Doch Jesus sagte zu Jairus: »Sei ohne Furcht; glaube nur!« Als er das Haus betrat, in dem die Tochter lag, sagte Jesus zu den Trauernden, das Kind schlafe nur.

Sie lachten ihn aus, weil sie meinten, er wüßte noch nicht von dem Tod des Mädchens. Im ersten Jahrhundert gehörten Tod und Sterben zum Alltag der Menschen im Orient. Täglich wurden Tiere geschlachtet, zur Ernährung oder für rituelle Handlungen. So wurden die Menschen damals viel häufiger mit dem Tod konfrontiert als die meisten Menschen heute. Die Kindersterblichkeit war sehr hoch. Aus diesem Grunde fiel es den Menschen besonders schwer, zu glauben, das Töchterchen des Jairus sei nicht gestorben.

Als Juden hatten sie wahrscheinlich eine ähnliche Vorstellung von der Auferstehung der Toten, wie sie auch Christus hatte: sie erwarteten, daß die Toten in dem »kommenden Zeitalter« auferstehen würden. Aber sie wußten nicht, daß Jesus selbst die Auferstehung war. Der Tod des Mädchens gab Jesus die Möglichkeit, das Reich Gottes sichtbar werden zu lassen, und danach erkannten die Zeugen des Geschehens mehr, wer Jesus wirklich war.

Wenn Gott uns anweist, etwas zu tun, was außerhalb des Gewohnten liegt, dann müssen auch wir, wie die Juden, oft gegen unsere begrenzte Erkenntnis und unser Unverständnis ankämpfen. Blaine Cook, zum Beispiel, mußte die persönliche Sünde eines fremden Menschen – der Stewardeß – ans Licht bringen. Die meisten Christen machen selten oder nie solche spannenden Erfahrungen mit der Macht Gottes, weil sie entweder nicht auf Gott hören, oder weil Gott wegen ihrer Unaufmerksamkeit schweigt.

Nachdem Jesus die Zweifler aus dem Haus geschickt hatte, nahm er die Eltern sowie Petrus, Jakobus und Johannes mit in das Zimmer, wo das Mädchen lag. Dann sagte er: »Mädchen, ich sage dir, steh auf!« Die Anwesenden reagierten mit Staunen. Jesus wies sie an, niemandem zu erzählen, was geschehen war. Wenn es der Text auch nicht ausdrücklich erwähnt, so können wir doch annehmen, daß von jenem Tag an Jairus und seine ganze Familie an Christus glaubten.

Im Oktober 1984 wurde ich in London Zeuge einer ähnlichen Bekehrung. Ein orthodoxer Priester und seine Schwester, eine Nonne, brachten ihren Vater und drei Geschwister zu einer Konferenz, bei der ich sprach. Ihr Vater litt an Diabetes und war blind.

Während einer der Veranstaltungen sagte mir Gott, daß jemand unter den Zuhörern als Folge von Diabetes blind sei. Die Erkenntnis bekam ich dadurch, daß ich in meiner Vorstellung ein Bild von dem Auge des Mannes sah, und dabei fiel mir das Wort Diabetes ein. (Manchmal bekomme ich Schmerzen in verschiedenen Teilen meines Körpers. Das zeigt mir an, welche Krankheiten Gott bei anderen heilen will. Es kommt auch vor, daß ich blitzartig die Probleme eines Menschen erkenne. Im Laufe der Jahre habe ich gelernt zu unterscheiden, ob solch eine Erkenntnis von Gott ist oder ob sie meiner eigenen Vorstellungskraft entspringt – oder meiner Unreife.)

Ich sprach meine Erkenntnis über diese Krankheit aus und forderte den betreffenden Menschen auf, nach vorne zu kommen, damit er von Jesus geheilt würde. (Es waren viele Menschen da, und ich kannte den Mann bisher noch nicht.)

Der Vater wurde geheilt. Er erhielt das Augenlicht zurück! Dadurch begegneten die anderen fünf Mitglieder der Familie der Macht Gottes. Nach den Veranstaltungen bekannten sie: »Jetzt kennen wir Gott auf eine Weise, wie wir ihn noch nie kannten.«

Mir geht es hier nicht darum, eine Bekehrung zu schildern (sie glaubten bereits an Christus), sondern ich will zeigen, wie durch dieses Erlebnis ihr

Glaube eine neue Bedeutung bekam und ihre Hingabe an Christus größer wurde. Es veranschaulicht, wie wir Menschen auch nach ihrer Bekehrung zum Wachstum verhelfen können (siehe Engel-Skala, in diesem Fall Punkt +3, Wachstum in Erkenntnis und Veränderung von Verhalten).

Ganze Familien

Das Ziel der Evangelisation ist nicht nur, daß einzelne zu Jüngern Jesu werden, sondern es geht darum, ganze Gemeinden aufzubauen, den Leib Christi. Gott hat uns zur Gemeinschaft berufen. Gesunde Beziehungen sind ein Teil von Gottes Plan für unser Leben. Da der soziale Aspekt, die Gemeinschaft, zu unserem Leben dazugehört, sollte es uns nicht überraschen, wenn Gott häufig ganze Gruppen von Menschen auf einmal in sein Reich bringt.

Oftmals sind wir zu sehr auf Einzelpersonen fixiert. Wir vergessen darüber, daß, wenn ein Mitglied einer Familie oder einer sozialen Gruppe Christ wird, dies zur Folge haben kann, daß eine ganze Familie oder Stadt gewonnen wird. In der frühen Kirche kam das häufig vor.

Was für den Gefängniswärter in Philippi und »sein Haus« (Apg. 16) galt, lesen wir auch im Johannesevangelium von einem königlichen Beamten aus Kapernaum: er kam mit seiner ganzen Familie und dem Dienstpersonal durch »power evangelism« zum Glauben an Christus. Dieser Beamte kam zu Jesus und bat ihn, seinen Sohn zu heilen. Nachdem Jesus ihn getadelt hatte – »Wenn ihr nicht Zeichen und Wunder seht, glaubt ihr nicht« –, heilte er den Sohn. Dieses Wunder ist einzigartig, denn Jesus legte dem Jungen weder die Hände auf noch betete er für ihn. Er erklärte das Wunder einfach für geschehen und sagte dem Beamten, er solle heimgehen. Der Sohn war geheilt. Als Reaktion auf das übernatürliche Eingreifen in seine Not »wurde er gläubig mit seinem ganzen Haus«.

Blaine Cook erzählt von einer ähnlichen Erfahrung, die er 1984 in einer Baptisten-Gemeinde in einer Stadt im amerikanischen Mittelwesten machte. Der Pastor dieser Gemeinde mit 250 Mitgliedern hatte ihn eingeladen, über Heilung zu sprechen. Viele der Anwesenden lehnten seine Botschaft ab.

Bei einer Predigt sagte Blaine, er habe ein Wort der Erkenntnis. Er sah ein inneres Bild, es betraf die Heilung einer Frau, die Arthritis im Ellenbogen hatte. Es war jemand aus der Gemeinde, die Tochter eines Bergmanns. Sie wurde geheilt, nachdem für sie gebetet worden war.

Am nächsten Tag brachte diese Frau ihre Tochter mit, damit auch für sie gebetet wurde. Das Mädchen war mit einem Wasserkopf geboren – sie litt an vierzehn neurologischen Störungen, einschließlich Spina bifida. Ihr offenes Rückgrat wurde augenblicklich geheilt, ihre unkontrollierbaren Augenbewegungen und ihr Bettnässen verschwanden sofort.

Am folgenden Tag kam der Vater der Frau, ein Ältester dieser Gemeinde. Er hatte sich bis dahin geweigert, die Veranstaltungen zu besuchen. Er war verschlossen und glaubte nicht, daß Gott heute noch so wirkte, wie Blaine es lehrte. Besonders die charismatischen Gaben des Heiligen Geistes lehnte er ab. Aber als er sah, was mit seiner Tochter und seiner Enkeltochter geschah, änderte sich seine abwehrende Haltung gegenüber Blaines Lehre, und er kam in die Kirche. Er konnte die körperlichen Veränderungen nicht leugnen. Während der Veranstaltung wurde auch er geheilt, und so setzte er zum ersten Mal in seinem Leben sein ganzes Vertrauen auf Christus.

Als Blaine die Gemeinde wieder verließ, waren die meisten innerlich berührt durch das, was mit der Familie geschehen war. Viele von den *Ältesten* hatten ein neues Verständnis vom Reich Gottes bekommen und hatten angefangen, an übernatürliche Geschehen zu glauben. Einige von den Ältesten gaben zu, daß ihr Christentum mehr aus Tradition bestanden hatte statt aus einem lebendigen Glauben, der aus dem Herzen kommt. Es gibt »geistliche Leiter«, die eine echte, von Herzen kommende Bekehrung brauchen (sie müssen den Punkt −1 der Engel-Skala, Reue und Glaube an Christus, erleben). Mauern des Stolzes, der religiösen Heuchelei und der geistlichen Blindheit müssen überwunden werden. Dies geschieht in der Regel nur, indem solche Leiter der übernatürlichen Macht Gottes begegnen.

Das größte Gebot

Wenn Gott Begegnungen plant und wenn Menschen Hilfe brauchen in ihrer Not, dann haben wir Christen die Verantwortung, das Reich Gottes weiterzugeben. Durch gehorsame und bereitwillige Menschen kann Gott Zeichen und Wunder vollbringen, und auf diese Weise wird das geistliche Wachstum bei Menschen beschleunigt.

Nicht nur einzelne und Familien, sondern auch die Bevölkerung ganzer Städte kommt zur Umkehr, wenn Gottes Kraft in ihren Herzen und in ihrem Verstand wirkt.

Als Äneas, ein Gelähmter, der acht Jahre lang bettlägerig gewesen war, durch Petrus in einem Augenblick geheilt wurde, bekehrten sich alle, die in Lydda und Saron wohnten. Wie Jesus sprach auch Petrus nur ein schlichtes und direktes Gebet für Äneas: »Äneas, Jesus Christus heilt dich. Steh auf, und richte dir dein Bett!« (Apg. 9,34). Im Unterschied zu Jesus heilte Petrus nicht aus eigener Vollmacht. Christus war der, der heilte.

Die Heilung des Äneas machte die evangelistische Aufgabe für Petrus leicht. Die meisten Menschen sind empfänglich für barmherzige Taten und Zeichen geistlicher Macht.

Um Gottes Führung und Offenbarung folgen zu können, ist eine bestimmte innere Haltung erforderlich – diese Haltung durchdrang das Leben von Jesus und Petrus. Sie zeigte sich in der Frage: Wie kann Gott mich gebrauchen? Als die Pharisäer Jesus nach dem größten Gebot fragten, lehrte er sie, das wichtigste Gebot sei, »den Herrn, deinen Gott, (zu) lieben mit ganzem Herzen, mit ganzer Seele und mit all deinen Gedanken« (Mt. 22,37). Wenn Gott uns Dinge aus dem Leben eines anderen Menschen offenbart, so tut er das darum, weil er seine Werke durch unseren Gehorsam, unseren Glauben, unsere Hoffnung und Liebe tun will. Es sind *seine* Werke, wir fügen nichts hinzu.

Uns westlichen Christen fällt es schwer, zu dieser Haltung zu kommen. Wir sind in dem Denken erzogen, nur das Materielle sei real und das Übernatürliche sei Phantasie. Das nächste Kapitel beschäftigt sich mit der Frage, wie es zu diesem Denken kommt und wie wir es überwinden können.

Zeichen und Wunder und Weltanschauung

Kurz nach dem Zweiten Weltkrieg gingen Soziologen in den Fernen Osten, um Einstellungen und Denkprozesse der Asiaten zu untersuchen und um festzustellen, inwiefern ihr Denken sich vom westlichen unterscheidet. Sie interviewten mehrere tausend Menschen und erhielten überraschende Antworten auf ihre Fragen. Diese Fragen waren nach den Gesetzen der Logik aufgebaut, sie gingen von rationalen Denkprozessen aus. Eine typische Frage lautete: »Baumwolle wächst nicht in Ländern mit kaltem Klima. England hat ein kaltes Klima. Wächst in England Baumwolle?« Die meisten Asiaten, denen diese Frage vorgelegt wurde, sagten, sie seien nicht qualifiziert, die Frage zu beantworten, denn: »Ich war noch nie in England«.

In westlichen Ländern hätten die meisten Schüler einer dritten Klasse geantwortet: »Nein. Baumwolle kann in England nicht wachsen. Es ist zu kalt.« Von frühester Kindheit an werden westliche Menschen in deduktivem Denken geschult – mit Hilfe der Logik werden Schlüsse gezogen, die unser Leben leiten. Unsere Kultur unterstützt diese Denkweise. Die Kultur der meisten asiatischen, afrikanischen und südamerikanischen Länder fördert eine ganz andere Denkweise – dort spielt die Erfahrung eine viel größere Rolle. Ausgenommen davon sind Menschen, die eine westliche Ausbildung erfahren haben. (Ich will damit nicht sagen, daß unsere Kultur der asiatischen überlegen ist, nur, daß sie anders ist.)

In Asien erlebten die Soziologen, wie zwei Kulturen aufeinanderstießen – ihre eigene und die asiatische. Jede Kultur birgt ein anderes Verständnis von der Ordnung der Welt in sich. Die Soziologen stellten fest, daß die Weltanschauung der Asiaten stark vom Animismus durchsetzt war – dem Glauben, daß leblose Dinge eine Seele oder einen Geist besitzen –, deshalb gibt es in ihrem Denken keine deduktive Logik. Sie glauben, daß alles Geschehen von Geistern bestimmt wird. Sie denken, Geister seien launisch und unberechenbar. Selbst wenn die klimatischen Bedingungen für den Anbau von Baumwolle geeignet wären, könnten die Asiaten nicht voraussagen, inwieweit die Baumwolle tatsächlich wachsen würde. Die Weltanschauung der Soziologen auf der anderen Seite war vom westlichen Materialismus und Rationalismus beeinflußt – ihre Welt war übernatürlichem Eingreifen gegenüber verschlossen, also verließen sie sich auf naturwissenschaftliche Beobachtungen, um ihre Schlüsse zu ziehen.

Der Autor James Sire definiert Weltanschauung als »eine Reihe von Voraussetzungen (oder Annahmen), die wir (bewußt oder unbewußt) über die grundlegende Zusammensetzung unserer Welt haben«.[1] Unsere Weltanschauung ist uns meistens nicht bewußt. Wir übernehmen sie nicht direkt, sondern indirekt vielmehr von der Kultur, die uns umgibt. Sie wird von Generation zu Generation mit geringen Veränderungen weitergegeben, dabei werden die gedanklichen Voraussetzungen selten überprüft oder revidiert. Wir gehen davon aus, daß alle Menschen die gleiche Sicht vom Leben haben (oder haben sollten) wie wir, und meinen, daß unser Verständnis der Welt der Wirklichkeit entspricht.

Jede Kultur geht meist unbewußt von dieser Annahme aus. Wir übernehmen weltanschauliche Modelle von Eltern, den Medien, der Kunst, der Erziehung und so weiter – von dort kommen Denkmuster, anhand derer wir unsere Erfahrungen bewerten. Unsere Weltanschauung ist wie eine Linse – sie färbt, klärt, teilt ein, verzerrt die Welt oder schließt sie aus. Sie ist, um es mit einem Wort von Charles Kraft zu sagen, unsere »control box« der Wirklichkeit.[2]

Zusammenhalt durch Kultur

Dr. Kraft gibt in seinem Buch *Christianity in Culture* eine umfassendere Definition von »Weltanschauung«:

Kulturen formen die Wahrnehmungen der Wirklichkeit dadurch, daß sie Begriffe bilden, die festlegen, was die Wirklichkeit sein kann oder sein sollte, was man als wirklich, wahrscheinlich, möglich oder unmöglich zu betrachten hat... Die Weltanschauung ist die zentrale Systematisierung der Wirklichkeitsbegriffe, der die Mitglieder einer Kultur (weitgehend unbewußt) zustimmen, und von der ihr Wertsystem abstammt. Die Weltanschauung ist das Herz einer Kultur und berührt, überlagert und beeinflußt stark jeden Aspekt der Kultur.[3]

Eine Weltanschauung ist nötig, um eine Kultur zu entwickeln und zu erhalten. Unser Ziel als Christen ist nicht, die Weltanschauung unserer Umgebung gänzlich abzulegen, ganz gleich, in welcher Kultur wir auch leben. Statt dessen ist es unser Ziel, uns unserer Weltanschauung bewußt zu werden und sie an den Stellen zu verändern, wo sie Werte unterstützt, die dem Christentum entgegenstehen.

Dr. Kraft weist auf folgende vier Funktionen einer Weltanschauung hin:

1. Eine Weltanschauung liefert eine *Erklärung* dafür, warum Dinge so sind, wie sie sind, und wie und warum sie so bleiben oder sich verändern. Diese Erklärungen werden von Generation zu Generation durch Folklore, Sagen und Geschichten weitergegeben. Sie geben der jeweiligen Kultur auch eine Struktur und rechtfertigen sie unbewußt in der menschlichen Vorstellung.

2. Eine Weltanschauung dient als *Beurteilungsgrundlage,* Erfahrungen werden dadurch bewertet und eingeschätzt. Sie ist ein Maßstab, an dem Ereignisse und Verhältnisse in einer Kultur gemessen werden. Sie liefert Kriterien für das, was annehmbar ist und was nicht.

Wir finden zum Beispiel in den Vereinigten Staaten eine Weltanschauung, in der persönlicher Einfluß und materieller Wohlstand im Leben sehr wichtig sind. Erfolg wird daher mit sichtbarem Einfluß und materiellem Wohlstand gleichgesetzt. Diese Weltanschauung beeinflußt auch die amerikanischen Christen. Sie lehnen vielleicht den übertriebenen Konsum ab und nehmen Statussymbole nicht so wichtig. Trotzdem spiegelt sich in der Beurteilung dessen, was sie »erfolgreiche« Kirche nennen, häufig die Weltanschauung ihrer Kultur wider: große Gemeinden mit großem Budget sind erfolgreich. Als die Vineyard Christian Fellowship eine kleine, kämpfende - und umstrittene - Gemeinde war, wurde ich von vielen früheren Kollegen und Freunden gemieden. Dann kamen immer mehr Menschen zu uns. Plötzlich wurde die Vineyard Christian Fellowship zu einer ehrbaren, akzeptablen Institution, obwohl sich unsere sogenannte »umstrittene Lehre« und unsere Praxis nicht geändert hatten. Wir waren dem Maßstab von Erfolg gerecht geworden: eine große und wachsende Mitgliederzahl und ein umfangreiches Budget.

3. Eine Weltanschauung liefert die *psychologische Untermauerung* für den Lebensstil einer Gesellschaft. Sie schafft eine »Wir-sie«-Dynamik: Durch eine gemeinsame Weltanschauung identifizieren sich die Leute mit ihrer speziellen Gesellschaft, die anders ist als alle anderen Gesellschaftsordnungen. Dadurch, daß man die Weltanschauung einer Kultur bejaht und danach lebt, hat man das Gefühl, zu einer größeren Gruppe zu gehören. So fühlt man sich sicher vor der Bedrohung durch fremde Werte, die Familie, Beruf und Religion bedrohen könnten. Dieser Umstand schafft auch eine Umgebung, in der Beziehungen wachsen können - man ist sich sicher, daß die Mitmenschen die Welt so sehen wie man selbst, also geht man frei miteinander um. Ein Gemeinschaftsbewußtsein und Zusammengehörigkeitsgefühl in der Gruppe, dem Stamm oder der Nation ist ein Nebenprodukt dieser psychologischen Untermauerung. In dem Maße, wie die Weltanschauung ständig bestätigt wird, wird die Gemeinschaft gestärkt.

4. Eine Weltanschauung übt eine *integrierende* Funktion aus. Dies betrifft neue Informationen, Werte, Philosophien und Erfahrungen. Nicht alle neuen Erfahrungen, die der Weltanschauung in einer Kultur entgegenstehen, werden völlig abgelehnt. Manche verändern die Kultur und so auch allmählich die Weltanschauung. In dieser Hinsicht sind Weltanschauungen in einer ständigen Weiterentwicklung begriffen. Menschen, die eine Weltanschauung haben, die sich der Weiterentwicklung verschließt, sind

von der übrigen Welt abgeschnitten. Es ist schwer, in eine solche Kultur einzudringen. Islamische Kulturen sind ein ausgezeichnetes Beispiel dafür; ohne Frage widersetzen sie sich am stärksten neuen Ideen und Werten – auch dem Evangelium. Christliche Missionare haben es schwer, in einer islamischen Kultur Fuß zu fassen.

Ältere, noch nicht so technisierte Weltanschauungen – wie die der amerikanischen Indianerkulturen oder der afrikanischen Naturvölker – waren zerbrechlich und leicht zu durchdringen. Dies geschah besonders dann, wenn eine solche Kultur mit einer modernen, technologisierten Kultur zusammentraf. Der Einfluß der Eindringlinge wirkte zerstörend, schwerwiegende soziale Probleme waren die Folge, wie die Geschichte der amerikanischen Indianer auf tragische Weise veranschaulicht.

Säkularisierte westliche Weltanschauungen bringen Gesellschaftsformen hervor, in die man leicht eindringen kann, die aber grundlegenden Veränderungen widerstehen. Elemente östlicher Weltanschauungen (z.B. die, die man in hinduistischen, islamischen oder kommunistischen Gesellschaftsordnungen findet) können leicht in die westliche Kultur eindringen. Nach kurzer Zeit jedoch verlieren diese fremden Weltanschauungen an Reiz, sie werden integriert, in die bestehende Weltanschauung mit eingebaut oder verändert – und verlieren so gewöhnlich ihre Lebendigkeit und die Fähigkeit, die Gesellschaft grundlegend zu beeinflussen. Diesem Prozeß – der einer Weltanschauung die Stoßkraft nimmt, sie integriert und verändert – unterliegt auch das Christentum – der Glaube wird stillschweigend säkularisiert.[4]

Westliche Weltanschauung

In seinem Buch *The Christian Mind* beschreibt Harry Blamires das beherrschende Element der modernen westlichen Weltanschauung als Säkularismus. »Weltliches (diesseitiges) Denken«, schreibt er, »heißt innerhalb eines Bezugssystems zu denken, das von den Grenzen unseres irdischen Lebens eingefaßt ist: es bedeutet, unsere Überlegungen bleiben in diesseitigen Maßstäben verwurzelt.« Ein Mensch, der säkular denkt, geht davon aus, daß wir in einem Universum leben, das göttlichem Eingreifen gegenüber verschlossen ist, und daß in diesem Universum die Wahrheit durch empirische Mittel und rationales Denken erkannt wird.

Die moderne westliche Weltanschauung ist von dem Wunsch durchdrungen, alles unter Kontrolle zu haben – Menschen, Dinge, Ereignisse, ja sogar die Ereignisse in der Zukunft. Die Renaissance des 15. Jahrhunderts und später die Reformation weckten in vielen Menschen das Verlangen, mehr über die Natur zu erfahren. Nahm man im Mittelalter noch alle Erfahrungen als gottgegeben hin, so schlug das Pendel im Laufe der Entwicklung langsam ins andere Extrem aus. Die europäische Aufklärung machte den

Menschen allein zum Maßstab aller Dinge. Bis zum Ende des 19. Jahrhunderts war der Materialismus tief in die westliche Weltanschauung eingewurzelt.

Der *Materialismus* geht davon aus, daß außerhalb der Materie und deren Entwicklung und Veränderung nichts existiert. Für einen Materialisten ist nur das, was man sehen, prüfen und beweisen kann, real. Die naturwissenschaftliche Methode ist zur »Heiligen Schrift« erhoben worden. Menschen, die von dieser Annahme ausgingen, haben angefangen, in der materiellen Welt Gesetzmäßigkeiten und Strukturen zu beobachten und daraus eine Reihe von Gesetzen und Prinzipien für fast alle Bereiche des Lebens zu entwickeln: für Medizin, Physik, Philosophie, Wirtschaft und so weiter. Man glaubt, daß diese Daseinserklärungen logisch, sicher und verläßlich sind.

Christen können nicht eine christliche Weltanschauung vertreten und gleichzeitig ihr Leben von der Philosophie des Materialismus bestimmen lassen. Trotzdem bleiben wir aber dem Einfluß des Materialismus ausgesetzt. Dieser verzerrt unser Denken, er verwischt unsere Vorstellung von der übernatürlichen Welt der Engel und der Dämonen, die Vorstellung von Himmel und Hölle, von Christus und dem Antichristen. Wir leben oft so, als wäre die materielle Welt wirklicher als die geistliche, als würde der materielle Zusammenhang von Ursache und Wirkung alles erklären, was geschieht.

Der *Rationalismus* sucht für jede Erfahrung eine rationale Erklärung und macht so die Vernunft zur obersten Instanz in allen Angelegenheiten des Lebens. Weil Engel, Dämonen, Gott und geistliche Gaben wie Glossolalie oder Prophetie nicht naturwissenschaftlich gemessen werden können, setzt man den Rationalismus ein, um das Übernatürliche für nicht existent zu erklären. Das grundlegende Problem bei der Ablehnung des Übernatürlichen besteht jedoch nicht darin, daß Rationalisten an die Folge von Ursache und Wirkung glauben; sondern es besteht darin, daß sie alle Phänomene, die man nicht empirisch messen kann, von der Realität ausschließen.

Der Rationalismus des 20. Jahrhunderts ist nicht unbedingt mit dem Versuch gleichzusetzen, alles nur zu verstehen. Wir müssen den Rationalismus des 20. Jahrhunderts von dem der Aufklärung im 18. Jahrhundert unterscheiden. Zur Zeit der Aufklärung glaubten viele Materialisten, es sei möglich, alle Erfahrung rational zu analysieren und so zu einer objektiven Wahrheit zu gelangen, sogar auf dem Gebiet der Moral. Moderne Rationalisten halten das nicht mehr für möglich. In der Tat findet man viele rationale Ungereimtheiten in ihrer Denkweise. Sie glauben zum Beispiel einerseits an ein abgeschlossenes materielles Universum, das man ausschließlich durch naturwissenschaftliche Forschung begreifen kann. Ihre Vorstellungen von Religion und Moral andererseits sind jedoch relativistisch. Die Überzeugung, »was immer du glaubst, ist richtig für dich«, setzt eine Vielzahl moralischer Systeme voraus. In dieser Hinsicht besitzen die meisten säkular eingestellten Menschen eine in sich unlogische Weltanschauung.

Das erklärt das gegenwärtige Wachstum von pseudo-östlichen Religionen wie EST und Transzendentale Meditation in vielen westlichen Ländern. Oberflächlich betrachtet scheint das dem zu widersprechen, was man von einer materialistischen Weltanschauung erwarten würde. In Wirklichkeit aber können sich solche Religionen nur ausbreiten, weil der Rationalismus in sich selbst nicht logisch ist. Die meisten modernen Rationalisten sind in ihrer Einstellung nicht radikal – häufig erkennen sie an, daß es eine nicht mit dem Verstand zu begreifende geistliche oder moralische Welt gibt, die man nur durch persönliche Erfahrung erkennen kann.

Letzten Endes sind Materialismus und Rationalismus ein großer Betrug – unfähig, den Sinn des Lebens glaubhaft zu erklären. Die säkulare Weltanschauung kann das Bedürfnis der Menschen, das Universum zu verstehen, nicht zufriedenstellend beantworten – also suchen sie woanders nach dem Sinn, sogar in irrationalen Philosopien und Religionen.

Der »Glaube« an östliche Religionen ist – im Gegensatz zum christlichen Glauben – relativistisch, subjektiv und irrational – man läßt sich blind auf das Übernatürliche ein. Die Zeichen und Wunder des christlichen Glaubens übersteigen zwar auch unseren Verstand (sie sind *transrational*), aber sie dienen einem rationalen Zweck: sie bestätigen das Evangelium. Das Evangelium entlarvt den Betrug des Pluralismus, der behauptet, alle religiösen Erfahrungen seien gleichwertig. Zeichen und Wunder bestätigen die Herrschaft Christi über jeden Bereich unseres Lebens. Diese Herrschaft hat einen Bezug zu unserem Leben, den man beschreiben und verstehen kann.

Christliche Weltanschauung

Harry Blamires, ein früherer Schüler von C. S. Lewis, schreibt: »Christlich denken heißt, davon ausgehen, daß alle Dinge direkt oder indirekt zusammenhängen mit unserer ewigen Bestimmung als die erlösten Kinder Gottes.«[5] Blamires setzt christliches Denken mit der christlichen Weltanschauung gleich. In seinem Buch *The Christian Mind* führt Blamires mehrere Elemente einer christlichen Weltanschauung an:

1. »Ein Hauptmerkmal des christlichen Denkens ist, daß es *die Ewigkeitsperspektive entwickelt*... Es ist auf das Übernatürliche ausgerichtet und bezieht die Tatsache, daß es Himmel und Hölle gibt, in irdische Erwägungen mit ein.«[6] Dies bedeutet, daß Christen an ein offenes, nicht in sich abgeschlossenes Universum glauben, an eine Welt, in der Gott freispricht und handelt. Das bringt Christen in direkten Konflikt mit den westlichen Materialisten, deren Leben auf die Vorstellung gegründet ist, diese Welt sei alles, was es im Leben gibt.

2. »Das christliche Denken besitzt ein *scharfes und ausgeprägtes Gespür für die Macht und den Einfluß des Bösen auf die menschliche Rasse.*«[7] Das Böse – die Welt, das Fleisch und der Teufel – greift ständig Gottes Volk an. Dieses Gespür für das Böse hat zur Folge, daß Christen sich selbst als Angehörige einer Armee sehen, die in einem fremden Land lebt und in den Kampf mit dem Satan verwickelt ist. Es gibt wirklich Sünde. Es gibt böse Geister in dieser Welt. Dieses Bewußtsein für die Existenz des Bösen veranlaßt Christen auch, sich darauf zu verlassen, daß der Heilige Geist »den Bösen« überwindet.

3. »Die *Vorstellung von Wahrheit,* die dem christlichen Denken zu eigen ist, wird von der Ausrichtung dieses Denkens auf das Übernatürliche bestimmt... die Wahrheit ist im Übernatürlichen verankert: sie geht nicht aus der Natur hervor«.[8] Von daher wird alle Erfahrung vor dem Hintergrund von Gottes Offenbarung beurteilt, wohingegen das säkulare Denken die Wahrheit vom Subjektiven her beurteilt. Daher gibt es auch für Christen eine objektive Wahrheit – begreifbare Aussagen über Gott, die Schöpfung und die Ethik, die man verstehen kann, und die ewig sind. Wir haben höchste ethische Maßstäbe, denen wir jeden Aspekt unseres Denkens unterordnen können.

Blamires erwähnt noch andere Elemente der christlichen Weltanschauung, daß Christen die Autorität Gottes anerkennen, und daß sie einen ausgeprägten Sinn für den Wert des Menschen haben.

Die christliche Weltanschauung widerspricht in jedem Punkt dem weltlichen Denken. Und doch sind sich viele westliche Christen dieses Konflikts nicht bewußt, weil sie selber schon weitgehend weltlich denken. Um zu erkennen, wie weit sich das Denken vieler Christen von dem Denken der Bibel entfernt hat, ist es hilfreich, die evangelikalen Kirchen des 20. Jahrhunderts mit der Kirche des ersten Jahrhunderts zu vergleichen. In seinem Buch *Confessions of a Conservative Evangelical* (Bekenntnisse eines konservativen Evangelikalen) beschreibt Jack Rogers charakteristische Merkmale einer Kultur, die von einer Weltanschauung durchdrungen ist, die alle menschliche Aktivität als direkt oder indirekt auf Gott bezogen sieht:

1. *Die Bibel legt Wert auf ein kontemplatives Leben.* Eine Weltanschauung, die vom Übernatürlichen ausgeht, fördert diese Haltung. Da die biblische Weltanschauung den Materialismus ablehnt, besitzt die Kontemplation, das Nachdenken über ewige Wahrheiten, über Gottes Wort, einen hohen Stellenwert. Ein Beispiel dafür ist Psalm 77, wo der Psalmist sagt: »Ich denke und sinne des Nachts und rede mit meinem Herzen, mein Geist muß forschen«, über Gott nachdenken (Vers 7, Luth. Üb.). Die moderne, technologisierte Gesellschaft, in der Zeit ein so wichtiger Faktor ist (»Zeit ist Geld«), hat wenig Verständnis für eine Beschäftigung, die keinen offen-

sichtlichen materiellen Nutzen hervorbringt, und die im Ewigen verwurzelt ist, außerhalb der Zeit. (Vielleicht ist das einer der Gründe dafür, daß die meisten westlichen Christen mit dem persönlichen Gebet Probleme haben.)

2. *Die Bibel ist poetisch.* Der Wert des Poetischen entspringt dem christlichen Verständnis, daß Offenbarung aus dem Bereich des Übernatürlichen kommt. Dies bezeugt, daß es jenseits von unserer zeitlichen Ordnung noch eine andere Wirklichkeit gibt. Ein innerer und wesentlicher Wert dieser transzendenten Wirklichkeit ist die Schönheit. Deshalb ist alles, was überhaupt aussprechbar ist, es auch wert, *schön* ausgedrückt zu werden. Psalm 1 zum Beispiel zeichnet in poetischer Sprache das Bild eines rechtschaffenen Mannes. Im Relativismus dagegen hat der Pragmatismus einen höheren Stellenwert. Dieser stellt die Frage »Funktioniert es?« und nicht »Ist es schön?«

3. *Die Bibel verwendet eine lebendige, bildhafte Sprache.* Weil Gott tatsächlich spricht und die materielle Welt beeinflußt, können wir in den Geschichten und Bildern, die sein Wirken beschreiben, die ewige Wahrheit erkennen. Der Jude des ersten Jahrhunderts argumentierte nicht auf logische Weise (»Voraussetzung« – »Schlußfolgerung«) – er war nicht vom Rationalismus beherrscht. Statt dessen malte er mit den Worten ein Bild und setzte konkrete Situationen, Beziehungen und Orte ein, um seine Aussage deutlich zu machen. Man mißtraute dem abstrakten Denken, ja man empfand Mißtrauen oder auch die Unfähigkeit, theologische Wahrheiten dadurch zu erfassen – die Einstellung der westlichen Kultur dazu ist heute genau umgekehrt.

In der Bibel findet man häufig eine symbolische Sprache. Konkrete Dinge können theologische Wahrheiten symbolisieren. Die Bibel gebraucht unzählige Metaphern, Gleichnisse und andere sprachliche Figuren. Westliche Christen neigen allerdings dazu, das wörtlich zu nehmen, was oft im übertragenen Sinne gemeint ist.

4. *Die Bibel läßt Paradoxa ohne weiteres stehen.* Zum Beispiel fiel es westlichen Christen schon immer schwer, die paradoxe Wahrheit vom Herrschaftsanspruch Gottes und der gleichzeitigen Freiheit des Menschen anzuerkennen. Die westlichen Christen sind vorbelastet durch logisches Denken – dieses Problem kannten die Christen des ersten Jahrhunderts nicht. Beide Lehren finden wir in der Bibel, aber die frühe Kirche sah in diesem Widerspruch nie ein Problem. Ihre Weltanschauung ließ scheinbare Widersprüche zu, wenn diese die Geheimnisse Gottes berührten. Die westliche Kirche, der es mehr um theologische Genauigkeit geht, hat Tausende von Büchern produziert, in dem Bemühen, die beiden Lehren miteinander zu versöhnen.

5. *Religion ist ein Lebensstil.* Der Relativismus stellt alle konkurrierenden Glaubenssysteme in einer Gesellschaft als gleichwertig hin und macht es so unmöglich, Sitten und Traditionen zu entwickeln. Der Historiker Christopher Lasch und der Soziologe Peter Berger beobachteten, daß den modernen westlichen Gesellschaftsordnungen gleichbleibende Modelle für Gemeinschaft, Familienleben und sogar Religion fehlten. Da die westliche Kultur keine transzendenten ethischen Maßstäbe besitzt, ist sie anfällig für Veränderungen und wandelt mit jeder neuen Mode ihre Form.

Das Christentum hat seine Wurzeln in der Offenbarung Gottes, und die Christen besitzen ein stark ausgeprägtes Gefühl der Zugehörigkeit zum Leib Christi. Die Wahrheit dieses Christentums berührt jeden Bereich des menschlichen Lebens. Und weil Gottes Offenbarung sich niemals verändert und weil sie jeden Lebensbereich berührt, können Christen voll Zuversicht christliche Sozialstrukturen entwickeln und einen klaren Lebensstil prägen.

Westlichen Christen fällt es jedoch schwer, einen spezifisch christlichen Lebensstil zu entwickeln. Sie haben die christliche Lehre auf eine Reihe von Glaubensbekenntnissen und einen Sittenkodex reduziert und achten normalerweise vor allem auf das Verhalten der einzelnen Menschen und darauf, daß die Lehre Zustimmung erfährt. Die Entwicklung eines christlichen Lebensstils ist kaum im Blick. Man trifft eher auf eine christliche Moral oder christliche Bräuche als auf einen christlichen Lebensstil. Aber das Christentum beinhaltet viel mehr als eine Folge von Glaubenssätzen, denen wir zustimmen. Westliche Christen sind darauf bedacht, »christliche Spielregeln« zu beachten. Die ersten Christen dagegen lebten in christlichen Gemeinschaften, in denen jeder Aspekt des Lebens – Arbeit, Spiel, Familie, Beziehungen – die christliche Weltanschauung widerspiegelte.

Im Islam des 20. Jahrhunderts hat die islamische Lehre Einfluß auf viele Bereiche des alltäglichen Lebens. So werden z.B. im Iran und in Saudi-Arabien die Gesetze, die Wirtschaft, die Bildung und fast jeder gesellschaftliche Bereich von ihr geprägt. Der moderne Islam kann uns daher besser als Beispiel dienen als die westliche Christenheit von heute. An ihm sehen wir, wie und in welchem Ausmaß die christlichen Werte einmal den Lebensstil der Christen des ersten Jahrhunderts beeinflußten.[9]

Es gäbe noch weit mehr zum Thema »christliche Weltanschauung« zu sagen. Jedes der gerade ausgeführten Charaktermerkmale steht jeweils im Gegensatz zu einer fundamentalen Aussage der westlichen Weltsicht. Die Herausforderung für den Christen besteht darin, seine Weltanschauung an den Punkten zu verändern, wo sie nicht mit diesen biblischen Charakteristika übereinstimmt. Wenn wir unsere Weltanschauung nicht korrigieren, werden wir die Bibel nicht richtig verstehen und werden an dem vorbeigehen, was Gott über sein Wirken in der Welt lehrt.

Die ausgeschlossene Mitte

Jeder Mensch besitzt »blinde Flecken« – das sind jene Lebensbereiche, aus denen wir Gott ausschließen. Diese Bereiche nutzt Satan nur zu gerne aus. Er sieht, wo wir nicht in der Lage sind, grundlegende Wahrheiten vom Reich Gottes zu erkennen oder zu verstehen, und schlägt seinen Vorteil daraus.

Der Animismus glaubt, wie bereits erwähnt, daß alle Dinge der materiellen Welt von Seelen oder Geistern bewohnt werden. Solch eine Weltanschauung hat einen ungeheuren Einfluß auf das Abstraktionsvermögen des Menschen. Sie beeinflußt das Verständnis von Ursache und Wirkung, was in vielen Fällen schlimme Folgen haben kann. Die moderne Medizin zum Beispiel, die auf der naturwissenschaftlichen Voraussetzung von materieller Ursache und Wirkung aufbaut, nimmt an, daß die Pocken eine körperliche Ursache haben. Durch wissenschaftliche Forschung haben moderne Ärzte einen Impfstoff gegen die Pocken entwickelt. In Ländern, wo die Pockenimpfung durchgeführt wird, ist diese Krankheit weitgehend ausgerottet. In vielen animistischen Kulturen jedoch, wo man glaubt, daß böse Geister die Pocken verursachen, lehnten die Menschen die Pockenimpfung ab. Der Tod unzähliger Menschen und unermeßliches Elend waren die Folge.

Westliche Weltanschauungen haben das umgekehrte Problem. Weil die Materialisten an ein geschlossenes Universum glauben, das nur aus Materie besteht und in dem man alles durch Ursache und Wirkung erklären kann, können sie nicht an ein übernatürliches Eingreifen glauben. Christen, die von dieser Haltung beeinflußt sind, fällt es schwer, Heilung zu verstehen oder zu bejahen – besonders dann, wenn die Ursache der Krankheit ein böser Geist ist.

Dr. Paul Hiebert, ein Professor der »Fuller Seminary School of World Missions«, hatte solch einen »blinden Fleck«, als er zum ersten Mal in die Mission ging:

Johannes' Jünger fragten: »Bist du der, der kommen soll, oder müssen wir auf einen anderen warten?« (Lk. 7,20). Jesus antwortete nicht mit logischen Beweisen, sondern er zeigte seine Macht, er heilte die Kranken und trieb böse Geister aus. So viel ist klar. Als ich jedoch diesen Abschnitt als Missionar in Indien las und versuchte, ihn auf die Mission unserer Tage anzuwenden, spürte ich eine seltsame innere Unruhe. Als ein Kind der westlichen Welt war ich gewohnt, Christus mit Hilfe rationaler Argumente zu verkündigen und nicht durch den Erweis seiner Macht im Leben von Menschen, die krank, besessen und notleidend waren. *Die Konfrontation mit Geistern* schien ein ganz normaler *Bestandteil von Christi Dienst gewesen zu sein. Aber gerade das gehörte in meiner Vorstellung zu den übernatürlichen Dingen, die eine Welt für sich darstellen – weit entfernt von der alltäglichen Erfahrung.*

Dr. Hiebert wurde mit seiner »seltsamen inneren Unruhe« bald durch eine Pocken-Epidemie im Dorf auf die Probe gestellt:

Ärzte, deren Ausbildung von der westlichen Medizin geprägt war, hatten versucht, die Pocken zum Stillstand zu bringen, jedoch ohne Erfolg. Die Dorfältesten schickten nach einem Wahrsager, der ihnen sagte, Maisamma, die Göttin der Pocken, sei ärgerlich auf das Dorf. Um sie zufriedenzustellen und die Epidemie zu beenden, müßten die Dorfbewohner einen Wasserbüffel opfern. Die Ältesten sammelten das Geld, um den Wasserbüffel zu kaufen. Die Christen weigerten sich, Geld zu geben. Die Ältesten wurden zornig und verboten ihnen, aus den Brunnen Wasser zu holen, und brachten die Händler dazu, ihnen keine Lebensmittel mehr zu verkaufen. Einer der Ältesten der Kirche in diesem Dorf war zu mir (Dr. Hiebert) auf die Missionsstation gekommen und bat mich, für die Heilung eines Mädchens zu beten, das an Pocken erkrankt war. Völlig verwirrt kniete ich mich nieder. Ich hatte als Kind beten gelernt, hatte an der Universität viel über das Gebet gelernt und als Pastor darüber gepredigt. Aber dies war etwas anderes, ich sollte für ein krankes Kind beten, während das ganze Dorf zuschaute, um zu sehen, ob der christliche Gott heilen konnte.

Dann stellte sich Dr. Hiebert die Frage: »Woher kam meine Unruhe, als ich in der Bibel las und als ich in dem indischen Dorf war? Lag das Problem, zumindest teilweise, an meiner eigenen Weltanschauung – an der Vorstellung, die ich mir als Abendländer über das Wesen der Wirklichkeit machte, und an der Art und Weise, wie ich die Welt sah?« Dann antwortete er auf seine eigene Frage:

Die Menschen in den indischen Dörfern leiden an vielen Krankheiten, dem Fluch der Unfruchtbarkeit, der Unbeherrschtheit, der Besessenheit und Praktiken der Schwarzen Magie. In den indischen Dörfern gibt es traditionelle Methoden, um Krankheiten zu heilen.

1. *Ernsthafte, lebensbedrohliche Krankheiten:* In diesen Fällen bringen sie die Person zu einem *Sadhu* – einem »Heiligen«. Das ist ein Gottesmann, der für sich in Anspruch nimmt, durch Gebet zu heilen. Weil Gott alles weiß, stellen die Sadhus keine Fragen. Weil sie »geistlich« sind, erheben sie keine Gebühren. Wenn sich jedoch eine Heilung einstellt, wird erwartet, daß man etwas gibt.

2. *Übernatürliche Fälle:* Mit diesen Fällen geht man zu einem *Mantrakar* – einem »Magier«. Dieser heilt mit Hilfe übernatürlicher Kräfte und Geister, von denen man glaubt, daß sie hier auf der Erde leben. Diese Magier gebrauchen monotone Gesänge und visuelle Symbole, um die Mächte und Geister unter Kontrolle zu bringen. Sie stellen keine Fragen, nehmen keine Gebühren.

3. *Medizin:* Manche Menschen gehen zu Ärzten, die durch ihre wissenschaftliche Kenntnis mit Hilfe der Medizin heilen. Sie stellen keine Fragen, aber erstellen eine Diagnose, indem sie die Handgelenke, den Magen etc. befühlen. Sie erheben hohe Gebühren, doch versprechen sie, daß man nur zahlen muß, wenn der Patient geheilt wird.

4. *Quacksalber:* Diese Leute behandeln mit volkstümlichen Mitteln. Sie stellen Fragen, verlangen kleine Gebühren, versprechen nichts. Die Patienten müssen zahlen, bevor sie die Behandlung bekommen. (Anfänglich wurden westliche Ärzte oft mit Quacksalbern gleichgesetzt.)

Wenn jemand Christ wurde, so war in seinen Augen nur der Missionar der »Heilige«! Bisher hatten Krishna und Siva die von Geistern verursachten Krankheiten geheilt. *Diese Funktion übte nun Christus aus.* Mit ihren körperlichen Krankheiten gingen sie zu westlichen Ärzten oder zu Dorf-Quacksalbern. Aber wie stand es mit den Epidemien, die der Magier behandelte? Wie sollte man mit Besessenheit, Fluch, Hexerei oder Schwarzer Magie umgehen? Wie lautet die Antwort der Christen darauf?

Die westliche Kultur hatte die Christen zu der Schlußfolgerung verleitet: »Diese Phänomene existieren nicht.« Aber die Menschen, die sie wirklich erlebten, brauchten eine Antwort. So wandten sich auch die Christen an den Magier.[10]

Bei weiterem Nachdenken über seine Erfahrung als Missionar entdeckte Dr. Hiebert einen »blinden Fleck« in seiner Weltanschauung. Um diesen zu beschreiben, entwickelte er ein dreistufiges Modell über seine westliche Weltanschauung. Die Tabelle (siehe nächste Seite oben) faßt sein Denken zusammen.

Der wichtigste Abschnitt auf dieser Tabelle ist die »ausgeschlossene Mitte«. Dr. Hiebert teilte das Universum in zwei vollkommen voneinander getrennte Welten auf und schloß so aus, daß auch die Welt der Materie übernatürlichen Einflüssen unterliegt (dieses Denken herrscht bei den meisten Abendländern, auch bei den Christen). Der Ausschluß des Übernatürlichen in unserem Denken kann auf der Tabelle auch anders dargestellt werden – durch eine dicke Trennlinie zwischen dem oberen und dem unteren Abschnitt:

TRANSZENDENTE WELT JENSEITS DER UNSRIGEN *umfaßt* – Hölle, Himmel, andere Zeitalter, z.B. die Ewigkeit – großer Gott (afrikanisch); Vishnu, Siva (Hindu) – kosmische Kräfte; Karma – Jahwe, Engel, Dämonen, Geister verschiedener Welten	**Religion** Glaube heilig geistlich Wunder Probleme anderer Welten
ÜBERNATÜRLICHE KRÄFTE AUF DIESER ERDE *umfassen* – Geister, Gespenster, Ahnen, Dämonen – irdische Götter und Göttinen, die in Bäumen, Flüssen, Hügeln und Dörfern leben – übernatürliche Kräfte: Mana, planetarische Einflüsse, böser Blick, Kraft der Magie, Zauberei, Hexerei – Heiliger Geist, Engel, Dämonen, **Zeichen und Wunder,** Gaben des Geistes	**Ausgeschlossene** **Mitte** von Abendländern
SINNLICH WAHRNEHMBARE EMPIRISCHE WELT *umfaßt* – volkstümliche »Wissenschaften«, die erklären, wie die Dinge geschehen und funktionieren – Erklärungen, die auf empirischen Beobachtungen beruhen ● ein Mensch schießt einen Pfeil auf einen Hirsch – er führt den Tod auf den Pfeilschuß zurück ● man kocht eine Mahlzeit – und führt das Garen auf das Feuer unter dem Topf zurück – Theorien über die natürliche Welt – ● wie man ein Haus baut, Felder bebaut, Kanu fährt – Theorien über menschliche Beziehungen – ● wie man Kinder erzieht, den Ehepartner behandelt etc.	**(Natur-)** **Wissenschaft** Sehen & Erfahren natürliche Ordnung weltliche diesseitige Probleme

TRANSZENDENTE WELT JENSEITS DER UNSRIGEN *umfaßt* – Hölle, Himmel, andere Zeitalter, z.B. die Ewigkeit – großer Gott (afrikanisch); Vishnu, Siva (Hindu) – kosmische Kräfte; Karma – Jahwe, Engel, Dämonen, Geister verschiedener Welten	**Religion** Glaube heilig geistlich Wunder Probleme anderer Welten
SINNLICH WAHRNEHMBARE EMPIRISCHE WELT *umfaßt* – volkstümliche »Wissenschaften«, die erklären, wie die Dinge geschehen und funktionieren – Erklärungen, die auf empirischen Beobachtungen beruhen ● ein Mensch schießt einen Pfeil auf einen Hirsch – er führt den Tod auf den Pfeilschuß zurück ● man kocht eine Mahlzeit – und führt das Garen auf das Feuer unter dem Topf zurück – Theorien über die natürliche Welt – ● wie man ein Haus baut, Felder bebaut, Kanu fährt – Theorien über menschliche Beziehungen – ● wie man Kinder erzieht, den Ehepartner behandelt etc.	**(Natur-)** **Wissenschaft** Sehen & Erfahren natürliche Ordnung weltliche diesseitige Probleme

Der Animismus und die meisten östlichen Religionen löschen die Grenze zwischen dem transzendenten und dem empirischen Bereich aus. Die geistliche und materielle Welt werden als eine Einheit gesehen. Die Folge davon ist, daß häufig Probleme aus der sichtbaren Welt, deren Wurzeln im psychischen Bereich liegen, geistlichen Ursachen zugeschrieben werden, die eigentlich psychische Wurzeln haben. Wenn man die Sichtweise der Animisten mit der Hiebert-Tabelle darstellen will, so ergibt sich folgendes Bild:

TRANSZENDENTE WELT JENSEITS DER UNSRIGEN *umfaßt*	Religion
	Glaube
– Hölle, Himmel, andere Zeitalter, z.B. die Ewigkeit	heilig
– großer Gott (afrikanisch); Vishnu, Siva (Hindu)	geistlich
– kosmische Kräfte; Karma	Wunder
– Jahwe, Engel, Dämonen, Geister	Probleme
verschiedener Welten	anderer Welten
SINNLICH WAHRNEHMBARE EMPIRISCHE WELT *umfaßt*	
– volkstümliche »Wissenschaften«, die erklären,	(Natur-)
wie die Dinge geschehen und funktionieren	Wissenschaft
– Erklärungen, die auf empirischen Beobachtungen beruhen	Sehen &
● ein Mensch schießt einen Pfeil auf einen Hirsch –	Erfahren
er führt den Tod auf den Pfeilschuß zurück	natürliche
● man kocht eine Mahlzeit – und führt das Garen	Ordnung
auf das Feuer unter dem Topf zurück	
– Theorien über die natürliche Welt –	weltliche
● wie man ein Haus baut, Felder bebaut, Kanu fährt	diesseitige
– Theorien über menschliche Beziehungen –	Probleme
● wie man Kinder erzieht, den Ehepartner behandelt etc.	

Natürlich läßt sich die Menschheit nicht fein säuberlich in zwei Gruppen aufteilen – hier naturverbundene Animisten, dort rationalistische Materialisten. Zwischen diesen beiden Extremen gibt es viele Varianten. Menschen zum Beispiel, die abstreiten, daß eine transzendente Wirklichkeit existiert – wie etwa die modernen Atheisten –, würden behaupten, daß es den oberen Bereich der Tabelle gar nicht gibt.

Die biblische Weltanschauung öffnet die Trennungslinie zwischen dem oberen und unteren Bereich, ohne sie jedoch ganz zu entfernen. Wenn man die Trennung vollständig aufhebt, so führt dies zum Pantheismus (Gott wird mit der Schöpfung gleichgesetzt). Die christliche Weltanschauung läßt in der Beziehung zwischen der geistlichen und der materiellen Welt Raum für das Geheimnisvolle. Die christliche Weltanschauung zum Beispiel sieht, daß einige Krankheiten unmittelbar von Dämonen verursacht werden, während andere Krankheiten körperliche Ursachen haben. Christen lassen sich nicht in die Extreme des Empirismus oder des Animismus drängen, sie wissen aber, daß es die *Möglichkeit* übernatürlichen Eingrei-

fens in alle irdischen Erfahrungen gibt, doch ist dies *kein generelles Gesetz.*
Um die christliche Weltanschauung darzustellen, könnte man die Hiebert-Tabelle folgendermaßen abwandeln:

TRANSZENDENTE WELT JENSEITS DER UNSRIGEN *umfaßt* - Hölle, Himmel, andere Zeitalter, z.B. die Ewigkeit - großer Gott (afrikanisch); Vishnu, Siva (Hindu) - kosmische Kräfte; Karma - Jahwe, Engel, Dämonen, Geister verschiedener Welten	**Religion** Glaube heilig geistlich Wunder Probleme anderer Welten
ÜBERNATÜRLICHE KRÄFTE AUF DIESER ERDE *umfassen* - Geister, Gespenster, Ahnen, Dämonen - irdische Götter und Göttinen, die in Bäumen, Flüssen, Hügeln und Dörfern leben - übernatürliche Kräfte: Mana, planetarische Einflüsse, böser Blick, Kraft der Magie, Zauberei, Hexerei - Heiliger Geist, Engel, Dämonen, **Zeichen und Wunder,** Gaben des Geistes	**Ausgeschlossene** **Mitte** von Abendländern
SINNLICH WAHRNEHMBARE EMPIRISCHE WELT *umfaßt* - volkstümliche »Wissenschaften«, die erklären, wie die Dinge geschehen und funktionieren - Erklärungen, die auf empirischen Beobachtungen beruhen ● ein Mensch schießt einen Pfeil auf einen Hirsch – er führt den Tod auf den Pfeilschuß zurück ● man kocht eine Mahlzeit – und führt das Garen auf das Feuer unter dem Topf zurück - Theorien über die natürliche Welt – ● wie man ein Haus baut, Felder bebaut, Kanu fährt - Theorien über menschliche Beziehungen – ● wie man Kinder erzieht, den Ehepartner behandelt etc.	**(Natur-)** **Wissenschaft** Sehen & Erfahren natürliche Ordnung weltliche diesseitige Probleme

Viele Christen schließen entweder das Übernatürliche aus ihrer Weltanschauung aus, oder sie begrenzen es auf die transzendente Welt. Von dort aus kann das Übernatürliche keinerlei Auswirkungen auf ihr Leben haben. So schließen sie Gottes Kraft aus ihrer Theologie und ihrem Leben aus. Dem, was sie nicht vollständig kontrollieren oder verstehen können, setzen sie Widerstand entgegen, und daher können sie Christi Werke nicht vollbringen.

Sehen lernen

Weltanschauungen üben einen starken Einfluß auf das Denken der Menschen aus. Der gewaltige Einfluß rührt wahrscheinlich daher, daß nur wenige Menschen sich ihrer Weltanschauung bewußt sind. Menschen sind jedoch keine Roboter, die von ihrer Kultur programmiert werden. Die Weltanschauung eines einzelnen oder einer kleinen Gruppe muß nicht immer völlig von der Weltanschauung einer großen Gruppe geprägt sein. Bei verschiedenen Gelegenheiten kommen wir auch mit anderen Weltanschauungen in Kontakt, z.B. durch Reisen, Lesen, neue Beziehungen oder auch durch den Kontakt mit den vielen Gruppen von Einwanderern innerhalb der Gesellschaft (vor allem der amerikanischen).

Viele evangelikale Christen glauben ernsthaft, nur das Bibelstudium forme ihr Denken über Themen wie Heilung oder »power evangelism«. Ihnen ist nicht bewußt, wie gewaltig der Einfluß der westlichen, materialistischen Weltanschauung ist und wie sehr diese Weltanschauung ihr biblisches Verständnis in bezug auf übernatürliche Dinge beeinflußt. Als Dr. Hiebert gebeten wurde, für das kranke Mädchen zu beten, äußerten sich diese verschiedenen Einflüsse bei ihm als »seltsame Unruhe«.

Westliche Christen müssen zu einem Perspektivenwechsel bereit sein. Erst dann können auch sie in ihrem Dienst Zeichen und Wunder erleben. Ihre Weltanschauung muß sich in die richtige Richtung verschieben, damit Raum für Gottes wunderbares Eingreifen entsteht. Nicht etwa, daß wir zu bestimmen hätten, ob Gott eingreift – Gott hat unsere Erlaubnis nicht nötig. Die Veränderung unserer Sichtweise bewirkt jedoch, daß wir anfangen, seine Wunder und sein Wirken zu *sehen,* und *zulassen,* daß er unser Leben berührt.

Verschiedene Phänomene zu sehen und zu verstehen, ist eine Fähigkeit, die man erlernt. Das, was für andere ganz klar ist, können wir manchmal nicht erkennen, weil wir eine andere Sichtweise haben oder nicht gelernt haben, auf das Entscheidende zu achten. In Analogie dazu können wir die folgende Zeichnung betrachten:

Was sehen Sie? Eine junge Dame oder eine alte Hexe? Manche sehen eine junge Dame, und dann, wenn sie das Bild anders betrachten, eine alte Hexe. Andere Leute sehen nur das eine oder das andere, bis ihnen jemand zeigt, wie man das Bild anders sehen kann. Nicht die Linien der Zeichnung verschieben sich, sondern die Wahrnehmung des Beobachters. Dies zeigt – wenn auch nur anhand eines Bildes –, welche Auswirkungen eine unterschiedliche Sichtweise, eine veränderte Wahrnehmung haben kann.

Um das Bild anders sehen zu können, muß man einen Lernprozeß durchlaufen. Es ist schwierig, etwas zu sehen, was man vorher nicht gesehen hat. Wenn man es zum erstenmal sieht, so versteht man es nicht. So braucht es eine gewisse Zeit, bis man sehen lernt; die meisten Menschen sind sich dieses Vorgangs gar nicht bewußt.

Wenn wir etwas anschauen, so sehen wir also nicht alles, was das Angeschaute enthält. Wir haben eine selektive Wahrnehmung. Im Neuen Testament wird berichtet, wie Gott Träume und Offenbarungen gebraucht, um zu seinem Volk zu sprechen. Sie werden sogar als normaler Bestandteil des christlichen Lebens dargestellt. Petrus zitierte Joels Weissagung und verkündigte, daß die Zeit gekommen ist, an dem »eure jungen Männer ... Visionen haben, und eure Alten ... Träume haben« (Apg. 2,17). Haben die Christen des Westens Träume und Offenbarungen? Liegt der Mangel darin, daß Gott sich nicht mehr auf diese Weise offenbart, oder liegt er darin, daß uns ein »blinder Fleck« in unserer Weltanschauung daran hindert, zu sehen, was Gott tut?

In vielen afrikanischen Naturvölkern werden Träume und Offenbarungen von den Menschen ohne weiteres anerkannt, und man spricht darüber. Durch den Einfluß des Animismus interpretieren sie solche Erfahrungen nicht aus einer psychologischen, sondern aus einer geistlichen Perspektive. Wenn diese Menschen Christen werden, messen sie ihren Träumen weiterhin eine geistliche Bedeutung zu, nur glauben sie, daß die Träume jetzt von Jesus kommen. (Ich unterstelle hier nicht, daß alle Träume von Jesus seien, aber manche können von ihm sein. Der Bibel ist dieses Phänomen jedenfalls nicht fremd.)

Viele Missionare, die in der Dritten Welt arbeiten, besuchen in ihrem Heimaturlaub meinen Kurs über Zeichen und Wunder am Fuller-Seminar. Nach meinen Vorlesungen über »Weltanschauung« erklären sie mir in der Regel, daß sie in den Vereinigten Staaten das Gefühl haben, über übernatürliche Phänomene nicht sprechen zu können. Magie, Zauberei, Hexerei – Dinge, die man in den Missionsgebieten häufig antrifft – betrachten viele amerikanische Christen als absurden Aberglauben, als Zeichen der Unwissenheit der »Eingeborenen«. Wenn die Missionare diese geistlichen Phänomene als Wirklichkeit darstellen, gehen sie das Risiko ein, in den Augen derer, die sie finanziell unterstützen, ihre Glaubwürdigkeit zu verlieren. Also schweigen die meisten Missionare lieber über dieses Thema.

Könnte es sein, daß viele Christen im Westen unbewußt eine Theologie entwickelt haben, die die Möglichkeit ausschließt, daß es Träume und Offenbarungen gibt, die von Gott stammen? Haben sie die »christliche Lehre« dem westlichen Rationalismus angepaßt? Ich will damit keineswegs sagen, daß die Motive dieser Christen falsch waren, sondern ich will nur deutlich machen, daß viele durch ihre Weltanschauung daran gehindert werden, Wunder zu erleben oder sie anzuerkennen.

Als ich den Dienst begann, in dessen Vordergrund Zeichen und Wunder standen, machte ich einen Prozeß durch, in dessen Verlauf ich lernte, das Reich Gottes zu sehen. Ich mußte meine Weltanschauung korrigieren. Die Jünger fragten Jesus nach der Bedeutung des Gleichnisses vom Sämann und dem Samen (Mt. 13,11-16). In seiner Antwort sagt Jesus etwas über geistliches Sehvermögen:

Euch ist es gegeben, die Geheimnisse des Himmelreiches zu erkennen; ihnen aber ist es nicht gegeben... Deshalb rede ich zu ihnen in Gleichnissen, weil sie sehen und doch nicht sehen, weil sie hören und doch nicht hören und nichts verstehen. An ihnen erfüllt sich die Weissagung Jesajas:

Hören sollt ihr, hören, aber nicht verstehen; sehen sollt ihr, sehen, aber nicht erkennen. Denn das Herz dieses Volkes ist hart geworden, und mit ihren Ohren hören sie nur schwer, und ihre Augen halten sie geschlossen, damit sie mit ihren Augen nicht sehen und mit ihren Ohren nicht hören, damit sie mit ihrem Herzen nicht zur Einsicht kommen, damit sie sich nicht bekehren

und ich sie nicht heile.
Ihr aber seid selig, denn eure Augen sehen und eure Ohren hören.

Dieser Schriftabschnitt enthält zwei Prinzipien. Sie zeigen, wie wir lernen können, das Reich Gottes zu sehen. Erstens brauchen wir die Gnade Christi – seinen Entschluß, uns die Geheimnisse seines Königreiches zu offenbaren. Wir können nur das sehen, was Gott uns offenbart. Weil wir unter dem Neuen Bund leben, dem Bund des Heiligen Geistes, haben wir Zuversicht, daß Gott seinen Geist auf alle Menschen ausgießen wird (Apg. 2,17).

Das führt zu dem zweiten Prinzip, das davon handelt, wie wir die Gnade des Reiches Gottes empfangen können. Menschen, deren Herz nicht verhärtet ist, sondern die offen sind, nehmen die Worte des Reiches Gottes auf und gehorchen ihnen. Wenn Menschen die Geheimnisse des Reiches Gottes nicht empfangen, so liegt das vor allem an ihrem Herzen – unsere Einstellung und unsere Haltung Gottes Absichten gegenüber sind von entscheidender Bedeutung. In dem Abschnitt steckt noch eine weitere Aussage, nämlich daß eine direkte Beziehung zwischen dem Herzen eines Menschen und seiner Weltanschauung besteht. Ein »hartes Herz«, das sich dem Übernatürlichen verschließt, kann die Geheimnisse des Reiches Gottes weder sehen noch hören.

Ein hartes Herz beeinflußt unsere Weltanschauung auf zwei Arten. Es kann bewirken, daß wir eine Weltanschauung entwickeln, die das Übernatürliche ausschließt. Es kann uns aber auch davon abhalten, eine fehlerhafte Weltanschauung zu korrigieren, und uns dadurch dem Übernatürlichen zu öffnen. In beiden Fällen gibt es nur eine Antwort: wenn wir das Reich Gottes sehen und die Werke Christi vollbringen wollen, so müssen wir unser Herz noch mehr seinem Geist öffnen. »Auf guten Boden ist der Samen bei dem gesät, der das Wort hört und es auch versteht; er bringt dann Frucht, hundertfach oder sechzigfach oder dreißigfach« (Mt. 13,23).

Erwartungen

Das, was wir sehen, hängt von unserer Erwartung ab. Oftmals ist unsere Erwartung durch verschiedene Faktoren entstanden: uns wird beigebracht, gewisse Dinge im christlichen Leben zu erwarten, und wenn Gott außerhalb unseres Erwartungshorizontes wirkt, so bemerken wir es nicht. Die Erzählung von der Speisung der Fünftausend veranschaulicht, wie eine bestimmte Prägung uns blind machen kann für das Reich Gottes. Nachdem Jesus Tausende gespeist hatte, sagten die Menschen: »Das ist wirklich der Prophet, der in die Welt kommen soll« (Joh. 6,14). Jesus zog sich von ihnen zurück, weil »sie kommen würden, um ihn in ihre Gewalt zu bringen und zum König zu machen« (Vers 15). Die Juden hatten die Vorstellung, daß der Messias kommen würde, um ein ewiges Königreich aufzurichten oder um ein politisches Königreich herzustellen, das Davids Reich glich. Daher glaubten die Menschen, wenn sie ein Wunder sahen, daß der Messias gekommen sei, um ein politisches Königreich aufzurichten. Sogar die Jünger lebten noch nach der Auferstehung in dieser Annahme (siehe Apg. 1,6). Sie *erwarteten* einen irdischen König.

Vor einigen Jahren noch fühlte ich mich sehr hilflos, wenn Gemeindemitglieder zu mir kamen und mir von seltsamen übernatürlichen Erfahrungen erzählten. Einmal kam eine Frau zu mir und schilderte ihr Bekehrungserlebnis. (Sie hatte versucht, mit einem anderen Pastor darüber zu reden, aber der hatte sich geweigert, ihr zuzuhören.) Sie verstand nicht ganz, was mit ihr geschehen war, und suchte die Hilfe eines Pastors. Eines Abends war sie von einem Fest nach Hause gekommen. Als sie ihr Haus betrat, spürte sie, daß jemand anwesend war. Sie fürchtete sich, aber sie konnte niemand finden. Später hörte sie in ihrem Schlafzimmer eine Stimme. Die Stimme sagte nur die Worte:»Rosa Lee«. Ihre Freunde kannten sie nur als Lee, obwohl ihr voller Name Rosa Lee war. Sie wandte sich um und sah niemanden. Dann hörte sie noch einmal die Stimme. Diesmal fragte sie:»Wer ist da? Der Herr?«»Ja, Rosa Lee. Es wird Zeit, daß du mich kennenlernst.« Sie fiel nieder und nahm Christus als ihren Retter an.

Ich fand diese Geschichte sehr merkwürdig, wenn nicht sogar leicht verrückt. Stimmen hören? Ich ging mit ihr noch einmal die biblischen Schritte zur Erlösung durch, um sicherzugehen, daß sie *wirklich* gerettet war. Verletzt ging sie nach unserem Gespräch heim. Meine Beurteilung ihrer Erfahrung war von meiner Weltanschauung geprägt. Ich hatte bestimmte Erwartungen, wie Gott heute zu Menschen spricht. Daher wertete ich ihr Bekehrungserlebnis ab. (Ich danke Gott, daß ich ihr Jahre später wieder begegnete. Inzwischen war mein Verständnis für das Übernatürliche gewachsen und ich entschuldigte mich für mein Verhalten. Sie vergab mir.)

Unsere Erwartungen werden beeinflußt von unserer Weltanschauung, von unseren Voraussetzungen über das Wesen der Wirklichkeit. Diese Voraussetzungen, von denen wir unbewußt ausgehen, haben auch Einfluß auf die Kommunikation, besonders auf unsere Fähigkeit, Worte zu verstehen. Manchmal ergeben schon ganz leichte Abweichungen in unserer Wahrnehmung der Welt große Unterschiede. Im zweiten Kapitel des Johannesevangeliums lesen wir, wie Jesus eine Peitsche aus Stricken nahm und die Händler aus dem Tempel trieb (Verse 13-22). Die Juden fragten:»Welches Wunder kannst du uns zeigen, um deine Autorität zu beweisen, in der du das alles tust?« Sie forderten einen Beweis dafür, daß Jesus »der Gesalbte« war, der Messias. Diese Frage kam nicht überraschend. Daß diese Juden sich im Tempel aufhielten, deutet darauf hin, daß sie fromm waren und sich in der Schrift auskannten. Sie glaubten an das Übernatürliche. Jesus antwortete:»Reißt diesen Tempel nieder, in drei Tagen werde ich ihn wieder aufrichten.« Jesus sprach von seinem irdischen Leib, aber die Juden glaubten, er meine das Tempelgebäude in Jerusalem. Sie konnten nicht verstehen, was Jesus sagte. Obwohl diese Juden eine ähnliche Weltanschauung wie Jesus besaßen, bestand doch ein entscheidender theologischer Unterschied zwischen den beiden. Die Juden glaubten nicht, daß Gott Mensch geworden war. Ihr besonderes Anliegen war, jede Art von Polytheismus abzuwehren. So ließen sie sich von ihren theologischen Grundsätzen daran hindern, den messianischen Anspruch Christi zu hören. (Ich habe den Verdacht, daß sich unter der Oberfläche ihres theologischen Problems ein hartes Herz verbarg.)

Die Juden gingen von ihren Vorstellungen über den Tempel aus: es war der Ort, von dem man glaubte, daß Gott dort wohnte, ein Gebäude, das aus Steinen gebaut war. In diesem Tempel befanden sie sich. Es ist durchaus verständlich, daß sie auf Grund dieser Vorstellung die Schlußfolgerung zogen, Jesus habe das Tempelgebäude gemeint. Von welchem anderen Tempel hätte Jesus denn auch sprechen sollen? Aber ihre Erkenntnis war unvollständig und führte dazu, daß sie falsche Schlüsse zogen. Sie waren unfähig, eine zentrale Wahrheit über das Reich Gottes zu begreifen: daß Christus als das Lamm Gottes für die Sünden der Welt sterben muß.

Jesus hatte prophetisch von seinem Tod am Kreuz gesprochen. Er deutete mit seiner Aussage auch die Auferstehung an – ein Zeichen und der endgültige Beweis für seine Vollmacht, den Tempelhof zu reinigen. Erst später, nach der Auferstehung, verstanden die Jünger seine Worte.

Erst die Kreuzigung führte zum richtigen Verständnis der Antwort Jesu an die Juden. Diese neue Erkenntnis veränderte die Vorstellung der Jünger über den Tempel und über Jesus selbst. Also wurde die richtige Auslegung durch eine Erfahrung beeinflußt – in diesem Fall die Erfahrung am Kreuz, die zum Zeitpunkt der Aussage noch in der *Zukunft* lag. Evangelikale Christen sind der Meinung, daß die Theologie nicht von Erfahrung bestimmt werden sollte, daß die Erfahrung immer der Schrift untergeordnet werden müsse. Dem stimme ich zu, glaube aber, daß wir auch dazu berechtigt sind, zum Verständnis einer Sache unsere Erfahrung mit hinzuzuziehen. Ich glaube, daß unsere Erfahrung oft die Sichtweise verändert, von der wir ausgehen. Die Jünger erlebten dies bei dem Versuch, die Aussage Jesu über den Tempel zu deuten.

Ich habe mit vielen evangelikalen Theologen gesprochen, die dadurch, daß sie bestimmte Erfahrungen machten, entscheidende Aussagen ihrer Theologie änderten. Wir werden immer von unseren Erfahrungen beeinflußt und es verlangt Demut, dies zuzugeben. Die Frage ist: Wie sehen die Maßstäbe für die Beurteilung dieser Erfahrungen aus? Je mehr Erfahrungen wir in unserem Leben als Christ mit Gott machen, desto mehr sollte unser Denken von den Gedanken der Bibel durchdrungen sein. Allzuoft jedoch bleibt unsere Erfahrung in dem Sieb einer verweltlichten Weltanschauung hängen. Alles, was dem Denken des Materialismus widerspricht, wird aussortiert.

Noch auf eine andere Weise hat unsere Erfahrung das Recht, unsere Theologie zu beeinflussen. Einige Wahrheiten in der Bibel können wir erst dann verstehen, wenn wir bestimmte Erfahrungen gemacht haben. Ich habe festgestellt, daß dies auch für »Heilung« zutrifft. Als ich noch nicht erlebt hatte, daß Menschen geheilt werden, konnte ich viele der Schriftstellen über Heilung nicht verstehen.

An vielen Stellen der Bibel werden Erfahrungen erwähnt, die wir noch nicht gemacht haben. Sie werden mit der Absicht berichtet, uns zu derselben Erfahrung zu führen, und dadurch wächst auch unser biblisches Verständnis. Aufopfernde Liebe von Brüdern und Schwestern in Christus und Taten der Barmherzigkeit sind ein gutes Beispiel. Während wir diese Taten in Gehorsam und Liebe ausführen, fällt von ihnen ein neues Licht auf die Schrift und offenbart uns mehr von Gottes Gnade und Barmherzigkeit.

So gebraucht Gott also unsere Erfahrungen, um uns ein größeres Verständnis von dem zu vermitteln, was er in der Schrift lehrt. Und vielfach veranlaßt er uns durch Erfahrungen, Elemente *unserer* Theologie und Weltanschauung über Bord zu werfen oder sie zu verändern. So war es auch bei den Jüngern. Erst als sie Jesu Kreuzigung und Auferstehung erlebten, konnten sie seine früheren Worte verstehen, die er im Tempel zu den Juden gesprochen hatte: »Reißt diesen Tempel nieder, in drei Tagen werde ich ihn wieder aufrichten.«

Theologie

Die Weltanschauung eines Christen beeinflußt seine Theologie. Diese Schlußfolgerung zu ziehen liegt nahe nach allem, was ich über Weltanschauungen gesagt habe. Wenn Christen eine Weltanschauung haben, die vom westlichen Materialismus beeinflußt ist, werden sie wahrscheinlich leugnen, daß Gott auch heute noch Zeichen und Wunder tun will. Auch wenn dieser Standpunkt mit einer vernünftigen theologischen Erklärung begründet wird, so liegt doch der eigentliche Grund für die Ablehnung von Zeichen und Wundern darin, daß dadurch die eigene Weltanschauung auf den Kopf gestellt wird. Im Unterschied dazu gibt es eine zweite Gruppe von Christen, deren Weltanschauung vom westlichen Rationalismus beeinflußt ist – sie erkennen vielleicht Zeichen und Wunder an, sehen in ihnen aber nur irrationale Phänomene, die ohne weitere Bedeutung sind. Zeichen und Wunder sollen einfach nur ihre Sensationslust befriedigen. Sie verstehen nicht den Sinn der Zeichen und Wunder – nämlich das Reich Gottes *sichtbar zu machen.*

Wenn wir eine Theologie haben, die die Möglichkeit ausschließt, daß Christen auch heute noch die Werke Jesu vollbringen – Zeichen und Wunder eingeschlossen –, dann werden wir auch nur selten Zeichen und Wunder erleben. Kevin Springer weiß von einem Mann, dessen Ehefrau geheilt wurde, nachdem die Ärzte gesagt hatten, sie würde die Nacht nicht überleben. An dem Abend, an dem ihn die Ärzte davon unterrichtet hatten, daß seine Frau todkrank war, rief er die Ältesten seiner Gemeinde an und bat sie, zu kommen und für seine Frau zu beten. Die Ältesten glaubten nicht, daß Gott auch heute noch heilt, aber aus Pflichtgefühl kamen sie trotzdem. Sie beteten für die Frau, salbten sie mit Öl, und – zu ihrer Überraschung – verließ sie am nächsten Tag das Krankenhaus. Die Ärzte nannten es »ein Wunder«. Aber die Gemeinde erfuhr nichts von dieser Heilung!

Die Freude der Ältesten war nicht so groß wie die der Ärzte. Auch bewirkte dieses Wunder nicht, daß nun auch für andere Kranke in der Gemeinde gebetet wurde. Warum nicht? Weil die Theologie der Ältesten dieses offensichtliche Wunder nicht zuließ; auch hatten sie keine biblischen Modelle, die ihnen halfen, für Kranke zu beten und Heilung zu erwarten. Selbst wenn sie sich öffentlich zu der Heilung bekannt hätten, hätten sie nicht gewußt, wie sie einen Heilungsdienst in ihre Gemeinde integrieren könnten. So heilte Gott *trotz* ihrer Blindheit – seine Barmherzigkeit war größer als der Unglaube der Ältesten.

Im letzten Kapitel der Apostelgeschichte lesen wir, wie Paulus auf der Insel Malta von einer Viper gebissen wurde. Die Bewohner der Insel hielten ihn daraufhin für einen Mörder, der zwar dem Meer entronnen war, aber den »die Rachegöttin« »nicht leben läßt« (Vers 4). Diese Menschen hatten eine kosmische Weltanschauung: sie gingen von der Vorstellung aus, daß zwischen der kosmischen und der empirischen Welt eine enge Beziehung besteht. Erst deuteten sie den Biß der Viper als Gottes Gericht. Dann jedoch, als sie sahen, daß Paulus am Leben blieb, glaubten sie, er sei ein Gott. In ihrer Vorstellung konnte nur ein Gott solch einen Biß überleben. Sie setzten unbewußt voraus, daß Gott direkt in die Angelegenheiten der Menschen eingreift.

Menschen mit einer westlichen Weltanschauung hätten vielleicht gesagt: »Es muß eine alte Schlange gewesen sein« oder: »Sie hatte bestimmt an jenem Tag schon jemanden gebissen und hatte nicht mehr viel Gift.« Westliche Christen denken oft in der gleichen Weise – und fügen vielleicht noch hinzu: »Gott hat dafür gesorgt, daß es eine alte Schlange war, denn er wollte Paulus retten.«

Unsere Schlußfolgerungen werden von den Vorstellungen geprägt, die wir unbewußt voraussetzen. So bestimmte auch die Weltanschauung der Bewohner von Malta deren Schlußfolgerungen.[11]

Kapitel 6

Die Werke Jesu

Bisher habe ich drei Prämissen beschrieben, die die Grundlage für »power evangelism« darstellen:

1. Zwei Reiche – das Reich Gottes und das Reich Satans – befinden sich im Kampf miteinander. Wir Christen sind in die Armee Christi einberufen worden, um gegen Satan zu kämpfen.
2. Evangelisation soll in der Kraft des Heiligen Geistes betrieben werden.
3. Unsere Weltanschauung hat Einfluß auf die Art und Weise, wie wir die Schrift verstehen, einschließlich der Passagen über Zeichen und Wunder.

Vor diesem Hintergrund wollen wir jetzt im einzelnen Christi Werke betrachten, besonders die Zeichen und Wunder, die er tat. Zeichen und Wunder waren Jesu Visitenkarte – ein Beweis dafür, daß das Reich Gottes gekommen war. Der Theologe Herman Ridderbos schreibt: »Zwischen dem Kommen des Reiches Gottes und den Wundern Jesu besteht in der Tat eine Beziehung. Diese tritt nicht nur durch das Austreiben von bösen Geistern zutage, sondern auch durch die anderen Wunder Jesu. Denn sie alle beweisen, daß die Macht Satans gebrochen wurde und deshalb das Reich Gottes gekommen ist«.[1] Die Wunder Jesu dienen noch einem anderen Zweck: sie sollen uns zeigen, wie das Reich Gottes aussieht; wir bekommen eine Ahnung davon, wie unermeßlich groß Gottes Liebe, sein Friede und seine Freude sind.

Zwei Arten von Wundern

In dem Buch *Church Growth and the Whole Gospel* (Gemeindewachstum und das ganze Evangelium) stellt C. Peter Wagner dar, daß man die Zeichen des Reiches Gottes, die in der Bibel erwähnt werden, nach zwei Gesichtspunkten aufteilen kann:

Gruppe A: Soziale Zeichen, Zeichen für alle; sie galten dem ganzen Volk –
1. den Armen das Evangelium predigen,
2. den Gefangenen die Freilassung verkünden,
3. die Unterdrückten befreien,
4. das Jubeljahr (Gnadenjahr) wurde eingeleitet.

Gruppe B: Zeichen für einzelne; diese galten ganz bestimmten Menschen –
1. den Blinden das Augenlicht schenken,

2. Dämonen und böse Geister austreiben,
3. Kranke heilen,
4. Lahme können wieder gehen,
5. Aussätzige werden wieder rein,
6. Taube können hören,
7. giftige Schlangen mit den Händen hochnehmen,
8. Tote auferwecken,
9. Menschen reden in fremden Sprachen,
10. Stürme werden gestillt,
11. Tausende werden gespeist,
12. tödliches Gift wird ohne schädliche Wirkung getrunken.[2]

Peter Wagner beschreibt Gruppe B so:

> Auf solche Zeichen bezieht sich das Gebet der Gläubigen in Jerusalem, von dem in der Bibel berichtet wird: »Streck deine Hand aus, damit Heilung und Zeichen und Wunder geschehen durch den Namen deines heiligen Knechtes Jesus« (Apg. 4,30)... Die Hauptfunktion der Zeichen von Gruppe B besteht darin, die Aufmerksamkeit auf die Macht Gottes zu lenken, um so das Herz derer, die noch nicht gerettet sind, für die Botschaft des Evangeliums zu öffnen.[3]

Wunder geben eine Vorahnung und sind eine Verheißung der kommenden, alles umfassenden Erlösung und der Fülle des Reiches Gottes. Das Austreiben von Dämonen ist ein Zeichen dafür, daß Gott in das Reich des Satans eindringt und daß die endgültige Zerstörung des Widersachers bevorsteht (Mt. 12,29; Mk. 3,27; Lk. 11,21 ff.; Joh. 12,31; Offb. 20,1 ff.). Die Heilung von Kranken weist auf das Ende allen Leidens hin (Offb. 21,4). Die wunderhafte Versorgung mit Nahrung spricht vom Ende aller menschlichen Not (Offb. 7,16 ff.). Die Stillung des Sturmes deutet auf den endgültigen Sieg über die Naturgewalten, die die Erde bedrohen. Die Auferweckung von Toten zeigt an, daß der Tod auf immer vernichtet sein wird (1. Kor. 15,26).[4]

Jesus vollbrachte Zeichen und Wunder, um seine Herrschaft über diese vier Bereiche – Dämonen, Krankheit, Natur und Tod – deutlich zu machen. Ich will nun beschreiben, wie Jesus in diesen Situationen, wo das Reich des Lichts dem Reich der Finsternis gegenüberstand, die Werke des Vaters vollbrachte.

Dämonen

Bei einem Treffen der »Consultation on the Relationship Between Evangelism and Social Responsibility« (Konferenz über die Beziehung zwischen Evangelisation und sozialer Verantwortung) – veranstaltet von der »World

Evangelical Fellowship« und dem Lausanner Komitee für Weltevangelisation – versammelten sich im Juni 1982 fünfzig evangelikale Leiter aus 27 Ländern in Grand Rapids, Michigan (USA). Sie wollten über die Wunder sprechen, die die Verkündigung des Evangeliums begleiten. In der Mitte des Abschlußberichtes finden wir folgenden Abschnitt:

Wir glauben, daß Zeichen unsere Evangelisation bestätigen sollten... Das dritte Zeichen des Reiches Gottes war Exorzismus. Wir lehnen es ab, die Lehre Jesu und seiner Apostel über Dämonen zu entmythologisieren. Obwohl die »Fürsten und Gewalten« (siehe Eph. 6,12) sich auch auf dämonische Systeme und Strukturen beziehen können, glauben wir, daß es sich hier mit Sicherheit um böse, mit Intelligenz begabte Wesen (Geister) unter der Befehlsgewalt des Teufels handelt. Dämonische Besessenheit ist ein realer und schrecklicher Zustand. Befreiung ist nur möglich durch die Konfrontation mit der Macht Gottes. Jesu Name muß angerufen werden, und er bringt den Sieg.[5]

Jesus traf häufig auf Dämonen, aber niemals begegnete er einem, der ihm sympathisch gewesen wäre. Die Austreibung von Dämonen ist ein direkter Angriff Jesu auf den Satan, ein Hauptziel des Auftrages Jesu. Johannes schreibt in seinem ersten Brief: »Der Sohn Gottes ist erschienen, um die Werke des Teufels zu zerstören« (1. Joh. 3,8). James Dunn schreibt: »Die Juden lebten mit der Erwartung, daß das Ende des Zeitalters dadurch angezeigt würde, daß Satan gebunden wird.«[6] In dieser Hinsicht war die Weltanschauung der Juden der Weltanschauung Jesu ähnlich. Jesus kam, um diese Erwartung zu erfüllen, er zerstörte die Werke des Teufels und seines Gefolges.

Dämonen beherrschen Menschen unterschiedlich stark. In manchen Fällen, wenn ein Mensch z.B. dämonisch besessen ist, beherrschen sie in hohem Maße seinen menschlichen Willen. Der Satan greift auf unterschiedliche Weise an: er führt die Menschen in Versuchung, er fügt ihnen körperliche und emotionale Verletzungen zu, er versucht, sie zu töten oder sie in dämonischer Besessenheit zu binden. In der Bibel verursachen Dämonen Stummheit (Mt. 9,32 f.), Blindheit (Mt. 12,22 f.) und Epilepsie (Mt. 17,14-21). Geisteskrankheit wird in Markus 5 angedeutet, wo der geheilte besessene Gerasener als bekleidet und mit klarem Verstand beschrieben wird, was vermuten läßt, daß dies vorher nicht so war. Natürlich werden nicht *alle* (nicht einmal die meisten) körperlichen, emotionalen und psychischen Probleme vom Satan verursacht; sie können jedoch von ihm hervorgerufen werden.

Jesus widerstand den Angriffen des Widersachers in der Wüste; unmittelbar danach lehrte er, daß die Herrschaft Gottes nahe sei (Mk. 1,15). Bald nach seiner Versuchung in der Wüste trieb Jesus während seiner ersten Predigt (in der Synagoge von Kapernaum) einen Dämon von einem Mann aus (Mk. 1,21-28). Bevor der Dämon weichen mußte, stellte er die Frage: »Bist du gekommen, um uns ins Verderben zu stürzen?« Dies zeigt, daß er wußte, was Gottes Plan für das Ende der Zeit ist. Durch seine Tat zeigt Jesus, daß er gekommen war, um die bösen Geister zu vernichten, auch wenn diese Vernichtung erst mit dem Kommen des neuen Zeitalters vollkommen abgeschlossen sein wird.

Jesus befahl dem Dämon:»Schweig und verlaß ihn!« Der vorangegangene Satz wird häufig übersetzt mit »er bedrohte ihn«. Es bedeutet verurteilen oder tadeln, mit dem Ziel, eine Tätigkeit zu beenden. Er sagt mit anderen Worten:»Hör auf damit! Es ist genug!«»Schweig« vermittelt die Vorstellung des Erwürgens. Er erdrosselte den Dämon, und dieser verschwand. Jesus betrachtete den Mann als Opfer einer unsichtbaren Macht, und ohne jede Schonung warf er den Geist raus.

Die Jünger trieben Dämonen aus. Auch wir breiten das Reich Gottes auf die gleiche Weise aus, wir vernichten jeden gegnerischen Geist im Namen unseres Königs. Zu viele Christen wissen nicht, wie man mit Dämonen umgeht. Sie haben Angst vor bösen Geistern. Sie verstehen nicht die biblische Grundlage für unsere Autorität und Vollmacht. Wir können – und sollten – böse Geister skrupellos behandeln – sie binden, zurechtweisen und austreiben, wann immer wir ihnen begegnen.

Christus gibt seinen Nachfolgern uneingeschränkte Vollmacht über Dämonen. Als die Siebzig zurückkehrten, sagten sie:»Herr, sogar die Dämonen gehorchen uns, wenn wir sie in deinem Namen austreiben.« Da erwiderte Jesus:»Ich sah den Satan wie einen Blitz vom Himmel fallen. Seht, ich habe euch Vollmacht gegeben, auf Schlangen und Skorpione zu treten und die ganze Macht des Feindes zu überwinden. Nichts wird euch schaden können« (Lk. 10,17-19). Es gibt keinen Zweifel, wir besitzen alle Vollmacht, die wir brauchen, um Dämonen zu bezwingen (Mk. 16,17 f.; Apg. 1,8; Offb. 12,11). Mit dieser Äußerung bestätigt Jesus erneut, daß wir auf dieser Erde in einen Kampf gestellt sind, nachdem Gott Satan aus dem Himmel geworfen hat. Doch dessen Macht, Schaden zuzufügen, brauchen wir nicht zu fürchten.

Auf einer Konferenz in der anglikanischen Gemeinde St. Michael-le-Belfrey in York in England wurde ich einer jungen Frau vorgestellt. Sie litt sehr unter Dämonen. Sie hatte Stoffwechselprobleme, die einen unangenehmen Körpergeruch verursachten, und dazu noch eine Anzahl psychischer Probleme. Ständig hatte sie körperliche und seelische Schmerzen, aber sie wollte von ihrer Bindung frei werden.

Ihre Geschichte war wirklich traurig. Da sie seit ihrem sechsten Lebensjahr geplagt wurde, war sie in ihrem ganzen bisherigen Leben von einer Anstalt zur nächsten gewandert. Sie hatte sogar eine Art »Theologie« entwickelt, mit der sie Drogenmißbrauch und sexuelle Perversion rechtfertigte.

Mit dem Einverständnis und der Hilfe von Pastor David Watson beteten wir sieben Stunden lang für sie und trieben schließlich 47 Dämonen aus. Dann konnte sie ihre Sünde bereuen und Christus als ihren Herrn und Erlöser annehmen. Ihr Leben wurde auf der Stelle verändert, obwohl sie mehrere Jahre danach noch intensive Seelsorge brauchte. (David Watson schrieb einen genauen Bericht über dieses Ereignis und unterbreitete ihn seinem Bischof.) Jetzt, wo sie von der Bindung des Satans befreit war, war sie in der Lage, mit ihren Problemen fertig zu werden. Sie machte eine Lehrerausbildung und heiratete 1984 einen Christen. Heute geht es ihr gut. Sie lebt ein ganz normales Leben.

Krankheit

Eine der wirksamsten Untaten des Satans ist es, Krankheit zu verursachen. Fast die Hälfte aller Verse der Evangelien handeln in irgendeiner Weise von dem Aufeinandertreffen der Macht Gottes mit der Macht des Feindes, wobei es in neun bis zwanzig Prozent der Fälle um Heilung geht. Und doch nehmen wir nur zu oft an, für körperliche Krankheiten gäbe es nur eine körperliche Ursache und Lösung. Bewußt oder unbewußt lesen wir von Heilungen im Neuen Testament und vermuten, daß sie entweder nur für die Urchristenheit gedacht waren, oder daß es eine wissenschaftliche Erklärung dafür gibt, wie diese Heilungen wirklich geschehen sind. Aus diesem Grund sprach ich jahrelang nur folgendes Gebet um Heilung: »Herr, führe die Hände der Ärzte.« So bete ich auch jetzt noch manchmal, aber heute sehe ich viel mehr Möglichkeiten.

Die Ursachen der Krankheit können körperlicher, psychischer oder geistlicher Art sein. Ungeachtet der Ursachen haben Christen jedoch die Vollmacht über Krankheit. Die Christen des ersten Jahrhunderts sahen Krankheit als Werk des Satans, als Waffe seiner Dämonen und als ein Mittel, mit dem der Böse die Welt regiert. Wenn Jesus Krankheiten heilte, ob sie nun durch Dämonen oder körperlich verursacht waren, so drängte er dadurch das Reich Satans zurück. Alles, was der Teufel tat, machte Jesus zunichte.

In Lukas 13 lesen wir von einer Frau – achtzehn Jahre lang war sie verkrüppelt gewesen –, die von Jesus geheilt wurde (Verse 10-17). Jesus rief sie zu sich nach vorne und sagte: »Frau, du bist von deinem Leiden erlöst.« Sie war durch den Teufel gefesselt gewesen, und Jesus befreite die Gefangene. »Und er legte ihr die Hände auf. Im gleichen Augenblick richtete sie sich auf und pries Gott.«

Die Pharisäer griffen Jesus an, weil er am Sabbat, dem Ruhetag der Juden, heilte. Doch Jesus antwortete ihnen: »Ihr Heuchler! ...Diese Tochter Abrahams aber, *die der Satan schon seit achtzehn Jahren gefesselt hielt,* sollte am Sabbat nicht davon befreit werden dürfen?« Seine Diagnose war keine medizinische. Er gab Satan die Schuld für das Leiden. Die Einwände der Pharisäer jedoch waren von ihrem harten Herzen und von religiöser Blindheit geprägt. Sie versteckten sich hinter ihrer Theologie, in diesem Fall ging es um das Verbot, am Sabbat zu arbeiten.

Zur Zeit Jesu wurden, wie Edward Langton in seinem Buch *Essentials of Demonology* erklärt, mit bestimmten Arten von Leiden oder Krankheit »bestimmte Dämonen in Verbindung gebracht. Gewisse Leiden betrachtete man als von speziellen Dämonen verursacht.«[7] Noch einmal: nicht *alle* Leiden werden von Dämonen verursacht, oft gibt es natürliche, auch psychische oder organische Erklärungen für eine Krankheit. Aber viel häufiger, als die meisten westlich geprägten Christen glauben, ist die Ursache dämonischer Art.

Dämonen als mögliche Ursache von Krankheit zu sehen, fällt schwer. Denn es stellt eine Herausforderung für die moderne, materialistische Vorstellung von Krankheit und Leiden dar. Zu der Zeit, als Jesus lebte, fiel es den Menschen nicht schwer, Jesu Erklärung – »der Satan hat sie gefangengehalten« – anzunehmen. Nicht einmal die Pharisäer stellten dies in Frage. Heute würden die meisten Menschen vermuten, daß der krumme Rücken der Frau von einem Unfall herrührte oder auf Wachstumsprobleme zurückzuführen sei. Und doch – wie immer es auch geschehen sein mag –, Jesus wußte, daß Satan dies verursacht hatte. Wir sind dazu berufen, das Problem bei der Wurzel zu packen. Es geht hier nicht um die Frage, auf welche Weise Satan Krankheit und Leiden zufügt.

Zu oft akzeptieren westlich geprägte Christen Krankheit und Leiden, sie sagen: »Es muß der Wille Gottes sein« oder: »Wir werden es besser verstehen, wenn wir in den Himmel kommen.« In manchen Fällen heilt Gott *nicht*. Aber häufig äußern sich Menschen in dieser Weise und glauben wirklich, Gott *wolle* heutzutage niemanden heilen. So verstanden sind diese Aussagen Gemeinplätze, die nicht dem entsprechen, was Gott für uns bereithält. Er ist ein Gott der Barmherzigkeit und Liebe, und er hat uns die Vollmacht gegeben, die Werke Jesu zu vollbringen.

Als ich vor kurzem in Johannesburg in Südafrika war, wurde ich gebeten, für einen vierzehnjährigen Zulu-Jungen zu beten, der seit seinem siebten Lebensjahr keinen Zentimeter mehr gewachsen war. Seine Zehen fehlten teilweise, er hatte einen Wolfsrachen und seine Zähne waren ruiniert; er war unfähig, zu sprechen oder zu gehen (seine Mutter trug ihn zur Versammlung). Ich wurde zutiefst traurig, als ich ihn sah.

Als ich ihn ansprach, reagierte er – in perfektem Englisch! Man hatte mir gesagt, daß er nicht sprechen könne, und wenn doch, hätte er es auf keinen Fall in Englisch gekonnt. Ich wußte nun, daß ich es mit einem Dämon zu tun hatte.

Ich bat mehrere andere Christen hinzuzukommen, Christen, von denen ich wußte, daß sie Erfahrung im Gebet um die Befreiung von Dämonen hatten, und so begannen wir, für den Jungen zu beten. Während wir beteten, erkannte ein Mitglied der Gruppe, daß ein Fluch auf dem Jungen lag. Als er noch jünger war, hatte jemand Dämonen auf ihn herabbeschworen und sie aufgefordert, den Jungen zu quälen und zu töten. Wir wußten nicht, wer den Fluch ausgesprochen hatte, aber es schien, als hätten wir die Wurzel seiner Probleme gefunden. Wir brachen die Macht des Fluches, indem wir im Namen Christi gegen ihn angingen, und trieben dann mehrere Dämonen aus, die ihn plagten.

Später erfuhren wir, daß der Junge, als er sieben Jahre alt war und in einer anderen Stadt lebte, der Laufbursche für seine Tante, eine Hexen-Doktorin, gewesen war. Seine Mutter beschloß, umzuziehen. Weil die Hexe den Dienst des Jungen verlor, legte sie einen Fluch auf das Kind. An dem Tag, an dem die Tante den Fluch über den Jungen ausgesprochen hatte, kam die Mutter nach Hause und merkte, daß er anders geworden war, er verhielt sich wie ein Tier. Über die Jahre hinweg hatte sich sein Zustand verschlimmert, bis wir ihm schließlich in Johannesburg begegneten.

Als wir den Fluch brachen, geschahen außergewöhnliche Dinge. An den nächsten beiden Tagen kam der Junge selbst zu den Veranstaltungen, er konnte wieder laufen und erkannte mich wieder. Seine Mutter berichtete, daß er große Fortschritte gemacht hatte, seit wir für ihn gebetet hatten. An jenem Tag beteten wir nochmals für ihn und sahen weitere Fortschritte in seiner Heilung. Weil sie miterlebten, wie dieser Junge vor ihren Augen geheilt wurde, wandten sich viele, die bei den Veranstaltungen dabei waren, Christus zu.

Nachdem wir Südafrika verlassen hatten, beteten andere Christen weiter intensiv für ihn. Vier Monate später konnte er nach Hause zurückkehren (er war in einer Heilanstalt gewesen). Er wurde eingeschult und erreichte in einigen Monaten das Klassenziel.

Im Lukasevangelium finden wir die Geschichte über die Heilung der Schwiegermutter des Petrus (Lk. 4,38 f.). In der Bibel heißt es, Jesus »befahl dem Fieber zu weichen«. Da ist die gleiche Sprache, die Jesus gebrauchte, um in der Synagoge von Kapernaum den Dämon aus dem Mann auszutreiben. Offensichtlich war die Ursache für das Fieber der Schwiegermutter ein Dämon. Sie wurde sofort geheilt. Jesus sprach Fieberzustände häufig in der gleichen Weise an wie Dämonen, weil für ihn Krankheit und Satan untrennbar zusammengehörten.

Ein anderer Weg zur Heilung ist Gottes Vergebung. Als der Gelähmte in Kapernaum durch das Dach heruntergelassen wurde, sagte Jesus: »Mein Sohn, deine Sünden sind dir vergeben!« (Mk. 2,5). Als ihn die Pharisäer wegen dieses Zuspruchs angriffen, reagierte Jesus mit der Frage: »Ist es leichter, zu dem Gelähmten zu sagen: Deine Sünden sind dir vergeben, oder zu sagen: Steh auf, nimm deine Tragbahre und geh umher?« Dann heilte er den Gelähmten. Offensichtlich ist die Vergebung der Sünden ein weit größeres Wunder, denn sie öffnet die Tür zum ewigen Leben - und darin liegt ja der eigentliche Zweck der Zeichen und Wunder begründet. Es steckt eine große Macht in der Sündenvergebung. Im Jahre 1984 sprach ich auf einer Konferenz im Mittelwesten der Vereinigten Staaten. Nach einer der Veranstaltungen begegnete ich einer Frau, die an Arthritis litt, durch die sie verkrüppelt war. Ihre Schmerzen waren so groß, daß sie sich nur mit Hilfe einer Begleitung fortbewegen konnte. Bevor ich mit ihr betete, sprach ich mit ihr und erfuhr, daß ihr Ehemann sie und ihre Tochter vor vierzehn Jahren verlassen hatte. Kurz danach zeigte sich bei ihr Arthritis. Außerdem erzählte sie mir – und ihrer Tochter (die bei ihr war) –, ihr Mann sei mit einem anderen Mann davongelaufen. Das hatte sie über all diese Jahre ihrer Tochter verheimlicht.

Als ich das hörte, wurde ich zornig über das, was der Satan getan hatte, und sagte: »Das reicht!« Dies war ein Fall, wo der Heilige Geist wirklich mein Herz bewegte, er zeigte mir die Ursache der Arthritis: die Frau hatte den negativen Gedanken, die Satan ihr unablässig eingab, nachgegeben und empfand dadurch Bitterkeit gegenüber ihrem Mann und Gott. Was der Satan getan hatte, erzürnte mich und auch den Heiligen Geist.

Als ich diese zwei Worte aussprach (sie platzten fast aus mir heraus), wurde die Frau von der Kraft Gottes erfaßt. Ihr Körper zitterte heftig; ihre Gelenke änderten die Form – Finger und Beine wurden kräftiger. Sie war dem Griff des Satans entrissen, die Macht der Bitterkeit und der Anklage war gebrochen. Dann bekannte sie ihre Sünden, nämlich daß sie der Bitterkeit gegen ihren Mann und gegen Gott Raum gegeben hatte. Ich sprach ihr Gottes Vergebung zu. An diesem Abend wurde sie etwa zu achtzig Prozent geheilt. Für die restlichen zwanzig Prozent mußte noch mehr gebetet werden. Sünde, die sich in unserem Herzen einnistet, kann alle Arten körperlicher Schäden anrichten. Vergebung zu empfangen war für diese Frau der Schlüssel zur Heilung.

Natur

Die dämonischen Mächte können durch Krankheit und Besessenheit im Leben von Menschen Zerstörung anrichten. Auch in der Natur können sie Unheil bewirken, sie können die Kräfte der Natur in Aufruhr bringen.

Im vierten Kapitel des Markusevangeliums kämpfte Jesus gegen die Natur – in diesem Fall gegen »einen heftigen Wirbelsturm« und gegen Wellen, die das Boot zu überschwemmen drohten, als er mit den Jüngern den See überquerte. Diese Geschichte wird oft dazu benutzt, um zu zeigen, daß Christen auch dann den inneren Frieden bewahren können, wenn sie dem Wind und den Wellen des Lebens mit seinen Herausforderungen begegnen. Diese Analogie mag durchaus zutreffen, aber die Hauptabsicht des Evangelisten wird dabei ganz außer acht gelassen – nämlich zu zeigen, daß Jesus über die Natur herrscht.

Für Materialisten ist es unmöglich, die Herrschaft Christi über die Natur anzuerkennen. Sie betrachten die Stillung des Sturmes als eine verrückte Geschichte, die nach Animismus schmeckt und in die Richtung von primitiver Religion, ja sogar Aberglauben geht. Animismus wäre das Gleichsetzen *aller* Naturkatastrophen mit bösen Geistern. Aber es hat nichts mit Animismus zu tun, wenn man ganz einfach an die Möglichkeit glaubt, daß Satan Einfluß auf die Natur hat, aber davon ausgeht, daß die Herrschaft Christi noch größer ist.

Auch Christen erliegen dem Rationalismus, sie denken: »Christus kann durch sein göttliches Wesen die Naturgewalten regieren – das hat mit unserem Leben nichts zu tun!« Und doch lehrt die Bibel, daß Jesus Wunder vollbrachte, um zu beweisen, daß er wirklich Vollmacht hatte, und daß diese Vollmacht auch uns zur Verfügung steht, um die gleichen Werke zu tun.

Die Jünger im Boot waren erfahrene Fischer. Sie kannten den See und dachten, sie müßten sterben. »Meister«, sagten sie, »ist es dir egal, wenn wir ertrinken?« Nachdem er den Sturm gestillt hatte, tadelte Jesus die Jünger wegen ihrer Angst und ihres mangelnden Glaubens. Früher verwirrte mich die Reaktion Jesu. War die Furcht der Jünger in Anbetracht der Umstände nicht berechtigt? Eines Tages dann, als ich selbst am Galiläischen Meer saß und über diesen Abschnitt nachdachte, fielen mir die Eingangsworte des Textes ein: »Am Abend dieses Tages sagte er zu ihnen: Wir wollen ans andere Ufer hinüberfahren« (Vers 35). Derselbe, der gesagt hatte: »Es werde Licht«, sagte: »Laßt uns ans andere Ufer hinüberfahren.« Er hatte bereits erklärt, daß sie ans andere Ufer fahren würden, daher konnte er fragen: »Habt ihr noch immer keinen Glauben?«

Weil Jesus genau wußte, was der Wille des Vaters war, hatte er die Freiheit, fest zu schlafen, während sie hinüberfuhren – sogar während des Sturmes. Die Jünger mußten ihn wecken!

Die Worte, die Jesus gebrauchte, um den See zu beruhigen – »Schweig, sei still!« –, sind denjenigen ähnlich, die er anwandte, um Dämonen und Krankheiten zu überwinden. In dieser Situation war die Gefahr durch die Natur gleichzusetzen mit einem Angriff Satans. Dies war ein klassisches Zusammentreffen der Mächte. Jesus bekämpfte den Urheber der Zerstörung.

Tod

»Das Ende wird kommen«, lehrt Paulus, »wenn er (Jesus) jede Macht, Gewalt und Kraft vernichtet hat und seine Herrschaft Gott, dem Vater, übergibt. Denn er muß herrschen, bis Gott ihm alle Feinde unter die Füße gelegt hat. *Der letzte Feind, der entmachtet wird, ist der Tod*« (1. Kor. 15,24-26). Jesus haßte den Tod – die schrecklichste Waffe des Satans –, weil er endgültig ist.

Es scheint so, daß Christus jedesmal, wenn er auf einen Besessenen traf, diesen von den bösen Geistern befreite; auch wird von vielen Heilungen berichtet. Im Unterschied dazu wurden nur wenige Menschen von den Toten auferweckt. Vielleicht waren solche Wunder mehr als alle anderen ein Vorgeschmack auf das kommende Zeitalter und Signale an den Satan – dessen Welt im Begriff war, von Jesus überwältigt zu werden. Die Evangelien berichten dreimal konkret und einmal allgemein über Totenauferweckung.[8]

In Lukas 7 wird erzählt, wie Jesus den Sohn einer Witwe von den Toten auferweckte (Verse 11-17). Als Jesus auf die Stadt Nain zuging, kam ihm ein Beerdigungszug entgegen, der den Sohn der Witwe zu Grabe tragen sollte. Lukas schreibt: »Als der Herr die Frau sah, hatte er Mitleid mit ihr und sagte zu ihr: Weine nicht!« Dann befahl er ihrem Sohn aufzustehen. Das Volk reagierte mit dem Ausruf: »Gott hat sich seines Volkes angenommen.«

Jesus verkörpert seinen Vater, er ist wesensgleich mit ihm und handelt in vollkommener Übereinstimmung mit seinem Willen zur Erlösung der Menschheit. Es ist der Wille des Vaters, den Menschen zu helfen, ihnen Mitleid und Barmherzigkeit zu erweisen. Die Auferweckung von Toten sollte den Menschen zeigen, daß Gott sie liebte, und daß eines Tages sogar der Tod besiegt sein würde.

Kapitel 7

Zeichen und Wunder in der Urgemeinde

Wenn Christen des ersten Jahrhunderts in eine neue Stadt kamen, so vollbrachten sie dort Zeichen und Wunder. Die »power evangelism«, die Pfingsten begonnen hatte, durchzog den Mittelmeerraum und zeigte an, daß das Reich Gottes gekommen war. Von Jerusalem bis Rom, von Asien nach Europa, unter Juden, Samaritern und Heiden, in jeder Stadt, Kultur und Rasse wurde Gottes Herrschaft aufgerichtet. Es sollte uns nicht überraschen, daß ein wichtiger Teil des Dienstes Jesu darin bestand, seine Jünger zu lehren, die Werke des Vaters zu tun. So bereitete er sie darauf vor, die Kirche, die an Pfingsten geboren wurde, zu leiten.

Aber die Schulungsmethode Jesu ist für westliche Christen schwer zu verstehen. Dafür gibt es mehrere Gründe. Evangelikale Christen betonen, daß es wichtig sei, durch das Studium der Bibel sich viel Wissen über Gott anzueignen. Jesus legte viel mehr Wert auf die Praxis. Seine Jünger lernten, indem sie das taten, was er tat.

Ich habe es immer ziemlich merkwürdig gefunden, daß das wissenschaftliche Studium der Bibel, die historisch-kritische Methode, kein Schlüsselelement in Jesu Jüngerschulung war. Seltsam, denn das wissenschaftliche Bibelstudium ist heute doch die am meisten verbreitete Ausbildungsmethode an unseren theologischen Hochschulen. Die historisch-kritische Methode beruft sich auf die Geschichtsforschung, die Sprachwissenschaften und die Geschichte der Theologie, um festzustellen, welche Bedeutung die Bibel für ihre Zuhörerschaft im ersten Jahrhundert hatte. Die Methode setzt ganz richtig voraus, daß Gott uns heute dasselbe sagen will wie den Christen damals.

Aber es würde auch große Probleme mit sich bringen, wenn die historisch-kritische Methode den Jüngerschaftsprozeß bestimmen würde. Das erste Problem besteht darin, daß das Vertrauen in eine intellektuelle Methode das eigentliche Ziel der Jüngerschaft verlagert: weg von der moralisch-geistlichen Entwicklung und hin zu einem intellektuellen Bildungsziel. Wie wir noch sehen werden, entsprach die Schulungsmethode Jesu der Methode der Rabbiner. Diese gingen davon aus, ein Lebensstil sei eher durch Praxis zu entwickeln als dadurch, daß man sich ein großes Wissen über Gott aneignet.

Ein zweites Problem besteht darin, daß viele Vertreter der historisch-kritischen Methode einen Ausschließlichkeitsanspruch erheben, bei dem nur noch eine intellektuelle Charakterformung im Christentum gesehen wird. Wenn diese Methode als ein Werkzeug unter vielen gesehen würde, wäre die Gefahr, daß der christliche Glaube intellektualisiert wird, nicht so groß. Aber das ist normalerweise nicht der Fall.

Der Neutestamentler Russell P. Spittler sagt: »Wenn die historisch-kritische Methode auf die Schrift angewandt wird, ist dies sowohl richtig als auch nötig – aber es ist unzureichend... unzureichend deshalb, weil ...das Ziel biblischen Studiums nicht in historischen Daten oder vorsichtigen Urteilen und Vermutungen über den literarischen Ursprung der Bibel bestehen kann. Das Ziel des biblischen Studiums besteht vielmehr darin, daß Glaube, Hoffnung und Liebe beim einzelnen und in der Gemeinschaft wachsen. Die historisch-kritische Methode ist unzureichend, weil sie, um es mit anderen Worten zu sagen, nicht die Frömmigkeit zum Ziel hat.« Für Spittler besteht ein wichtiges Element der Frömmigkeit darin, daß Gott durch die Schrift und das Gebet zu ihm spricht.[1]

Bei diesem letzten Problem geht es darum, wie die historisch-kritische Methode den Prozeß des Bibelstudiums beeinflußt. Es ist wichtig, daß man die Bibel im Geist des Glaubens, der Hoffnung und der Liebe studiert. Von ihrem Wesen her stellt sich die historisch-kritische Methode einer rein intellektuellen Aufgabe. Es kann schnell geschehen, daß der Student sich auf seine Bibelstudienmethode und nicht mehr auf den Heiligen Geist verläßt.

Die Grundlage von Jesu Schulungsmethode war die Schrift selbst, das Ziel seiner Schulung war die Frömmigkeit – zu lernen, Gottes Stimme zu hören und seinen Willen zu tun.

Es gibt noch ein anderes Hindernis für viele Christen, um Jesu Jüngerschaftsmethode zu verstehen; es liegt darin, daß sie nicht glauben, daß auch heute noch Zeichen und Wunder geschehen. Alle Christen erkennen an, daß Zeichen und Wunder nötig waren, um die göttliche Natur Christi zu bezeugen. Darüber hinaus spielten Zeichen und Wunder eine entscheidende Rolle als Bestätigung der apostolischen Vollmacht der Zwölf und von Paulus. Aber die meisten westlichen Christen glauben nicht an Zeichen und Wunder über das erste Jahrhundert hinaus. Oder sie stehen ihnen zumindest mit einer zweifelnden Haltung gegenüber. So verliert Christi Vorbild für uns an Wirkung; vieles von dem, was wir nach seinem Plan tun sollten, bleibt einfach unberücksichtigt. Auch für viele Christen besteht Christsein daher oft nur noch darin, einem guten Vorbild zu folgen und hohe moralische Maßstäbe zu erreichen. Vorbild ist nicht mehr der mächtige lebendige Herr, der Satan bezwingt. So werden Jünger herangebildet, die viel zu sehr vom Intellekt bestimmt sind – sicherlich kein Volk, vor dem die Dämonen zittern.

Wir wollen uns genauer ansehen, wie Jesus die Jünger lehrte, Zeichen und Wunder zu vollbringen, und wie die Jünger nach Jesu Himmelfahrt diesen Dienst weiterführten. Diese Betrachtung enthüllt viele Schlüsselelemente, die uns helfen, auch heute »power evangelism« zu praktizieren.

Eine bunte Mannschaft

Zeichen und Wunder waren der Beweis dafür, daß Jesus der Messias war, sie waren die Visitenkarte des Reiches Gottes. Ihr Vorhandensein in der Urgemeinde zeigt, daß es Jesu Absicht war, daß Zeichen und Wunder auch im Wirken der Jünger eine wichtige Rolle spielen sollten.

Die Jünger lernten von Jesus, die Werke des Reiches Gottes zu tun. Sie haben vielleicht nicht immer verstanden, warum Jesus die Wunder tat, aber sie lernten, wie auch sie Zeichen und Wunder tun konnten, und erlebten dabei erstaunliche Dinge. Jesus wandte die damals übliche Unterrichtsmethode an, es war die der Rabbiner. Sie sah so aus: Der Rabbi tat seinen Dienst, während ihm seine Jünger zusahen, dann taten sie den Dienst, während er zusah. Der nächste Schritt war, daß sie mit kleineren Aufträgen ausgesandt wurden. Hinterher erstatteten sie Bericht und der Meister gab ihnen weitere Anweisungen und korrigierte sie. Diese Schulung erstreckte sich über mehrere Jahre, und wenn der Rabbi davon überzeugt war, daß in den Jüngern *seine* Lebensweise Gestalt angenommen hatte, entließ er sie. Sie sollten nun andere auf dieselbe Weise lehren.

Jesus schulte seine Jünger auf die gleiche Weise. Jesus, der Lehrer, der Rabbi, formte seine Jünger nach *seiner* Lebensweise, er bildete seinen Charakter in ihnen heraus. Glaube, Hoffnung, Liebe, Freude, Frieden etc. waren die Ziele seiner Schulung. Zeichen und Wunder – Dämonen austreiben, Kranke heilen, sogar auf dem Wasser gehen – waren Wege, auf denen die Jünger mehr über Gottes Wesen lernten.

Die Jünger verstanden und akzeptierten, was Jesus von ihnen erwartete. Wir lesen nirgendwo, daß sie Einwände erhoben, wenn von ihnen *verlangt* wurde, die Werke Jesu zu tun – es wird nur berichtet, daß sie das Gefühl der Unzulänglichkeit hatten, wenn sie seine Anweisungen ausführen sollten.

In den ersten Jahren meiner Kindheit besuchte ich oft eine Pferdefarm in Illinois, auf der mein Großvater arbeitete. Er züchtete Tennessee-Pferde. »Tennessee walkers« haben eine auffallende, stolzierende Gangart; dadurch unterschieden sie sich von jeder anderen Pferdezucht auf der Welt. Eines Tages war ich bei ihm, während er mit einem Pferd arbeitete, das eine schlechte Gangart hatte. Er hatte sich folgendes ausgedacht: er nahm einen »Schrittmacher« – ein Pferd mit einwandfreier Gangart –, spannte dies mit dem »Problem-Pferd« zusammen und ließ sie miteinander gehen. Nach einigen Tagen wurde der Gang des »Problem-Pferdes« gleichmäßig, geradeso wie der des »Schrittmachers«. Mein Großvater erklärte, daß man ein Pferd, das seine Aufgabe nicht erfüllen kann, mit einem besseren Pferd zusammenspannen muß. Bald schon werden beide gleich gut gehen.

Ich habe 25 Jahre lang Männer und Frauen geschult. Während dieser Zeit lernte ich, daß das Erfolgsgeheimnis bei Menschen das gleiche ist wie bei Pferden: Spanne einen Menschen, der seine Aufgabe nicht erfüllen kann, mit einem zusammen, der es kann, so werden es bald beide können. So schulte auch Jesus die Zwölf: Sie lebten mit ihm, und es dauerte nicht lange, da lebten sie wie er. »Power evangelism« wirkt auf die gleiche Weise. Der beste Weg, um sie selbst zu lernen, ist der, mit jemandem zusammenzusein, der sie erfolgreich einsetzt.

Das wichtigste Kriterium, das Jesus hatte, als er die Zwölf auswählte, war die Bereitschaft, ihm zu folgen – mit ihm zu leben und entschlossen zu sein, wie er zu werden. Abgesehen von diesem Wunsch hatten die Jünger nur wenig andere gemeinsame Merkmale: sie waren alle Juden, waren in Galiläa aufgewachsen und gehörten wirtschaftlich und sozial zur unteren Mittelklasse (Judas war eine Ausnahme). Man kann sich gut vorstellen, wie der Vater zu seinem Sohn sagte: (dies ist nur ein menschlicher Vergleich) »Wenn wir es schaffen, diese bunt zusammengewürfelte Truppe so auszubilden, daß sie mein Königreich ausbreitet, dann schaffen wir es auch, jeden anderen Menschen dazu auszubilden.« Das sollte uns allen Hoffnung machen.

Durch seine Hingabe an die Jünger und ihre Treue ihm gegenüber machte Jesus die Zwölf zu Jüngern. Er formte ihren Charakter, führte sie zur Reife und machte Leiter aus ihnen. Er lehrte sie, Zeichen und Wunder zu tun. Sie waren drei Jahre lang zusammengespannt, und als sie entlassen wurden, setzten die Jünger Jesu Werk fort. Sie vollbrachten Zeichen und Wunder und lehrten die nächste Generation, auch Wunder zu tun.

Die Jünger mußten lernen, Zeichen und Wunder zu tun, es fiel ihnen nicht leicht. Oft verstanden sie die Lehren Jesu falsch (Mt. 13,36; 15,15; 16,6-12). Erst nach der Auferstehung verstanden sie seinen Auftrag richtig – und sogar dann brauchten sie noch weitere Korrektur (Mk. 8,31 f.; 9,31 f.; Apg. 1,6). Sie verstanden auch nicht richtig, in welcher Beziehung seine Vollmacht zum Reich Gottes stand (Mk. 10,35-40; Lk. 9,46-48). Aber Jesus hatte Geduld mit ihnen, denn sein Ziel war es, Männer heranzubilden, die den Willen des Vaters tun würden.

Drei Jahre lang befanden sich die Zwölf in einer Lernsituation. Sie lernten nicht nur neue Gedanken kennen, sondern sie entwickelten auch neue Fähigkeiten und Fertigkeiten. Sie waren lernwillig, weil sie zwischen dem Leben Jesu und ihrem eigenen eine große Kluft sahen. Durch Ausprobieren und Lernen aus Fehlern entstand ein Prozeß ständigen Wachstums.

Der anfängliche Dienst der Jünger ist von häufigem Versagen gekennzeichnet (Lk. 9,37-43; 52-55). Das galt besonders für Petrus: Sein Versuch, auf dem Wasser zu gehen, endete im Wasser. Dieses Beispiel aus Matthäus 14 ist nur eines von vielen. Je länger die Jünger mit Jesus lebten, desto weniger machten sie Fehler, und immer häufiger hatten sie Erfolg. Jeden neuen Schritt des Glaubens wandte ihr Meister als Sprungbrett an, um sie weiterzuführen. Er erweiterte ihre Sicht für die Welt und ihr Verständnis von Gott.

Der Glaube an Wunder

Die vielleicht schwierigste Lektion für die Jünger bestand darin, zu lernen, wie man einen Glauben haben kann, der Wunder hervorbringt.

Betrachten wir zum Beispiel die Speisung der Fünftausend, über die in Markus 6,33-44 berichtet wird. Sie ist eines der größten Wunder im Neuen Testament. In diesem Bericht werden in Verbindung mit »power evangelism« Glaubensschritte geschildert, die wesentlich für uns sind.

Erstens: Jesus handelte aus Erbarmen. »Als er ausstieg und die vielen Menschen sah«, heißt es in Vers 34, »hatte er Mitleid mit ihnen, denn sie waren wie Schafe, die keinen Hirten haben.« Jesu göttliches Mitleid und seine Barmherzigkeit waren oft der Auslöser für seine Werke. (Vom Mitleid bewegt heilte er, lehrte er, tat er Wunder, weckte er Tote auf und trieb er Dämonen aus. Siehe Mt. 20,33; Mk. 1,41; 5,19; 6,34; 8,2-9; Lk. 7,11-17.) Auch wir müssen Gott bitten, uns sein Erbarmen zu geben.

Zweitens: Jesus hörte auf seinen Vater und gab nicht dem Wunsch der Jünger nach, die Menge wegzuschicken. Die Jünger sahen, daß die Menschen Hunger hatten, und wußten auch, daß sie sich nicht sofort etwas Eßbares verschaffen konnten. Daraus folgerten sie, daß es das beste sei, die Menge zu entlassen (Verse 35 und 36). Ihre Einsicht war ganz vernünftig; sie verschwendeten keinen Gedanken an eine Versorgung durch ein Wunder. Aber wenn Jesus auf ihren Vorschlag eingegangen wäre, wäre eines der größten Wunder, das in der Bibel festgehalten ist, nicht geschehen. Ich frage mich, wie oft wir uns wohl Wunder entgehen lassen, weil wir »praktisch und vernünftig« denken. Jesus hörte auf den Vater – nicht auf die Jünger –, und das Wunder geschah.

Drittens: Jesus gebrauchte die geistliche Blindheit der Jünger als Gelegenheit, um sie Neues über Zeichen und Wunder zu lehren. »Gebt ihr ihnen zu essen!« erwiderte er auf ihren Vorschlag, die Menge wegzuschicken. Das war natürlich ein Grund für die Jünger, ihre Vorräte noch einmal zu inspizieren: fünf Brote und zwei Fische. Es war ein entscheidender Moment in ihrer Ausbildung. Sie wurden angewiesen, etwas zu tun, wozu sie nicht richtig ausgerüstet waren. Ich habe entdeckt, daß ich der gleichen Herausforderung gegenüberstehe, wenn ich für einen Blinden um Heilung bete. Ich weiß, daß meine eigene Kraft dazu nicht ausreicht.

Wunder geschehen durch unsere Unzulänglichkeit
Unsere Unzulänglichkeit ist der Schmelztiegel, in dem Glaube geformt wird.

Viertens: Jesus gab den Jüngern Anweisungen, und sie gehorchten. Er sagte ihnen, sie sollten die Menge in »Gruppen zu hundert und zu fünfzig« aufteilen (Vers 40). Sie hatten keine Ahnung, woher das Essen kommen sollte, und doch bereiteten sie die Leute darauf vor, etwas zu empfangen. Wir sind heute in der gleichen Lage: wir müssen auf die Anweisungen Jesu hören und danach handeln, auch dann, wenn wir die Versorgung noch nicht sehen können.

Fünftens: Das Wunder der Fisch- und Brotvermehrung geschah wahrscheinlich genauso in den Händen der Jünger wie in den Händen Jesu. Jesus hatte den Jüngern befohlen,»ihnen etwas zu essen zu geben« (Vers 37). Viele Kommentatoren glauben, das Wunder der Vermehrung sei nur in den Händen Jesu geschehen. Sie mögen recht haben. Der Bericht läßt aber Raum für den Gedanken, daß das Wunder sowohl in den Händen der Jünger als auch in den Händen Christi geschah – so wie bei der Austreibung von Geistern und bei Heilungen.

Es ist möglich, die Geschichte so auszulegen, daß Jesus nach dem Dankgebet den Jüngern nur eine sehr kleine Portion Brot und Fisch reichte. Die Jünger gingen dann in die Menge und begannen, ihre Portionen auszuteilen, und diese vervielfältigten sich vor ihren Augen. Das Wunder geschah in ihren Händen und Herzen. Sie lernten, daß durch sie die Vermehrung geschehen konnte. Nur Gott kann Wunder wirken, aber er tut es oft durch die Hände von Christen.

Wir müssen es besser machen als die Jünger, denn wir können aus dem Wunder lernen. Später, nachdem Jesus auf dem Wasser gegangen war, sagt Markus:»Sie aber waren bestürzt und außer sich. Denn sie waren nicht zur Einsicht gekommen, als das mit den Broten geschah; ihr Herz war verstockt« (Mk. 6,51 f.). Jesus mußte den Zwölfen immer wieder zeigen, wie auch sie Zeichen und Wunder tun konnten. Mit der Hilfe des Heiligen Geistes und mit einem Herzen, das nicht verhärtet ist, können wir einige ihrer Fehler vermeiden.

Übertragung der Vollmacht

In Lukas 9 lesen wir:»Dann rief er die Zwölf zu sich und gab ihnen die Kraft und die Vollmacht, alle Dämonen auszutreiben und die Kranken gesund zu machen. Und er sandte sie aus mit dem Auftrag, das Reich Gottes zu verkünden und zu heilen« (Verse 1 und 2). Er sandte die Jünger als seine persönlichen Botschafter aus, daher machten sie sich in seiner Kraft und Vollmacht auf den Weg.

Die Aussendung der Jünger ist der Arbeit von Zugführern ähnlich. Zugführer lenken starke Maschinen, und ihr Erfolg hängt davon ab, daß sie auf bestimmte Zeitpläne, Gleise und Geschwindigkeiten achtgeben. Wir denken vielleicht fälschlicherweise, daß wir die Vollmacht und Kraft Gottes nach unseren Vorstellungen einsetzen können – und sehen uns dabei mehr in der Rolle eines Autofahrers, der fährt, wann und wohin er möchte. In der Tat hatte die Aussendung der Zwölf klare Grenzen: sie sollten nur den Willen des Vaters erfüllen.

Als Jesus sie aussandte, gab er den Jüngern praktische Anweisungen mit auf den Weg. Er sagte ihnen, wohin und zu wem sie gehen sollten. Sie sollten das Reich Gottes denen verkündigen, die dafür empfänglich waren, sie sollten ohne Gegengabe für Kranke beten, denn sie selbst hatten ja alles umsonst empfangen. Ihr Lebensstil war einfach – sie vertrauten auf Gott und trugen – um Bewegungsfreiheit zu bewahren – wenig materielle Besitztümer bei sich. Menschen, die ihre Botschaft aufnahmen, boten ihnen Gastfreundschaft und materielle Unterstützung an, doch vermieden es die Jünger, Zeit zu verschwenden bei denen, die das Reich Gottes ablehnten. Sie mußten mit Verfolgung rechnen, daher lehrte sie Jesus, klug vorzugehen, doch dabei auch nicht schuldig zu werden. Der Geist Jesu würde sie bei ihrer Aufgabe immer begleiten und ihnen Anweisungen geben.

Obwohl den Zwölf die Vollmacht und Kraft des Reiches Gottes gegeben war, lag es doch in ihrer Verantwortung, sie auch auszuüben. Vollmacht kommt – das habe ich auch gelernt –, wenn wir das in die Tat umsetzen, was Gott uns gegeben hat. Die Jünger konnten nur das geben, was sie bekommen hatten, aber im Geben erhielten sie mehr. Bevor sie nicht tatsächlich Kranke geheilt und Dämonen ausgetrieben hatten, waren die Vollmacht und die Kraft, die sie empfangen hatten, für sie kaum von Bedeutung.

Die Zwölf begegneten auch Schwierigkeiten, obwohl sie anfangs erfolgreich waren – sogar Dämonen gehorchten ihnen! Bald jedoch machten ihnen ihr eigener Stolz und menschliches Denken zu schaffen. Sie versuchten zum Beispiel, andere, die auch in Jesu Namen heilten, davon abzuhalten; sie fielen auch zurück in Unglauben. Und sie wurden verfolgt von den religiösen Führern.

Im neunten Kapitel des Lukasevangeliums lesen wir, wie Jesus auf das Versagen der Jünger reagierte – in diesem Fall war es ihre Unfähigkeit, einen Dämon aus einem Kind auszutreiben. »O du ungläubige und unbelehrbare Generation! Wie lange muß ich noch bei euch sein und euch ertragen?« (Vers 41). Jesus war es leid, ihren Mangel an Glauben zu ertragen. Es war ihm sehr wichtig, daß sie lernten, alle Dämonen auszutreiben, damit die Jünger, wenn er die Erde verließ, diesen Dienst weiterführen konnten.

Jesus befreite den Jungen sofort von dem bösen Geist und benutzte die Gelegenheit, seinen Jüngern zu sagen, daß sie bald ohne seine Hilfe sein würden. »Merkt euch genau, was ich jetzt sage: Der Menschensohn wird den Menschen ausgeliefert werden« (Vers 44). Es war wichtig, daß sie ihre Lektion lernten über den Glauben, der zur Befreiung von Besessenen führte. Denn bald sollte er sie verlassen.

Durch den Glauben der Nachfolger Jesu wurden Zeichen und Wunder vollbracht. Der Heilige Geist gab die Anstöße dazu und leitete die Jünger. Solange sie bei Jesus waren, entwickelte dieser in ihnen den Glauben für Zeichen und Wunder. Als Petrus und Johannes den lahmen Mann an der Schönen Pforte heilten, erklärte Petrus, daß dies nicht durch ihre Frömmigkeit geschah; der Glaube in Jesu Namen machte den Mann gesund (Apg.

3,1-10). Dieser Glaube geht von Gewißheit und Vertrauen aus, ohne Beweise zu brauchen – es ist eine Bereitschaft, zu dem zu stehen, was Gott befiehlt. (Ich meine damit nicht, daß wir behaupten sollten, jemand sei geheilt, wenn noch Krankheitssymptome vorhanden sind. Glaube für Heilung bedeutet, daß wir glauben, daß Gott bestimmte Menschen heute heilen kann, und daß wir ein feines Gespür für Gottes Wirken haben.)

Daß nun nicht mehr nur »der Eine« Zeichen und Wunder tut, sondern daß jetzt viele diesen Dienst ausüben, hat kosmische Auswirkungen. Als Jesus die Zwölf und später die Siebzig aussandte, schuf er dadurch mehr Möglichkeiten, um Menschen von dämonischen Bindungen zu befreien. Das Reich der Finsternis erlitt Niederlagen. Die Ausbreitung des Reiches Gottes – und die sie begleitende Niederlage des Satans – hängt ab von der Zahl der Christen, die Zeichen und Wunder tun.

Mitfolgende Zeichen

Drei Jahre lang lehrte Jesus die Jünger, aus einem Herzen voll Mitleid und Barmherzigkeit heraus zu dienen, auf den Vater zu hören, immer abhängiger vom Heiligen Geist zu werden, der Führung Gottes zu gehorchen und zu glauben, daß Gott durch Männer und Frauen Wunder tut. Auch wenn die Jünger das, was Jesus sie lehrte, häufig vergaßen oder mißverstanden, setzte Jesus sie nach seiner Auferstehung trotzdem für seinen Dienst ein. Sein Auftrag, wie er in Markus 16 beschrieben wird, hatte dieselben Dinge zum Inhalt, die sie in ihrer Zeit als Jünger bei Jesus gelernt hatten.

Später erschien Jesus auch den Elf, als sie bei Tisch waren; er tadelte ihren Unglauben ... und sagte ... zu ihnen: Geht hinaus in die ganze Welt und verkündet das Evangelium allen Geschöpfen! ... Und durch die, die zum Glauben gekommen sind, werden folgende Zeichen geschehen: in meinem Namen werden sie Dämonen austreiben; sie werden in neuen Sprachen reden; wenn sie Schlangen anfassen oder tödliches Gift trinken, wird es ihnen nicht schaden; und die Kranken, denen sie die Hände auflegen, werden gesund werden. ...Sie aber zogen hinaus und predigten überall. Der Herr stand ihnen bei und bekräftigte die Verkündigung durch die Zeichen, die er geschehen ließ (Mk. 16,14-20).

Ich finde es bemerkenswert, daß es viele Christen überrascht, daß bei diesem Auftrag Zeichen und Wunder so betont werden. Die Jünger verkündeten Jesus und bewirkten Wunder – und das Reich Gottes breitete sich mächtig aus. Dies deutet darauf hin, warum Jesus so viel Wert auf die »power evangelism« legte.

Manche Theologen bezweifeln, daß der Abschnitt aus Markus 16,9-20 zum ursprünglichen Kanon gehört. Es ist wahr, daß zwei der verläßlichsten frühen Manuskripte diese Passage nicht enthalten, aber sie ist von der gesamten christlichen Tradition mit in den Kanon der Heiligen Schrift eingeschlossen worden. Selbst wenn der Abschnitt nicht zum Kanon gehören würde, könnten wir den überwältigenden Beweis nicht außer acht lassen und müßten anerkennen, daß die ersten Jünger tatsächlich den Missionsbefehl erfüllten, der das Markusevangelium beschließt: sie trieben Dämonen aus, sprachen in neuen Sprachen, hoben Schlagen auf und heilten die Kranken.

Lukas war der Theologe des Heiligen Geistes. Im ersten Kapitel der Apostelgeschichte schrieb er, dieses Buch stelle einen Begleitband zu seinem Evangelium dar. Der Zweck seines Evangeliums war, alles festzuhalten, was Jesus tat und lehrte (Apg. 1,1). In der Apostelgeschichte führte Lukas den Bericht von den Werken und der Lehre Jesu weiter, nur wirkte Jesus jetzt durch die Jünger (Apg. 1,8).

Lukas beginnt die Apostelgeschichte mit einer Gegenüberstellung, er schildert die Jünger vor Pfingsten und beschreibt dann die Gruppe, die nach Pfingsten mit Vollmacht ausgerüstet ist. In Kapitel 1 handelten die Jünger noch nach alttestamentlichen Prinzipien. Sie verstanden nicht den Auftrag, den Jesus von Gott hatte (Vers 6); den Nachfolger für Judas wählten sie, indem sie Lose warfen, nach den Urim und Thummim des Alten Testaments. Als das nächste Mal jemand für ein Amt ausgewählt werden mußte, war der Heilige Geist schon auf sie herabgekommen. Diesmal wandten sie andere Methoden an (siehe Apg. 6,1-6). Die Vollmacht der Jünger wurde dadurch ungeheuer verstärkt, daß zu ihrer Schulung, die sie durch Jesus erfahren hatten, nun an Pfingsten das Ausgießen des Heiligen Geistes hinzukam. Nun konnten sie in die Welt losgehen – mit »power evangelism«.

In der Apostelgeschichte gibt es mindestens zehn verschiedene Weisen, auf die der Heilige Geist übernatürlich eingriff und so ein starkes Anwachsen in der Urkirche bewirkte. Neunmal wird ausdrücklich von »Zeichen und Wundern« gesprochen: Dazu gehören Heilung, das Austreiben von Dämonen, Wunder, die den Eingriff in die Natur und die Versorgung mit Nahrung betreffen, Auferweckung von Toten und das Phänomen, daß ein Mensch von einem Ort zum andern versetzt wird. In Kapitel 5 lesen wir: »Durch die Hände der Apostel geschahen viele Zeichen und Wunder im Volk... Immer mehr wurden im Glauben zum Herrn geführt, Scharen von Männern und Frauen« (Verse 12 und 14).[2] An einer Stelle wird beschrieben, wie Gottes Reich auf das Reich der Finsternis stößt – Paulus begegnet Elymas auf der Insel Zypern. Als Folge davon glaubte der Prokonsul (13,3-12). Im folgenden gebe ich eine unvollständige Inhaltsangabe der in der Apostelgeschichte erwähnten Zeichen (zum weiteren Studium stehen in den Anmerkungen genauere Einzelheiten):

1. *Sprachgaben.* Die Gabe der Glossolalie und die Gabe der Prophetie

kommen in der Apostelgeschichte viermal vor, an drei Stellen heißt es, daß die Gemeinde daraufhin wuchs. An Pfingsten zum Beispiel »wurden alle mit dem Heiligen Geist erfüllt und begannen, in fremden Sprachen zu reden, wie es der Geist ihnen eingab«, und darauf folgt: »An diesem Tag wurden (ihrer Gemeinschaft) etwa dreitausend Menschen hinzugefügt« (2,4+41).[3]

2. *Offenbarungen.* Viermal wird von Offenbarungen gesprochen. Kornelius, der Hauptmann von Cäsarea, bekam eine Offenbarung – als Antwort auf seine Gebete – und wurde beauftragt, Petrus holen zu lassen. Im Zusammenhang mit derselben Geschichte hatte Petrus am nächsten Tag eine Offenbarung. Als Folge dieser beider Offenbarungen wurde das Evangelium zum erstenmal den Heiden gepredigt, woraufhin sich viele taufen ließen (siehe Apg. 10,3; 9-12; 47).[4]

3. *Tote wurden auferweckt.* Zwei Auferweckungen von Toten werden berichtet. Der erste Fall war Dorcas (oder Tabita, wie sie auf Aramäisch genannt wurde), die Petrus von den Toten auferweckte; danach hieß es: »und viele kamen zum Glauben an den Herrn« (9,40+42). Die zweite Auferweckung geschah durch Paulus; er weckte Eutychus von den Toten auf, es wird von keinen Bekehrungen berichtet (20,7-12).

4. *Verschiedenartige Wunder.* Es werden sechs verschiedenartige Wunder erwähnt. Auf der Insel Malta wurde Paulus von einer Viper gebissen, ohne daß er irgendwie Schaden gelitten hätte. Es wird überliefert, daß viele Menschen auf dieses Wunder hin an Christus glaubten und eine Gemeinde gegründet wurde (28,3-10).[5]

Es gab auch Wunder, die einem Eingriff in die Natur gleichkamen. Zum Beispiel die Tore, die sich für Petrus öffneten (in Kapitel 12); das Erdbeben, die gelösten Fesseln und geöffneten Türen in Kapitel 16, sowie das Geräusch ähnlich dem Wind und die Zungen wie von Feuer in Kapitel 2. Die letzten zwei Phänomene bewirkten, zusammen mit anderen Faktoren, daß sich 3.000 Menschen bekehrten.

5. *Heilungen.* Es werden sieben konkrete Heilungen erwähnt. In Kapitel 9 lesen wir, wie Paulus Äneas' Lähmung heilte, woraufhin sich die Städte Lydda und Scharon bekehrten (Verse 32.43).[6]

6. *Besuche von Engeln.* Es gibt drei Berichte über Besuche von Engeln. In Kapitel 8 wies ein Engel Philippus an, zu einer Wüstenstraße südlich von Jerusalem zu gehen. Dort führte er den äthiopischen Eunuchen zum Glauben (Verse 26-40). Nach der kirchlichen Überlieferung kehrte der Eunuch in sein Land zurück und gründete dort die äthiopische Kirche.[7]

Zeichen und Wunder kommen in der Apostelgeschichte vierzehnmal in Verbindung mit der Verkündigung des Evangeliums vor, und die Gemeinde wuchs jedesmal.[8] An zwanzig weiteren Stellen heißt es, daß Gemeindewachstum allein durch die Zeichen und Wunder hervorgerufen wurde, die die Jünger vollbrachten. Selten wurde Gemeindewachstum allein durch Verkündigung bewirkt.

Welche Schlüsse können wir ziehen aus diesem kurzen Überblick über die Apostelgeschichte? Erstens, die Urgemeinde – besonders die Zwölf – setzten den Dienst Christi fort, einschließlich der Zeichen und Wunder. Sie waren von Jesus darin geschult worden und machten ihre Sache gut.

Zweitens, nicht nur die Zwölf heilten Kranke, trieben Dämonen aus, hatten Offenbarungen – andere Christen taten es auch. Zeichen und Wunder waren ein Teil des täglichen Lebens und wurden von der Gemeinde erwartet. Paulus, Stephanus, Kornelius, Ananias – keiner von ihnen gehörte zu den Zwölf – taten alle Zeichen und Wunder.

Und nicht zuletzt: Zeichen und Wunder bewirkten das ungeheure Gemeindewachstum. Sie waren der Katalysator für die Evangelisation.

Zeichen und Wunder in der Kirchengeschichte

Zeichen und Wunder hörten mit dem Abschluß des neutestamentlichen Kanons nicht auf. Sie setzen sich durch die ganze Kirchengeschichte fort. Zuverlässige Dokumente aus jedem Jahrhundert der Kirchengeschichte zeigen auf, daß Prophetie, Heilung, Befreiung und Glossolalie nicht aus der christlichen Erfahrung verschwunden sind (siehe Anhang A und B).

Unter Theologen und Historikern finden wir heute eine Vielzahl von Standpunkten über die Gültigkeit von Zeichen und Wundern. Ihre Haltung hat Einfluß darauf, wie sie in ihren Werken Wunderberichte darstellen. In seinem Buch *Divine Healing of the Body* (Göttliche Heilung des Körpers) beschreibt J. Sidlow Baxter vier Einstellungen moderner Christen im Hinblick auf Zeichen und Wunder in der nachbiblischen Kirchengeschichte[9]:

1. *Zeichen und Wunder hörten am Ende der apostolischen Zeit auf, gegen Ende des ersten Jahrhunderts.* In seinem Buch *Counterfeit Miracles* meint der reformierte Theologe B. B. Warfield, die Zeichen- und Wundergaben »waren auf die apostolische Zeit und damals auf einen sehr engen Kreis beschränkt«. Sie hatten den Zweck, die apostolische Autorität zu begründen; als dies erreicht war, wurden bestimmte Gaben des Geistes abgeschafft.

Nach Warfields Einstellung waren Berichte über Zeichen und Wunder nach dieser Zeit a priori entweder unecht, oder sie waren nicht von Gott bewirkt. Mit dieser Argumentation schließt sich ein Kreis: das theologische Urteil wird gefällt – Zeichen und Wunder nach dem ersten Jahrhundert seien unmöglich –, das wiederum zwingt zu dem Schluß, daß die historischen Beweise Betrug seien. Die größte Schwachstelle der Position Warfields ist folgende: er kann die Bibel nicht heranziehen, um seine Behauptung zu stützen, daß göttliche Wunder mit dem Tod der Apostel und mit dem Ende ihrer Generation aufhörten. Keine Schriftstelle sagt irgend etwas in dieser Richtung aus oder läßt auf diesen Gedanken schließen. (Zur Diskussion von 1. Kor. 13,10 siehe Kapitel 8.)

2. Zeichen und Wunder gab es nur in den ersten Jahrhunderten der Kirche. Dann hörten sie auf. Nach dieser Theorie wurden sie nicht mehr gebraucht, um das Evangelium zu bekräftigen. Die Kirche war nun in vielen Ländern fest gegründet und genoß offizielle Anerkennung. Ihre Existenz alleine reichte aus, um die Echtheit der christlichen Botschaft zu bestätigen. Man geht davon aus, daß, nachdem mit dem Konzil von Karthago im Jahre 397 die Kanonbildung ihren Abschluß fand, Zeichen und Wunder aufhörten.

Diese Argumentation erkennt an, daß es im zweiten und dritten Jahrhundert noch Zeichen und Wunder gegeben hat, setzt aber willkürlich fest, daß diese Phänomene danach aufhörten. Aber warum gerade zu dem Zeitpunkt? Wann war die Kirche in vielen Ländern fest gegründet und offiziell bestätigt? Auch das Jahr 397 als Enddatum für den Abschluß des Kanons ist bei vielen Historikern umstritten.

3. Zeichen und Wunder geschahen seltener und hörten auf, als Leiter der etablierten Kirche Einspruch erhoben. Dieses Argument, das den oben genannten Theorien widerspricht, läßt sich nicht ganz von der Hand weisen. In der Tat geschehen Wunder seltener, wenn der Glaube daran, besonders bei Pastoren und Gemeindeältesten, schwindet. Außerdem versuchen einflußreiche Repräsentanten in der Kirche immer wieder, das Auftreten von Zeichen und Wundern in der Öffentlichkeit zu unterbinden – denn diese könnten die hierarchisch-kirchliche Struktur in Frage stellen.

Durch die Kirchengeschichte hindurch gab es immer wieder Zeiten, wo viele Zeichen und Wunder geschahen, es war wie Flut und Ebbe, wobei der Einfluß der Hierarchie jeweils abschwächend oder auch unterstützend wirkte. Aber die Hauptaussage dieses dritten Standpunktes – daß Wunder vollständig aufhörten – kann der historischen Prüfung nicht standhalten. Es gibt keine Belege dafür, daß sie in irgendeinem Abschnitt der Kirchengeschichte aufgehört hätten, in unserer Zeit schon gar nicht.

4. Zeichen und Wunder haben nie aufgehört. Sie sind von der apostolischen Zeit an bis heute in unterschiedlichem Ausmaß geschehen. Dieser letzte Standpunkt wird durch die Schrift und durch die Kirchengeschichte unterstützt.

Nach der Epoche der Aufklärung – und mit dem Aufkommen des theologischen Liberalismus im 19. Jahrhundert – schlossen die meisten Theologen Zeichen und Wunder völlig aus. Sie leugneten die *Möglichkeit* übernatürlichen Eingreifens in die Schöpfung. Theologische Säkularisten, wie ich sie am liebsten nenne, passen in keine von Baxters Kategorien. Sie leugnen nämlich sogar die Möglichkeit der Zeichen und Wunder im ersten Jahrhundert. Sie sind genaugenommen Materialisten, die ihre Philosophie mit einer religiösen Sprache umkleiden.

Wie hat sich dieser Glaube, der Zeichen und Wunder leugnet, unter westlichen Christen, einschließlich der traditionsgebundenen Christen, verbreitet? Woher kommen der Skeptizismus, der offene Spott gegenüber Wunderberichten? Das nächste Kapitel gibt Antwort darauf.

Kapitel 8

Die nächste Phase

C. Peter Wagner sprach in einem Interview 1983 von einer neuen Phase des Wirkens des Heiligen Geistes in diesem Jahrhundert (er nannte sie »Dritte Welle«). Die erste, so sagt Wagner, war die Pfingstbewegung zu Anfang dieses Jahrhunderts. Die zweite begann in den sechziger Jahren, allgemein bekannt als die charismatische Erneuerung, und berührte vor allem die Protestanten und die Katholiken. Er sagte ein dritte Welle voraus, die die evangelikalen Protestanten erreichen würde.[1]

Ich sehe in der »Dritten Welle« eher die nächste Phase der Entwicklung innerhalb der charismatischen Erneuerung. Vielleicht gehören sowohl die Pfingstbewegung als auch die charismatische Erneuerung zu demselben großen Wirken des Heiligen Geistes in diesem Jahrhundert. Diese Anschauung betont die Gemeinsamkeit beider Bewegungen, die, verglichen mit den Unterschieden, überwiegen.

Von den ersten beiden Bewegungen in diesem Jahrhundert gibt es viel zu lernen. »Wenn es nicht die charismatische Bewegung und die klassischen Pfingstler gegeben hätte«, behauptete Dr. Wagner, »dann hätten wir, die wir zu keiner der beiden gehören, wahrscheinlich noch nicht einmal etwas von der Kraft des Heiligen Geistes gehört. Das, was wir tun, verdanken wir Gottes Wirken in jenen Bewegungen. Nach meiner Beobachtung verringern sich die traditionellen Grenzen zwischen uns, den Evangelikalen, den Charismatikern und den Pfingstlern. Wir können dieselben Erfahrungen machen, dasselbe Wirken des Heiligen Geistes in allen Gruppen erleben, auch wenn wir das, was durch ihn geschieht, jeweils etwas anders zu erklären versuchen.[2]

Als ich mich auf meinen Kurs am Fuller-Seminar über »Zeichen und Wunder und Gemeindewachstum« vorbereitete, befaßte ich mich sowohl mit der Pfingstbewegung als auch mit der charismatischen Bewegung. Ich entdeckte, worin sich die beiden unterscheiden, obwohl sie eine ähnliche Theologie haben: Beide Bewegungen haben auf verschiedene Gruppen Einfluß gehabt. Diese Gruppen unterscheiden sich in ihrem wirtschaftlichen, sozialen, religiösen und bildungsmäßigen Hintergrund. Dadurch ist der Charakter jeder dieser Bewegungen recht unterschiedlich.

Die Pfingstbewegung

Die heutige Pfingstbewegung begann mit der Azusa-Street-Erweckung im April 1906 in Los Angeles, Kalifornien. Thomas Ball Barratt (der

»Pfingstapostel« von Westeuropa) brachte im Dezember 1906 die Azusa-Street-Erweckung zurück in seine Gemeinde nach Oslo, Norwegen. Von dort aus breitete sie sich schnell bis nach Großbritannien aus. Was das Gemeindewachstum in diesem Jahrhundert betrifft, so übertrafen die Pfingstler bei weitem alle anderen christlichen Gruppen. Von den 345 Millionen Protestanten auf der Welt bildeten 1980 die Pfingstler die größte konfessionelle Untergruppe mit über 51 Millionen Mitgliedern. (Es gibt 49.800.000 Anglikaner, 47.550.000 Baptisten, 43.360.000 Lutheraner.)[3] Das Wachstum in den verschiedenen Pfingstkirchen und -gemeinden zeigt dies sehr deutlich. Die »Assemblies of God« zum Beispiel begannen 1914 mit 10.000 Mitgliedern und haben jetzt weltweit 10 Millionen Mitglieder.[4] Die »Church of God in Christ«, die größte, hauptsächlich aus schwarzen Mitgliedern bestehende Pfingstkirche in Amerika, ist seit 1964 von 45.000 auf 3.710.000 Mitglieder angewachsen.[5] Nach Aussagen des Gemeindewachstumsexperten Elmer Towns sind vier der zehn größten Gemeinden der Welt heute Pfingstgemeinden, dazu zählen die drei größten: die Full Gospel Central Church (500.000) in Seoul, Korea, die Jotabeche Church (100.000) in Santiago, Chile, und die Congregaçao Crista (61.250) in São Paulo, Brasilien.[6]

Diese statistischen Zahlen spiegeln das enorme Wachstum in den letzten Jahren wieder. Missionswissenschaftler glauben jedoch, daß die Pfingstkirchen noch sehr viel größer werden können. C. P. Wagner schätzt, daß innerhalb der nächsten fünfzehn Jahre in Lateinamerika die Zahl der Pfingstler auf das *Fünffache* ansteigen könnte (1969 waren 63% aller lateinamerikanischen Protestanten Pfingstler).[7] Hier ist eine Übersicht über das Wachstum der Protestanten in Lateinamerika:

1900 gab es ungefähr 50.000 Protestanten in ganz Lateinamerika.
In den dreißiger Jahren überschritt das Wachstum die 1-Million-Grenze.
In den vierziger Jahren überschritt es die 2-Millionen-Grenze.
In den fünfziger Jahren überschritt es die 5-Millionen-Grenze.
In den sechziger Jahren überschritt es die 10-Millionen-Grenze.
In den siebziger Jahren überschritt es die 20-Millionen-Grenze.

Einige Statistiker schätzen, daß es im Jahre 2.000 ungefähr 100 Millionen Protestanten in Lateinamerika geben wird.[8]

Dr. Wagner glaubt, daß die Zahl der Pfingstler im Vergleich zu anderen Kirchen seit 1969 angestiegen ist, und daß es bis zum Jahre 2.000 allein in Lateinamerika zwischen 65 Millionen und 75 Millionen Pfingstler geben könnte. Eine Schlußfolgerung, die man aus den Statistiken ziehen kann, ist die, daß Kirchen wachsen, wenn die Kraft Gottes zum Zug kommt. »Unwissenheit über die geistlichen Gaben«, meint P. Wagner, »ist heutzutage vielleicht der Hauptgrund für langsames Gemeindewachstum. Dies mag auch eine der Hauptwurzeln sein für die Entmutigung, die Unsicherheit, die

Enttäuschung und die Schuld, die viele einzelne Christen plagen, und die ihre Wirksamkeit für Gott beeinträchtigen.«[9] Die großen (und wachsenden) Zahlen bei den Pfingstlern scheinen Dr. Wagners Behauptung recht zu geben.

Im Laufe der Jahre ist die Pfingstbewegung sowohl von seiten weltlicher als auch christlicher Gruppen unter Beschuß geraten. Ein näherer Blick auf die Wurzeln der Pfingstler zeigt einen wesentlichen Grund: soziale Unterschiede. Die Azusa-Street-Erweckung 1906 wurde von dem schwarzen Prediger William J. Seymour geleitet. Er hatte keine Ausbildung. Die Gemeinde, die zu ihm strömte, war arm und überwiegend schwarz. Bei meinen Nachforschungen über pfingstlerische Erweckungsprediger in den letzten vierzig Jahren entdeckte ich, daß viele von diesen Männern und Frauen aus einer Umgebung kommen, die von Armut geprägt ist, daß sie aus zerrütteten Familienverhältnissen kamen, in denen der Drogenmißbrauch zum Alltag gehörte. Ich habe mich immer gefragt, ob hinter den ersten Angriffen auf die Pfingstler nicht auch Rassismus und sozialer Snobismus gestanden haben könnten.

Der Pfingstler und Historiker Vinson Synan beschreibt in seinem Buch *In the Latter Days* fünf Fronten, an denen gegen die Pfingstler Position bezogen wurde:

1. *Kritik durch die Presse.* Diese Angriffe aus der weltlichen und der christlichen Presse reichen bis in die heutige Zeit hinein. Die Presse beschreibt Zusammenkünfte der Pfingstler normalerweise als stark emotional; Menschen verlieren die Kontrolle über sich, schreien, wälzen sich im Gang, lallen wie Verrückte – ein Spektakel für die Welt. Über Heilungen wird gewöhnlich in solch einer Weise berichtet, daß der Leser zu der Annahme verleitet wird, sie seien nur vorgetäuscht.[10]

2. *Angriffe.* Von Berichten der Presse angestachelt, bedrohten in der ersten Hälfte des Jahrhunderts nichtreligiöse Rowdys Pfingstprediger, oder sie überfielen sie und schlugen sie zusammen. Sie störten Gottesdienste, brannten Zelte und Kirchen nieder und versuchten sogar, Prediger umzubringen, zum Beispiel Oral Roberts 1947 in Tulsa, Oklahoma.[11]

3. *Kritik und Ablehnung von seiten der Christen, die Fundamentalisten sind bzw. die eine starke Betonung auf den Heiligungsprozeß legen.* Diese Christen, mit deren wichtigsten Glaubensartikeln die Pfingstler in fast jedem Punkt übereinstimmten, waren ihre erbittertsten Feinde. Ihre schlimmste Anschuldigung war, daß die Pfingstler von Satan abstammen würden. G. Campbell Morgan nannte die Bewegung »das letzte Ausspeien Satans«.[12] (Ich werde die theologischen Grundsätze dieser Gruppe später in diesem Kapitel und in Kapitel 9 noch detaillierter darstellen.) 1919 distanzierten sie sich von der Pfingsbewegung, die »Pentecostal Church of the Nazarene« wies das Wort »Pentecostal« (Pfingst-) zurück und strich es aus ihrem Namen. So wurde sie zu der »Church of

the Nazarene«, unter diesem Namen ist sie auch heute noch bekannt. Andere Konfessionen, die die Pfingstler verurteilten, waren z.B. die Wesleyan Church, die Church of God (Anderson, Indiana), die Heilsarmee und die Free Methodist Church. Weil die Pfingstler in ihren eigenen Konfessionen abgelehnt und in vielen Fällen sogar ausgeschlossen wurden, gründeten sie neue Gemeinden.

4. *Einwände aus psychologischer und soziologischer Sicht.* Viele Liberale zu Beginn des 20. Jahrhunderts, besonders Universitätsprofessoren und Professoren von kirchlichen Schulen, nahmen die moderne Psychologie und Soziologie zu Hilfe, um die Pfingstler in einen schlechten Ruf zu bringen. »Pfingstlerische Phänomene«, sagten sie, könnten erklärt werden durch »psychische Labilität, Wahnsinn, Armut, Unterdrückung des Sexualtriebes, Unwissenheit und das Sozialverhalten der Unterschicht.«[13]

Alle diese Studien haben heute an Bedeutung verloren, da der psychologische und soziologische Ansatz dieser Kritiker überholt ist. Synan verweist auf spätere Studien über einen Vergleich zwischen Pfingstlern und sogenannten »Kontrollgruppen«, deren Mitglieder nicht die Gabe der Glossolalie besaßen. Das Experiment brachte klar zum Vorschein, daß die Pfingstler emotional genauso stabil waren wie die Mitglieder der Kontrollgruppen, eher noch stabiler.[14]

5. *Massive theologische und exegetische Kritik.* Im Gegensatz zu früheren Kritikern haben seit den sechziger Jahren ernstzunehmende Theologen in vielen Punkten der Pfingstbewegung zugestimmt. Es gibt zwei Standpunkte, mit denen die meisten Theologen nicht übereinstimmen: die Lehre von der »völligen Heiligung« (an die auch nicht alle Pfingstler glauben) und die Theorie, daß man als Beweis für den Empfang des Geistes die Gabe der Glossolalie haben muß (dieser Gesichtspunkt wird im nächsten Kapitel ausführlich behandelt).[15] Das Besondere an dieser letzten Gruppe der Kritiker ist, so sagt Synan, daß sie die Pfingstler ernst nehmen und sie als Brüder und Schwestern anerkennen.

Erst als 1943 die »National Association of Evangelicals« in den Vereinigten Staaten verschiedenen Pfingstkirchen die Mitgliedschaft anbot, wurden die Pfingstler von den konservativen Evangelikalen akzeptiert. Trotzdem fingen erst in den sechziger Jahren, mit dem Aufkommen der charismatischen Erneuerung, ernsthafte Gespräche und eine gute Zusammenarbeit zwischen den beiden Gruppen an.

Die charismatische Erneuerung

David Barrett schreibt in seiner umfassenden *World Christian Encyclopedia,* daß inzwischen über 11 Millionen Menschen der charismatischen

Erneuerung angehören.[16] Einer Meinungsumfrage zufolge, die 1979 von der Zeitschrift *Christianity Today* durchgeführt wurde, halten sich *in den USA 18% aller Katholiken über 18 Jahre für Charismatiker.* Dieselbe Umfrage ergab, daß sich von den Lutheranern, Methodisten, Baptisten und Presbyterianern zwischen 16 und 20% zu den Charismatikern zählen.

Die charismatische Erneuerung unterscheidet sich in vieler Hinsicht von der Pfingstbewegung. Die Gründe dafür liegen in ihrem Ursprung und bei ihrer Leiterschaft. Ich las über Leiter wie Dennis Bennett, Pater Ralph Diorio, Pater John Bertolucchi, Larry Christenson, Kevin und Dorothy Ranaghan, Ralph C. Martin, Dennis und Matthew Linn, Francis MacNutt, Pater Michael Scanlan, Sr. Briege McKenna, Pater Edward McDonough, Agnes Sanford, Michael Harper, Michael Green und David Watson. Alle, bis auf Agnes Sanford und David Watson, lebten zur Zeit der Entstehung dieses Buches noch und deuten damit auf den jungen Anfang dieser Bewegung hin.

Im allgemeinen haben die Leiter der charismatischen Erneuerung eine akademische Ausbildung hinter sich und kommen aus gutbürgerlichen Familienverhältnissen. Sie sind in einer bestimmten Konfession oder Denomination aufgewachsen und in ihnen geblieben, d.h. sie haben nicht außerhalb und unabhängig von diesen einen Dienst angefangen.[17]

Die Ausgangsbasis für den Dienst charismatischer Leiter sind die örtlichen Gemeinden. Viele der Leiter haben das Anliegen, daß ihrem Dienst eine Weiterführung durch Pastoren folgt. Sie sind normalerweise selbst Pastoren bestimmter Gemeinden und haben zusätzlich einen ausgedehnten Reisedienst. Sie führen Heilungsseminare und -gottesdienste durch. Zu ihrer Zielgruppe gehören, auch während ihrer Reisen, vor allem Angehörige ihrer eigenen Konfession. Da sie normalerweise ihrer Kirche treu verbunden sind, bleibt ihr Einfluß auch über einen längeren Zeitraum groß. Viele Katholiken und Protestanten erleben durch die charismatische Erneuerung eine persönliche Bekehrung zu Christus. In dieser Hinsicht ist die Erneuerung durch und durch evangelistisch, sie erreicht Namenschristen aus den Großkirchen. Sie ist eine Erneuerungs- und Reformbewegung innerhalb der protestantischen und katholischen Kirchen – darin unterscheidet sie sich sehr von den Pfingstlern.

Die nächste Phase?

1980 hatte ich mit David Watson ein längeres Gespräch über die charismatische Erneuerung. Er hatte von verschiedenen Seiten Berichte gehört, in denen es hieß, daß die charismatische Erneuerung ihr Ende erreicht habe. Einige meinten sogar, daß wir uns in einer »nach-charismatischen« Zeit befänden. Als Anzeichen dafür nannte Watson die schwindende Besucherzahl bei Konferenzen sowohl in Großbritannien als auch in den Vereinigten Staaten, Spaltungen unter den Leitern und ein allgemeines Unbehagen, die durch Entmutigung und Unzufriedenheit gekennzeichnet wären. Dies war kein ermutigender Bericht.

Doch während er sprach, dachte ich an den großen zahlenmäßigen Zuwachs unter den Pfingstlern und Charismatikern, und ich fragte mich: Haben wir eine »nach-charismatische« Zeit erreicht, oder hat für die charismatische Bewegung eine neue Phase ihrer Entwicklung begonnen? Ich glaube, wenn man die kirchliche Landschaft in England und Amerika näher ins Auge faßt, so wird deutlich, daß die charismatische Welle nicht abgebrochen oder rückläufig ist, im Gegenteil, sie wächst weiter an.

Einige sind versucht, die charismatische Erneuerung für tot zu erklären, weil sie nicht mehr die jugendliche Lebendigkeit aufweise. Es ist wahr, die Anfangszeiten sind vorbei. Was wir jetzt sehen, ist eine Bewegung, die das Ende der Jugendzeit erreicht hat, ja man kann davon ausgehen, daß sie bereits in das Erwachsenenalter eingetreten ist. Um diese neue Entwicklungsphase zu verstehen, müssen wir uns ansehen, was die charismatische Erneuerung in ihrer Entstehungszeit erreicht hat.

In den meisten Konfessionen hat die charismatische Erneuerung auf vier Bereiche des kirchlichen Lebens Einfluß gehabt. Erstens hat sie durch Tanz, Theater, Lieder und (in manchen Fällen auch) Sprachengesang neue Formen des Gottesdienstes eingeführt. Lebendige, von Freude erfüllte Musik ist einer der bedeutendsten Beiträge der charismatischen Bewegung an die Kirche.

Zweitens hat die charismatische Erneuerung den Weg gebahnt für eine neue Gemeinschaftserfahrung, besonders in Kleingruppen und Jüngerschaftsgruppen. (Auch andere Christen haben einen Beitrag zu dieser Entwicklung geleistet, wie z.B. Keith Miller, Robert Girard, Ronald Sider, Ray Stedman und Gene Getz.)

Drittens hat die charismatische Erneuerung ein Interesse an dem Wirken des Heiligen Geistes geweckt. In den meisten großen Konfessionen löst die charismatische Theologie nicht mehr Feindseligkeit aus, wie es früher zu sein pflegte. Wer charismatisch ist, gerät nicht mehr sofort ins Kreuzfeuer. Charismatische Theologen gibt es inzwischen unter den Reformierten, den Lutheranern, den Katholiken, den Baptisten, den Presbyterianern, den Anglikanern usw. In den Vereinigten Staaten erkennen fast alle größeren Konfessionen die verschiedenen charismatischen Organisationen an, wie z.B. die Episcopal Renewal Ministries, das International Lutheran Renewal Centre, die Presbyterian and Reformed Renewal Ministries und das National Service Committee of the Catholic Charismatic Renewal. Dasselbe gilt entsprechend für die Konfessionen in Großbritannien.

Und schließlich hat die charismatische Bewegung dazu beigetragen, das Interesse an der persönlichen Frömmigkeit zu erneuern, die sich im Gebet, Bibellesen, Meditieren und Fasten äußert. Ich möchte noch einmal betonen, daß das neugeweckte Interesse an diesen Dingen nicht allein den Charismatikern zuzuschreiben ist. Aber sie haben eine wichtige Rolle dabei gespielt.

So hat die charismatische Bewegung Wurzeln geschlagen und ist in gemeindliche, liturgische und theologische Strukturen hineingewachsen. Daraus hat sich eine unvermeidbare Änderung des Charakters der Erneuerung ergeben, nicht in allen Dingen zu ihrem Besten. In der Anerkennung liegen Gefahren. Die größte besteht vielleicht darin, daß Ansehen und Ehrbarkeit leicht Hand in Hand gehen mit der Erscheinung, daß der Sauerteig seine Wirkung verliert.

Einige sagen, daß die charismatische Erneuerung an einem Scheideweg stehe: wird sie weiter als Sauerteig in den Kirchen und auf geistlichem Gebiet voranschreiten, oder wird sie aussterben wie viele Erneuerungsbewegungen zuvor? Für viele dieser Bewegungen in der Vergangenheit (besonders für die katholischen Orden) bedeutete die offizielle Anerkennung durch die Institution den Anfang der Schwächung. Dies wirft eine schwierige Frage auf, denn die Einheit des Leibes Christi verlangt, daß Erneuerungsbewegungen, soweit wie nur irgend möglich, in Einklang mit der Kirche arbeiten. Wie können Erneuerungsbewegungen ihre herausfordernde Kraft behalten, wenn sie institutionalisiert werden? Ich glaube, das einzige, was man tun kann, ist, eine ernsthafte Warnung auszusprechen: Erneuerungsbewegungen riskieren, ihre Würzkraft zu verlieren, wann immer sie institutionalisiert werden. (Natürlich wird die Möglichkeit der Häresie oder der Spaltung um so größer, je länger eine Bewegung außerhalb der Kirche bleibt.)

Die charismatische Erneuerung steht noch einer weiteren Gefahr gegenüber. Die allgemeine Anerkennung durch leitende Pastoren ist noch nicht unbedingt mit der Erlaubnis gleichzusetzen, die Geistesgaben auch in einer größeren Gruppe ausüben zu dürfen. Viele Charismatiker sind zwar in ihren Konfessionen geblieben, haben aber (mit Billigung der Gemeindeleitung) eigene Gruppen gebildet, eine Gemeinde in der Gemeinde, in denen sie die Gaben ausüben. Die Anerkennung von ihrer Konfession ist verbunden mit der Auflage, die charismatischen Gaben als Privatsache anzusehen und sie nicht in die Gesamtgemeinde einzubringen. Die Isolation von der Gemeinde führt aber nach einer gewissen Zeit zur Enttäuschung. Dies wiederum hat oft zur Folge, daß viele Mitglieder zu den Pfingstkirchen abwandern, und daß sich die lebendigen Kleingruppen auflösen. In der Tat ist der Kirchenaustritt von charismatischen Gemeindemitgliedern einer der Gründe für den Rückgang der Mitgliedschaft bei den großen protestantischen Kirchen. (Eine Studie zeigt an, daß im Gegensatz dazu bei den Katholiken durch das Engagement in der charismatischen Erneuerung passive Gemeindemitglieder in viel höherer Zahl in die Kirche zurückfinden, statt daß sie ihr den Rücken zukehren.[18]

Ich weiß nicht, was man tun kann, um dem Trend entgegenzuwirken, daß protestantische Charismatiker ihre Gemeinde verlassen. Aber die Verantwortlichen in der protestantischen Kirche sollten ernsthaft über dieses Problem nachdenken. Andererseits: wenn sich die Charismatiker mit allen Kräften darum bemühen würden, mit ihren nichtcharismatischen evangelikalen Brüdern und Schwestern zusammenzuarbeiten, so würden sich dadurch neue Möglichkeiten für sie eröffnen, in ihren Konfessionen Einfluß auszuüben und gleichzeitig Ermutigung und Unterstützung zu erfahren. Natürlich müssen die evangelikalen Christen ihrerseits in dies Bemühen einwilligen. Diese Bereitschaft war bisher nicht immer vorhanden.

Der evangelikale Schlüssel

Ein Hindernis für größere Einheit mit den Evangelikalen sind Etikettierungen gewesen: wer sind die Evangelikalen eigentlich, und wie sehen ihre Untergruppen aus? Die Evangelikalen setzen sich aus verschiedenen Gruppen zusammen. Ich zitiere Michael Cassidy: »Der Begriff evangelikal beschreibt ein breites Spektrum von Christen, die allein der Bibel religiöse Autorität zuschreiben und die die neutestamentliche Lehre von der Bekehrung, der Wiedergeburt und der Rechtfertigung allein durch Gnade und durch den Glauben betonen. Evangelikale Christen glauben an die Inspiration der Bibel als dem Wort Gottes.«[19] Diese weitgefaßte Definition von »evangelikal« schließt Pfingstler, Charismatiker, Fundamentalisten und konservative Evangelikale mit ein. Diese verteilen sich auf größere Kirchen, sind aber besonders stark in den Pfingstkirchen, in den Gemeinschaften und Freikirchen mit konservativ evangelikaler Prägung vertreten.

Mit konservativ evangelikal bezeichne ich eine Untergruppierung der Evangelikalen, die zwar nicht charismatisch, aber auch nicht unbedingt anticharismatisch eingestellt ist. In allen wichtigen Fragen des christlichen Glaubens stimmen die Charismatiker und die konservativen Evangelikalen überein. Letztere weisen den Einfluß der liberalen Theologie entschieden zurück. Von liberalen Theologen werden konservative Evangelikale und Fundamentalisten oft in einen Topf geworfen.[20] Doch dies ist ein Fehler, denn die konservativen Evangelikalen sind, als Gesamtgruppe gesehen, offener für neue Ideen und Verbindungen als die Fundamentalisten.

Ich glaube, daß die wachsende Einheit zwischen konservativen Evangelikalen und Charismatikern bzw. Pfingstlern in der nächsten Phase der charismatischen Erneuerung ein Schlüsselelement ist. Und es scheint an manchen Orten bereits in diese Richtung zu gehen. Diese Einheit könnte bei beiden Gruppen viel bewirken. Die Charismatiker würden bereichert durch das große theologische Erbe der konservativen Evangelikalen und durch ihr Anliegen für die persönliche Evangelisation und Mission. Die konservativen Evangelikalen andererseits könnten durch die Charismatiker eine geistliche Erneuerung und Gottes direktes Handeln in ihrem Leben erfahren.

Theologie ist für die konservativen Evangelikalen *sehr* wichtig. Ihr theologisches Erbe besagt zum Teil, daß es die charismatischen Gaben nicht mehr gibt. Bei unserem Bestreben, die Bedeutung von Zeichen und Wundern für uns heute zu verstehen, liegt hierin natürlich ein Hindernis.

So ist also eine Kernfrage, die auf dem Wege zur Zusammenarbeit zwischen konservativen Evangelikalen und Charismatikern ins Gespräch gebracht werden muß, von theologischer Natur: nämlich die Annahme, daß es die Geistesgaben nicht mehr gibt. Am weitesten verbreitet ist unter den konservativen Evangelikalen eine Theorie, die sich auf eine Auslegung von 1. Korinther 13,10 stützt: »... Wenn aber kommen wird das *Vollkommene,* so wird das Stückwerk aufhören.« Konservative Evangelikale lehren, daß sich das »Vollkommene« in diesem Vers auf den vollständigen Kanon der Schrift bezieht (das Neue Testament) – welcher 397 auf dem Konzil von Karthago anerkannt wurde – und daß sich das »Stückwerk« auf die geistlichen Gaben bezieht, die nun »aufgehört« haben. (In Kapitel 7 habe ich diesen Gedanken schon erwähnt.)

Ein Autor schreibt über die Geistesgaben: »Diese Wunder (dazu gehören auch Heilungen, Glossolalie und Auslegung derselben) waren gewisse Befähigungen, die einigen Gläubigen gegeben wurden. In der Zeit der frühen Kirche, noch vor der schriftlichen Fixierung des späteren Kanons, dienten diese Gaben dazu, das verkündigte Wort zu bestätigen oder zu bekräftigen. Diese Zeichen und Gaben gab es nur vorübergehend... Als Gottes Wort erst einmal aufgeschrieben war, waren sie nicht länger vonnöten, und sie hörten auf.«[21]

Diese Argumentation, die das »Vollkommene« mit dem Abschluß des neutestamentlichen Kanons gleichstellt, enthält zwei Teile:

1. Das Wort »das Vollkommene« ist ein Neutrum und muß sich daher, so die Schlußfolgerung, auf ein Ding beziehen, nicht auf einen Menschen. Da die Bibel ein Ding ist (und im Griechischen ein Neutrum), folgt daraus, daß die Bibel das »Vollkommene« ist, worauf sich Paulus bezieht.

2. Diese Auslegung, so wird behauptet, steht im Einklang mit den Versen 8, 9, 11 und 12 desselben Abschnitts von 1. Korinther 13: »... während doch ... die Glossolalie aufhören wird ... Als ich ein Kind war, da redete ich wie ein Kind ... Jetzt erkenne ich stückweise; dann aber werde ich erkennen, wie ich erkannt bin.« Nach dieser Argumentation ist die Glossolalie kindisch.

Es gibt Schwachstellen in dieser Auslegung. Eine davon ist, daß sich diese für viele so wichtige Lehre auf einen exegetisch schwer zu erschließenden Abschnitt stützt. Wo gibt es in der Bibel sonst noch einen Hinweis auf eine ähnliche Aussage?

Abgesehen davon gibt es im Griechischen keine Regel dafür, daß ein im

Neutrum stehendes Wort wie »das Vollkommene« ein entsprechendes sächliches Bezugswort haben muß. Ein sächliches Substantiv oder Pronomen kann zur Beschreibung von männlichen (oder weiblichen) Dingen oder auch von Menschen gebraucht werden. Ein Beispiel dafür ist das griechische Wort, das mit »Kind« übersetzt wird *(teknon)*. Dieses Substantiv beschreibt entweder ein kleines Mädchen oder einen kleinen Jungen, obwohl das Wort im Neutrum steht. Daraus geht hervor, daß im Griechischen – so wie im Englischen – das Geschlecht eines Wortes grammatisch gesehen zwar Bedeutung hat, aber nicht zu übertragen ist auf den Inhalt des Wortes. Das Wort »Geist« *(pneuma)* ist ein weiteres griechisches Neutrum, und aus der Bibel geht eindeutig hervor, daß der Geist kein Ding ist – er ist die dritte Person der Trinität. Aber ein weit größeres Problem bei dieser Auslegung liegt darin, daß es, um die Bedeutung von »das Vollkommene« zu erschließen, erforderlich ist, den unmittelbaren Kontext von 1. Korinther 13 zu verlassen. Es wird die Textstelle von 2. Timotheus 3,15+16 zitiert, wo das Wort »Schrift« im Griechischen wiederum ein Neutrum ist. Dieser Sprung scheint recht willkürlich zu sein.

F. F. Bruce bietet uns eine Erklärung für die Bedeutung des Wortes »das Vollkommene« an, die einleuchtender ist: er bezieht sich auf das zweite Kommen Christi. Diese Auslegung deutet eine inhaltliche Parallele zu 1. Korinther 1,7 an: »... daß ihr keinen Mangel habt an irgendeiner Gabe, während ihr auf die Offenbarung unseres Herrn Jesus Christus wartet.«[22]

Es wäre ein Fehler zu meinen, die Theologie sei das einzige Hindernis für die Einheit zwischen konservativen Evangelikalen und Charismatikern. Versuche, sich allein auf theologischer Basis zu einigen, bleiben unbefriedigend. Empfindungen wie Angst stellen ein weiteres Hindernis dar. Insbesondere herrscht die Furcht, daß die Autorität der Schrift durch Gaben wie Prophetie und Glossolalie untergraben wird und daß statt der objektiven Wahrheit die subjektive Erfahrung zur treibenden Kraft des Christentums würde.

Es bestehen auch kulturelle Schranken. Wenn dies auch nicht so in den Vordergrund tritt, so sind die konservativen Evangelikalen doch in den letzten Jahren in ihrem sozialen, wirtschaftlichen und bildungsmäßigen Status gestiegen. Dadurch fällt es ihnen schwerer, mit den Pfingstlern gemeinsame geistliche Anliegen zu verfolgen.[23] Auch die Pfingstler sind auf der sozialen Leiter aufgestiegen, aber nicht so schnell wie die konservativen Evangelikalen. Auf der anderen Seite sind viele konservative Evangelikale von der charismatischen Erneuerung positiv beeinflußt worden (von Menschen mit ähnlichem sozialen Status wie sie selber), obwohl die Evangelikalen aufgrund ihrer theologischen Zurückhaltung nicht alle Geistesgaben in Anspruch nehmen.

Vielleicht wird die nächste, deutlich erkennbare Phase geistlicher Erneuerung die konservativen Evangelikalen berühren und ganz neue

Modelle mit sich bringen, die zeigen, wie die Geistesgaben praktisch eingesetzt werden sollten, z.B. in der »power evangelism«. Weil die Pfingstbewegung und die charismatische Erneuerung auf unterschiedliche Gruppen Einfluß haben, unterscheiden sich auch ihre Auswirkungen. Auch diese nächste Phase der charismatischen Erneuerung wird einen eigenen Charakter haben. Sie wird eine besondere Betonung auf persönliche Evangelisation legen. Eine Äußerung von C. P. Wagner spiegelt dieses Denken wider. Er wurde gefragt, ob er sich selbst für einen Charismatiker oder Pfingstler halte:

Ich verstehe mich selber weder als Charismatiker noch als Pfingstler. Ich gehöre zu der Lake Avenue Congregational Church. Ich bin ein Congregationalist. Meine Kirche ist nicht charismatisch, obwohl einige Mitglieder es sehr wohl sind.

Unsere Kirche öffnet sich jedoch mehr und mehr dem gleichen Wirken des Heiligen Geistes, das wir unter den Charismatikern sehen. Unser Pastor, zum Beispiel, spricht am Ende jedes Gottesdienstes eine Einladung aus für alle Menschen, die körperliche oder innere Heilung brauchen. Er bittet sie, nach vorne zu kommen und in den Gebetsraum zu gehen. Dort werden sie mit Öl gesalbt, und es wird für sie gebetet. Wir haben Gemeindemitglieder, die wissen, wie man für Kranke betet.

Wir tun diesen Dienst auf unsere Weise als Congregationalisten, nicht auf charismatische Weise. Und doch erleben wir dasselbe Wirken des Heiligen Geistes.[24]

Konservative Evangelikale stellen mir häufig Fragen über »die Taufe des Heiligen Geistes«, die ein Kennzeichen der Charismatiker und der Pfingstler ist. Ist der Ausdruck biblisch? Muß jeder in Zungen reden können? Und was hat es mit der Lehre auf sich, daß wir den Heiligen Geist nicht haben, wenn wir nicht in Zungen reden? Welche Beziehung besteht zwischen der Erfahrung des Heiligen Geistes bei den Pfingstlern und der Lehre von der Erfüllung mit dem Geist, die die konservativen Evangelikalen vertreten? Der Inhalt des nächsten Kapitels soll Antwort auf diese Fragen geben.

Kapitel 9

Bevollmächtigt durch den Heiligen Geist

Im Sommer 1967 nahm Scott, ein Freund von mir, an einer Studententagung in Arrowhead Springs, Kalifornien, teil, der Zentralstelle von Campus Crusade for Christ International. Er war ein neunzehnjähriger Student und seit fünf Jahren bewußter Christ.

Scotts geistliches Leben war in der letzten Zeit immer trockener geworden. Er sehnte sich nach mehr von Gott, nach etwas, was ihm Kraft für sein Leben und eine klare Zielrichtung geben würde.

Arrowhead Springs ist in die Berge hineingehauen, und man sieht von dort auf die Stadt San Bernardino herab. Es war früher ein alter Kurort, der regelmäßig von Hollywood-Stars besucht wurde; es wird berichtet, daß Greta Garbo und Clark Gable dort in dem schwefelhaltigen, dampfenden Wasser in den Höhlen tief unter dem zentralen Hotel »die Heilung« gesucht haben. Vielleicht hoffte Scott, daß er auf dieser Tagung, die eine Woche dauern sollte, geistliche Heilung finden würde. Bei seiner Ankunft stellte er fest, daß er im Keller auf einem behelfsmäßigen Feldbett schlafen sollte. Das Haus, ein ehemaliges Hotel, war mit über 700 Studenten aus den Vereinigten Staaten und Kanada vollgepackt; es sollte kein Hollywood-Urlaub werden. Aber das war Scott nur recht. Es entstand dadurch eine Atmosphäre der Begeisterung, erwartungsvoller Glaube wurde geweckt: wenn die anderen Studenten Entfernungen von Hunderten, ja Tausenden von Kilometern zurückgelegt hatten, um hierherzukommen, dann würde Gott sich ganz gewiß auch hier zeigen.

Das Thema der Tagung war persönliche Evangelisation. Gegen Ende der Woche sollten die Studenten mit Bussen an die Strände in der Umgebung fahren, um dort, immer zu zweit, das in die Tat umzusetzen, was sie gelernt hatten: völlig fremde Menschen zu evangelisieren.

Scott verspürte Angst bei dem Gedanken, hinauszugehen; und das um so mehr, da er an den Stränden von Südkalifornien aufgewachsen war und befürchtete, durch die Begegnung mit alten Surf-Kumpels in Verlegenheit zu geraten. Auch im Fortgang der Woche löste der Gedanke, völlig Fremde mit einem evangelistischen Programm zu konfrontieren, Furcht bei ihm aus. Wenigstens, so stellte er bald fest, fuhren sie nicht an seinen Heimatstrand.

Am Abend vor dem geplanten Einsatz lehrte Dr. William Bright, der Leiter von Campus Crusade, über den Heiligen Geist. Seine Aussage war sehr einfach: Wenn wir ein siegreiches, christliches Leben führen wollen, so können wir das nicht aus eigener Kraft tun; der Vater hat den Heiligen Geist gesandt, um uns zu bevollmächtigen; in der Bibel wird uns geboten:»Laßt euch vom Geist erfüllen.«

Jahrelang war Scott gelehrt worden, seine Aufmerksamkeit nicht zu sehr auf den Heiligen Geist zu richten, weil dadurch seine Beziehung zu Christus geschwächt oder er in die Übertreibung der Pfingstler verfallen würde. Dies könnte für ihn sogar so gefährlich werden, daß er anfinge, in Zungen zu reden und den Täuschungen des Teufels anheimzufallen. Außerdem hatte er oft gehört, daß unsere wichtigste Aufgabe darin bestehe, den Missionsbefehl zu befolgen. Eine Betonung des Heiligen Geistes könnte uns von dieser wichtigen Aufgabe ablenken.

Aber Dr. Brights Rede bewegte Scott tief und nahm ihm viele seiner Ängste. Dr. Bright sagte, daß wir allein durch die Kraft des Heiligen Geistes den Missionsbefehl erfüllen könnten. (Es war eine der wenigen positiven Lehren über die dritte Person der Trinität, die Scott bis jetzt gehört hatte.) »Vielleicht«, so sann Scott nach, »ist dies der Schlüssel zu der Erneuerung, die ich suche.«

In jener Nacht konnte Scott nicht richtig schlafen, er wachte immer wieder auf und dachte über Dr. Brights Worte nach. Um ein Uhr lag er immer noch mit offenen Augen da und starrte auf die Rohre und elektrischen Leitungen über ihm. Er spürte, daß Gott ihn dazu aufforderte, sein Herz ganz dem Heiligen Geist zu öffnen. Er schlüpfte aus dem Bett, zog sich an und fand unter einer einsamen Palme auf dem Hotelgelände ein stilles Plätzchen.

Er wußte nicht, was er zu erwarten hatte, aber es drängte ihn, so zu beten: »Heiliger Geist, ich habe zu lange aus eigener Kraft gelebt. Ich liefere dir jetzt jeden Bereich meines Lebens aus. Komm und fülle mich.«

Was dann geschah, lag außerhalb dessen, was Scott über Gottes Wirken gelehrt worden war. Zuerst fühlte er, wie ein Kraftstrom durch seinen ganzen Körper ging, ein warmes, prickelndes Gefühl, wie er es nie zuvor gekannt hatte. Gleichzeitig kamen ein tiefer Friede und der Wunsch in ihm auf, Gott anzubeten. Als er damit begann, dauerte es nicht lange, und er fing an, in Zungen zu beten – zunächst war er sich dieser Tatsache noch nicht bewußt. Nachdem er so eine Stunde in der Anbetung verbracht hatte, öffnete er seine Bibel und fing an zu lesen. ... und er las ...und las – bis in den frühen Morgen hinein. Die Schrift wurde lebendig, und Gottes Wort sprang ihm förmlich aus den Seiten entgegen.

Weil er wußte, daß die Mitarbeiter den charismatischen Gaben gegenüber ablehnend eingestellt waren, erzählte er am nächsten Tag niemandem etwas. War alles echt gewesen? fragte er sich. Ja, es mußte so sein. Er war ein anderer Mensch geworden, obwohl er verwirrt war und nicht wußte, was das Geschehene zu bedeuten hatte. Als es Zeit wurde, an den Strand zu fahren, bemerkte er, daß das Evangelium in seinem Herzen brannte und er sich mit jeder Faser seines Wesens gedrängt fühlte, anderen von Jesus Christus zu erzählen.

Ohne Furcht bestieg Scott den Bus. Er hatte das Gefühl, daß ihm die Erfahrung der letzten Nacht am Strand helfen würde.

Sein Partner, Jim, ein Student einer Universität in Nord-Karolina, war ängstlich. Scott spürte, daß er am Strand die Führung übernehmen müßte. Er betete still, während der Bus auf der Autobahn in Richtung Newport Beach fuhr.

Newport Beach ist ein typischer südkalifornischer Strand – Sand, mit Tausenden von jungen Menschen übersät, die sich um laut dröhnende Radios scharen, den neuesten Klatsch austauschen, sich Witze erzählen und die anderen Jungen und Mädchen beobachten, die vorbeigehen. Auf und hinein in diese Menge eingeölten, braungebrannten Fleisches. So ging Gottes Truppe los.

Scott und Jim gingen zuerst auf zwei spanische Teenager zu und fragten sie, ob sie bereit wären, bei einer religiösen Umfrage mitzumachen (diese Umfrage gehörte zum Einsatzprogramm). Schon sehr bald sprachen sie über Jesus Christus. Zwei Mädchen kamen zu diesem Gespräch dazu, dann noch drei weitere Jungen. Scott sprach zu den Teenagern über deren Sünden und Gottes Gnade. Während er sprach, gab Gott ihm einen klaren Einblick in das Leben der Teenager – Probleme mit den Eltern und in der Schule und sexuelle Sünde. Er erkannte auf übernatürliche Weise, welches ihre größten Nöte waren, und er sprach auf eine solche Weise von Gottes Liebe und Gerechtigkeit, daß sich ihre Herzen öffneten. Jim stand verwundert daneben.

Nach etwa einer halben Stunde weinten ein paar der Teenager, fielen auf ihre Knie, bekannten ihre Sünden und wandten sich Christus zu. Bevor der Tag zu Ende war, hatten mindestens ein Dutzend junger Leute eine Entscheidung für Christus getroffen. Mehrere Male geschah es, daß Studenten, die sich der Unterhaltung mit der Absicht näherten, Scott zu verspotten und lächerlich zu machen, am Ende auf ihr Gesicht fielen, weinten, zitterten und Buße taten.

Wie immer man das bezeichnet, was Scott erfuhr, als er unter der Palme vom Heiligen Geist überwältigt wurde – erfüllt, getauft, bevollmächtigt –, die Folge davon war jedenfalls »power evangelism«.

Begriffe unter Beschuß

Andrew Murray, ein evangelikaler Pastor und Autor aus dem 19. Jahrhundert, schreibt in seinem Buch *Fülle des Pfingstsegens:* »Das größte Bedürfnis der Kirche und gleichzeitig das, wonach jeder Gläubige mehr als nach allem anderen suchen sollte, mit allen Gedanken und aus ganzem Herzen, ist die Erfüllung mit dem Geist Gottes... In der Kirche Christi sollte jeder Tag eine Pfingsttag sein.«[1] Für viele Christen (so war es auch bei Scott und mir) liegt eines der größten Hindernisse für ein tägliches Pfingsten in den Fragen, die sich um die Lehre von der »Taufe im (oder mit dem) Heiligen Geist« gruppieren.

Es ist umstritten, was es mit dieser Lehre, im Heiligen Geist getauft zu werden, auf sich hat. Diesen Ausdruck, der sich in der Bibel findet, haben die Christen seit 150 Jahren auf die unterschiedlichste Weise verstanden. Die verschiedenen Erkenntnisse waren meist gleichzeitig mit Mißverständnissen und Spaltungen verbunden.

Satan war besonders erfolgreich darin, Streit über den Heiligen Geist zu säen. A.W.Tozer äußerte sich zu diesem Problem:

Satan hat sich wohl keiner Lehre erbitterter widersetzt als der Lehre über ein geisterfülltes Leben. Er hat Verwirrung in sie hineingebracht, sich gegen sie gestellt und sie mit falschen Vorstellungen und Ängsten umgeben. Er hat sich allen Bemühungen der Kirche Christi in den Weg gestellt, ihr göttliches und mit Blut erkauftes Erbteil vom Vater zu empfangen. Es ist tragisch, daß die Kirche diese große, befreiende Wahrheit vernachlässigt hat – nämlich, daß es für jedes Gotteskind eine umfassende und wunderbare und vollkommen erfüllende Salbung mit dem Heiligen Geist gibt. Das vom Geist erfüllte Leben ist keine besondere Luxusausgabe innerhalb des Christentums. Es ist ein fester Bestandteil von Gottes Gesamtplan für sein Volk.[2]

Im 19. Jahrhundert gebrauchten die Methodisten den Ausdruck »Taufe im Heiligen Geist« häufig dazu, um eine bestimmte Erfahrung nach der Bekehrung zu bezeichnen, eine »zweite Segnung«. Im 18. Jahrhundert hatte John Wesley diese zweite Segnung als »vollständige Heiligung« definiert. Wesley dachte, daß die Christen durch eine besondere zweite Salbung des Heiligen Geistes zur Vollkommenheit gelangen könnten – und daß die sündige Natur dadurch ausgelöscht würde.[3] Dies ist das Kennzeichen der Lehre Wesleys und der »Heiligkeitschristen«, obwohl heutzutage nur noch die »Heiligkeitspfingstler« die Taufe des Heiligen Geistes auf diese Weise auslegen.[4]

Zur Zeit der Jahrhundertwende waren die Begriffe »Taufe im Heiligen Geist« und »pfingstlerisch« unter den Evangelikalen außerhalb der »Heiligkeitskreise« weit verbreitet. Die Taufe im Heiligen Geist wurde besonders betont in den Schriften von A.J. Gordon (dem Vater des Gordon Colleges), F. B. Meyer, A. B. Simpson (dem Gründer der Christian and Missionary Alliance Denomination), Andrew Murray, R.A. Torrey (dem ersten Präsidenten des Moody Bible Institutes, Chicago) und dem Evangelisten Dwight L. Moody. Moody beschreibt seine Taufe im Heiligen Geist so:

Ich begann wie nie zuvor nach größerem Segen von Gott zu schreien. Der Hunger vergrößerte sich; ich wollte wirklich nicht mehr leben. (Moody war bereits Christ, und nicht nur Christ, sondern auch Pastor, und hatte eine Zeitlang die Verantwortung für eine Missionsstation; er führte Menschen zur Bekehrung, aber trotzdem suchte er nach mehr.) Ich fuhr fort, allezeit zu rufen, Gott möge mich mit seinem Geist erfüllen. Ja, und eines Tages in New York – oh, was für ein Tag, ich kann es nicht beschreiben, ich erzähle selten davon. Die Erfahrung ist fast zu heilig, um davon zu berichten. Paulus machte eine Erfahrung, von der er 14 Jahre lang nicht sprach. Ich kann nur sagen, daß Gott sich mir offenbarte, und ich erfuhr seine Liebe in einem solchen Ausmaß, daß ich ihn bitten mußte, einzuhalten.

D. Martyn Lloyd-Jones äußerte sich zu Moodys Erfahrung: »Es war so überwältigend, daß er das Gefühl hatte, er würde körperlich erdrückt werden von der Liebe Gottes. Das ist es, was mit dem Vers gemeint ist: »Die Liebe Gottes ist ausgegossen in unsere Herzen.« Das ist die Taufe mit dem Geist. Das ist es, was Moody so sehr verwandelte, daß aus einem guten, durchschnittlichen, normalen Pastor ein Evangelist wurde, der von Gott in diesem und in anderen Ländern so außerordentlich gebraucht wurde.«[5]

Durch diesen Autor geschah eine bedeutungsvolle Verschiebung des Verständnisses von Geisttaufe. Neben Wesleys Vorstellung von »vollständiger Heiligung« entwickelte sich ein zweites Verständnis, bei dem betont wird, wie wichtig die Salbung durch den Heiligen Geist für das Zeugnis und den Dienst sei. (Dadurch entstand ein Konflikt mit jenen, die an Wesleys Heiligkeitslehre glaubten.)

Dieses neue Verständnis verbreitete sich durch Keswicks »Higher Life«-Konferenzen in England und deren amerikanischem Gegenstück in Massachusetts, den »Northfield«-Konferenzen, die von dem Evangelisten D. L. Moody durchgeführt wurden. R. A. Torrey faßt die Lehre so zusammen:

Die Taufe mit dem Heiligen Geist ist ein Wirken des Heiligen Geistes, das sich von seinem wiederherstellenden Wirken unterscheidet und ihm nachfolgt. ...eine Kraftverleihung für den Dienst. Diese Taufe war nicht nur für die Apostel da, auch nicht nur für die Menschen des apostolischen Zeitalters, sondern genauso für alle, »die danach leben, so viele der Herr, unser Gott, berufen wird«... Sie sind für jeden Gläubigen da, zu jeder Zeit der Kirchengeschichte.[6]

Die Heiligkeitsbewegung und die Bewegung von Keswick lehrten zwar die Notwendigkeit einer Taufe mit dem Heiligen Geist zur Heiligung und Bevollmächtigung für den Dienst. Die geistlichen Gaben aber, die mit dieser Taufe zusammenhingen, waren dabei noch nicht im Blickfeld. R. A. Torrey wunderte sich darüber und schrieb 1895:

In meinen ersten Studien über die Taufe mit dem Heiligen Geist stellte ich fest, daß in vielen Fällen diejenigen, die so getauft wurden, »in Zungen redeten«. Und es stellte sich mir oft die Frage, wenn jemand mit dem Heiligen Geist getauft ist, wird er dann nicht in anderen Sprachen sprechen? Doch ich hörte niemanden so reden und habe mich oft gefragt, ob es heute überhaupt irgend jemand gibt, der wirklich mit dem Heiligen Geist getauft ist.[7]

Zu jener Zeit wurde die Gabe der Glossolalie selten erfahren, das erklärt Torreys verwunderte Äußerung. Der Pfingstler und Historiker Vinson Synon berichtet jedoch, daß »Rufen«, »Tanzen im Geist«, »Hinfallen unter der Kraft des Geistes« oder das »heilige Lachen« sich häufig bei Zusammenkünften der Heiligkeitsbewegung ereigneten.[8]

Spaltung

Vor dem Hintergrund der Heiligkeits- und der Keswick-Bewegung im 19. Jahrhundert (es gab in der gleichen Zeit auch eine ähnliche Bewegung unter den Katholiken[9]) kam die Pfingstbewegung zu Beginn dieses Jahrhunderts nicht überraschend. Sie begann 1901 in der Bethel Bible School von Charles Parham in Topeka, Kansas, und in der Azusa-Street-Erweckung von 1906 in Los Angeles, Kalifornien, unter der Leitung von William J. Seymour. Dort sprachen die Menschen scharenweise in Zungen, wenn für sie um die »Taufe mit dem Heiligen Geist« gebetet wurde. Auch andere Ereignisse, wie das Austreiben böser Geister, Heilungen, Prophetie und Weissagungen, häuften sich.

Die Pfingstbewegung war geboren, und mit ihr verbreitete sich ein noch ganz anderes Verständnis von der »Taufe im Heiligen Geist«. Bald schon lehrten die Pfingstler, daß die Christen durch die Erfahrung der Taufe im Heiligen Geist die dritte Person der Trinität empfangen. Weiterhin glaubte man, daß der sichtbare Beweis für den Empfang des Heiligen Geistes die Glossolalie sei.

Die Pfingstler spalteten sich bald in zwei Gruppierungen, und daran hat sich bis heute nichts geändert. Die erste Gruppe, zu der auch die »Pentecostal Holiness Church« gehört, lehnt sich an Wesleys Auslegung der »vollständigen Heiligung« an. Die zweite Gruppe, zu der sich u.a. die »Assemblies of God« zählen, betont Moodys »Bevollmächtigung für den Dienst«.[10]

Der Ausdruck »Taufe im Heiligen Geist« wurde von den konservativen Evangelikalen zu Beginn des 20. Jahrhunderts häufig gebraucht. Die Entstehung der Pfingstbewegung zwang sie, über alle geistlichen Gaben nachzudenken. Sowohl diejenigen Evangelikalen, die aus der Heiligkeitstradition kamen, als auch jene, die aus der Keswick-Tradition kamen, lehnten im großen und ganzen bestimmte Geistesgaben ab. Die konservativen Evangelikalen behaupteten weiter, daß die Gaben in der frühen Kirche aufgehört hätten und daß die Pfingstbewegung gefährlich, wenn nicht sogar dämonischen Ursprungs sei. Sie nahmen besonders Anstoß an der Lehre, daß die Gabe der Glossolalie ein Beweis für die Taufe mit dem Heiligen Geist sei, und daß die, die nicht in anderen Sprachen redeten, nicht den Heiligen Geist hätten.

Um sich von den Pfingstlern abzugrenzen, lehnten die konservativen Evangelikalen den Begriff »Taufe im Heiligen Geist« ab. Statt dessen gebrauchten sie das Wort »Erfüllung«. Die Pfingstler zogen jedoch ständig mehr und mehr Menschen an. Viele konservative Evangelikale verschanzten sich, als Reaktion darauf, immer mehr hinter ihrer Kritik an der pfingstlerischen Lehre. Um ihre Gemeinden vor dem zu schützen, was sie als ernsthaften Fehler oder Übertreibung der Pfingstler ansahen, haben konservative evangelikale Pastoren in vielen Fällen ihre Gemeinden bewußt davon abgehalten, nach einer Erfahrung mit dem Heiligen Geist zu suchen.

Zur gleichen Zeit wuchs der Einfluß des sogenannten »Dispensationalismus« (Heilszeitenlehre), der sich durch die Scofield-Bibelübersetzung und die vielen Pastoren, die aus neugegründeten Seminaren und Bibelschulen kamen, weit verbreitete. Von allen theologischen Richtungen steht wahrscheinlich der Dispensationalismus dem Gesamtkatalog der Geistesgaben bzw. der Pfingstbewegung überhaupt am ablehnendsten gegenüber.

Erst in den letzten fünfzehn Jahren haben konservative Evangelikale und Pfingstler wieder ernsthafte Gespräche über ihre unterschiedlichen Auffassungen begonnen. Vielleicht liegt ein Teil der Lösung für beide Richtungen darin, daß sie gemeinsam die theologische Basis für ihre unterschiedlichen Erfahrungen mit dem Heiligen Geist erörtern. Die konservativen Evangelikalen haben immer schon gelehrt, daß man zuerst eine theologische Basis für die Erfahrung schaffen und dann erst die Erfahrung selber machen sollte. Die Ausbreitung der Pfingstbewegung und der charismatischen Erneuerung hat aber auch allmählich bei den konservativen Evangelikalen bewirkt, daß ein neues Interesse am Wirken des Heiligen Geistes erwacht ist. Und vielleicht ist es dem Einfluß der charismatischen Erneuerung zuzuschreiben, daß sich nun auch die pfingstlerischen Theologen um eingehendere biblische Reflektion über die Bedeutung der Taufe im Heiligen Geist bemühen. Bei ihnen allen wächst die Erkenntnis, daß nur durch die Bibel eine Lösung des Konfliktes zu finden ist.

EINMAL GETAUFT, OFT ERFÜLLT

Johannes der Täufer war der erste, der von der Taufe im Heiligen Geist sprach: »Ich taufe euch mit Wasser, es kommt aber einer, der ist stärker als ich, und ich bin nicht genug, ihm die Riemen seiner Schuhe zu lösen; *der wird euch mit dem Heiligen Geist* und mit Feuer *taufen*« (Lk. 3,16). Später, bei der Taufe von Christus, verkündete Johannes: »... der mich gesandt hat, um mit Wasser zu taufen, sagte zu mir: Auf wen du den Geist herabkommen und auf wem du ihn bleiben siehst, *der ist's, der mit dem Heiligen Geist tauft.* Und ich habe es gesehen und bezeugt, daß dieser Gottes Sohn ist« (Joh. 1,33+34).

Von Johannes lernen wir:

1. Johannes lehrte, daß Israel mit dem Kommen des Messias eine neue Taufe erwarten sollte.[11]

2. Johannes stellte seiner Taufe die Taufe des Messias gegenüber, die in der Zukunft, zu einer jetzt noch verborgenen Zeit, geschehen würde.

3. Johannes taufte mit Wasser, der Messias würde mit dem Heiligen Geist taufen.

Als Jesus nach seiner Auferstehung den Jüngern erscheint, erinnert er sie an das, was Johannes lehrte: »Johannes hat mit Wasser getauft, ihr aber sollt mit dem Heiligen Geist getauft werden schon in wenigen Tagen« (Apg. 1,5). Ein paar Tage später, am Pfingsttag, wurden sie mit dem Heiligen Geist getauft.

Petrus erklärt den anderen Aposteln, wie die Gabe des Heiligen Geistes auf die Heiden ausgegossen wurde (den Aposteln fiel es schwer, dies anzunehmen), und sagte: »Da dachte ich an das Wort des Herrn, als er sagte: Johannes hat mit Wasser getauft, ihr aber sollt mit dem Heiligen Geist getauft werden. Wenn nun Gott ihnen die gleiche Gabe gegeben hat wie auch uns, als wir zum Glauben an den Herrn Jesus Christus kamen: wer bin ich, daß ich Gott hätte hindern können?« (Apg. 11,16+17).

Im Neuen Testament finden wir nirgendwo die substantivische Formulierung »*die Taufe* des Heiligen Geistes«. Fast immer wird die Verbform angewandt – »*getauft werden* im Heiligen Geist« – in Apg. 19,3 finden wir eine Ausnahme, wo Paulus sagt: »Welche Taufe habt ihr empfangen?« Nun kommt die Formulierung »die Taufe des Heiligen Geistes« nicht wörtlich vor. Aber das Geschehen, das Johannes voraussagte, zu dessen Erwartung Christus aufforderte und welches überall in der Apostelgeschichte beschrieben wird, brauchte natürlich eine Benennung.

Das englische Wort »baptise« (taufen) ist direkt aus dem griechischen Wort »baptiso« gebildet, was eintauchen oder untertauchen bedeutet. Es vermittelt das Gefühl, überflutet zu werden. Alle, Johannes der Täufer, Jesus und Petrus, lehren uns, daß wir danach trachten sollen, vom Heiligen Geist überflutet zu werden.

Verwirrender ist, daß in der Apostelgeschichte getauft werden im Heiligen Geist mit »erfüllt werden mit dem Heiligen Geist« gleichgesetzt wird. Lukas sagt in Apostelgeschichte 2,4: »Und sie wurden alle mit dem Heiligen Geist *erfüllt* und fingen an, in anderen Sprachen zu predigen, wie der Geist es ihnen eingab.« Dies mag einer der Gründe dafür sein, warum die konservativen Evangelikalen die fortdauernde Erfahrung mit dem Heiligen Geist lieber mit Erfüllung als mit Taufe bezeichnen.

Ich sehe hier Gründe, die dafür sprechen, daß der Streit um die Geistestaufe zu einem beträchtlichen Teil eine Frage der Begrifflichkeit ist. Es kommt vor, daß gute Medizin mit einem falschen Aufkleber versehen wird, in unserem Fall trifft dies wahrscheinlich zu. Die Erfahrungen, die die

Pfingstler mit Gott machen, sind besser als die Erklärungen, die sie dazu geben. Leider kann auch das Gegenteil zutreffen. Es ist möglich, die richtige Theologie zu haben und doch kein geistliches Leben zu führen. Man kann jede Flasche, die entleert ist, mit einem werbewirksamen Aufkleber schmücken.

Auch solche Begriffe wie »Trinität« und »Christus als Erlöser annehmen« finden wir nicht im Neuen Testament, und doch gibt es kaum jemanden, der gegen den Gebrauch dieser Ausdrucksformen Einwände erhebt. Ob man sie nun als Taufe oder Erfüllung bezeichnet, Gottes Gaben und seine Kraft sind lebenswichtig für Zeugnis und Dienst. Allen Christen wird geboten, sich völlig unter die Herrschaft des Heiligen Geistes zu stellen (s. Eph. 5,18), ganz gleich, wie man diese Erfahrung beschreiben mag. Vielleicht bleibt die Frage offen, welches der beste Ausdruck für die Beschreibung dessen ist, was Johannes voraussagte und was dann in der Apostelgeschichte geschah.

In *Fire in the Fireplace* zeigt Charles Hummel auf, daß Paulus und Lukas den Begriff »Taufe im Heiligen Geist« unterschiedlich gebrauchen. Paulus verwendet ihn, um das anfängliche Wirken des Heiligen Geistes zu bezeichnen, durch den der einzelne bei seiner Bekehrung in den Leib Christi eingefügt wird (s. besonders 1. Kor. 12,13). Lukas gebraucht ihn zur Bezeichnung einer Bevollmächtigung mit Kraft zu wirkungsvollem Zeugnis und Dienst, einer Erfahrung, die sich wiederholen kann.[12]

Clark Pinnock äußert sich über den Unterschied zwischen Paulus und Lukas:

Taufe ist eine flexible Metapher, nicht ein technischer Ausdruck. Lukas scheint Taufe als synonymen Ausdruck für »Fülle« zu betrachten (Apg. 2,4; vgl. 11,16). Wenn wir die Bekehrung als eine wahre Taufe im Geist anerkennen, gibt es keinen Grund dafür, warum wir nicht auch eine sich später wiederholende Geisterfüllung mit »Taufe« bezeichnen können. Diese Erfahrung oder Erfahrungen sollten nicht mit dem enggefaßten Begriff »zweite Segnung« verwechselt werden, sondern man sollte sie als eine Wiederbelebung dessen ansehen, was wir in unserer ersten charismatischen Erfahrung, nämlich unserer Bekehrung, bereits empfangen haben.[13]

Wenn wir dieser Argumentationslinie folgen, mit der die meisten konservativen Evangelikalen übereinstimmen, so ist die Erfahrung der Wiedergeburt die vollständige charismatische Erfahrung – das, was Paulus »im Heiligen Geist getauft werden« nannte. Alle darauffolgenden Erfahrungen mit dem Heiligen Geist würden dann unter die Überschrift »Erfüllungen« fallen, so wie Paulus es lehrt. Und solch eine Erfüllung kann sich immer wieder ereignen.

Wenn man also Paulus folgt, so ist es wahrscheinlich am besten, vom »Erfülltwerden mit dem Heiligen Geist« zu sprechen. Aber Lukas berechtigt uns auch zu der Formulierung »Taufe mit dem Heiligen Geist«. Wie dem auch sei: beide Ausdrücke machen deutlich, wie dringend und wichtig es für Christen ist, aufrichtig nach der Kraft des Heiligen Geistes zu suchen.

Der richtige Zeitpunkt

Wann geschieht unsere Taufe oder Erfüllung mit dem Heiligen Geist? Nach der Auslegung von Pinnock ist die Erfüllung ein anfängliches (Joh. 3,3-6) und ein sich wiederholendes (Gal. 5,25) Geschehen. Als der Geist am Pfingsttag auf die Jünger fiel, wurden sie gesalbt, um die Kirche zu gründen. Als sie später erneut und wiederholt erfüllt waren, empfingen sie auch die Gabe der Prophetie, Heilung, das Apostelamt usw. Von Petrus wird in der Apostelgeschichte an zwei Stellen berichtet, daß er mit dem Heiligen Geist erfüllt wurde (2,4 und 4,31).

Angesichts seines Weggangs spricht Jesus vom Kommen des Heiligen Geistes (Joh. 14,16. 26; 16,7. 13-15). Überall in der Apostelgeschichte »läßt Lukas uns Menschen begegnen, und wir hören davon, wie sie getauft und mit dem Geist erfüllt werden – man könnte genausogut sagen, wie sie zu wahren Gläubigen werden«.[14] Es gibt kein erkennbares Muster oder eine »richtige« Abfolge für das Erfülltwerden mit dem Geist. Der Theologe Russell Spittler schreibt:»Wenn man nach einer Kategorie sucht, um das Kommen des Geistes in der Apostelgeschichte zu verstehen, so leuchtet mir „Vollständigkeit" mehr ein als „die zeitliche Abfolge von einem angekündigten Geschehen".[15] Deshalb sollte es uns nicht darum gehen, *wann* wir die Erfüllung des Geistes erleben, sondern *daß* wir sie erleben. Ich glaube, daß man den Heiligen Geist empfängt, wenn man sich bekehrt, ob man nun den Heiligen Geist zu dieser Zeit besonders erfährt oder nicht. Bekehrung und das tatsächliche Erleben der Erfüllung mit dem Heiligen Geist können aber auch an einem Zeitpunkt zusammenfallen. Ich erlebe es inzwischen häufig, daß Menschen Christus annehmen und zur gleichen Zeit mit dem Heiligen Geist getauft werden. Warum? Ich lehre die Menschen, daß sie durch den Glauben der Kraft des Geistes und seinen Gaben Raum geben können, weil der Heilige Geist jetzt in ihnen wohnt.

Jeder, der wiedergeboren ist, hat die Möglichkeit, die Kraft und die Gaben des Heiligen Geistes zu erfahren. Wir sollten mit dieser Erfahrung rechnen – die Bibel lehrt uns, daß sie zu einem normalen Christenleben dazugehört. Wenn die charismatische Erfahrung des Heiligen Geistes weder gepredigt noch etwas davon sichtbar wird – und das trifft auf viele evangelikale Gemeinden zu –, so wird auch niemand erwarten, daß diese Dinge geschehen können. Und daher werden sie auch nicht geschehen. »Also kommt der Glaube aus der Predigt, die Predigt aber durch das Wort Christi« (Röm. 10,17). Wenn Christen lernen und sehen, daß es mehr zu erfahren gibt, sind sie bereit, das Risiko einzugehen, im Glauben einen

Charismat + Evtale

Schritt zu tun und und auch für den Empfang aller Geistesgaben offen zu sein.

Wenn ich mit Evangelikalen über den Heiligen Geist spreche, so frage ich sie, ob sie den Geist empfangen haben, als sie wiedergeboren wurden. Wenn sie mit Ja antworten (und das sollten sie), sage ich ihnen, daß sie jetzt nur noch eins zu tun brauchten: sie müssen dem Heiligen Geist *Raum geben,* sie müssen nur zulassen, daß er ihnen alle Gaben geben kann, die er geben möchte. Ich lege ihnen dann die Hände auf und sage: »Sei erfüllt mit dem Geist« – und das geschieht.

Wenn Pfingstler sagen, Christen müßten »den Heiligen Geist empfangen«, so meinen sie damit nicht unbedingt, daß Gläubige vor ihrer Taufe mit dem Heiligen Geist den Heiligen Geist noch nicht haben. Dennis Bennett erklärt in *In der Dritten Stunde* die Lehre der Pfingstler: »Den Heiligen Geist zu empfangen oder „im Heiligen Geist getauft zu werden" bedeutet nicht, daß man den Heiligen Geist erst in diesem Moment bekommt. Sondern es bedeutet, den Geist wirklich zu empfangen, ihn willkommen zu heißen und zuzulassen, daß er weitere Gebiete unseres Lebens erfüllt und durch uns wirkt in der Welt.«

Gabe der Glossolalie für jeden?

Eine andere umstrittene Frage, die mit dem Heiligen Geist verbunden ist, betrifft die Gabe der Glossolalie: Kann man erfüllt oder im Heiligen Geist getauft sein, ohne in anderen Sprachen zu reden? Schon immer hat diese Frage die Pfingstler und die konservativen Evangelikalen getrennt.[16] Der Pfingstler und Theologe Russell Spittler antwortet:

Soweit ich sehe, gibt die Bibel keine direkte Antwort auf diese Frage. Nirgendwo in der Bibel wird diese Frage direkt gestellt ... Mir scheint, daß Lukas in der Apostelgeschichte nicht das Anliegen hat, aufzuzeigen, daß die Gabe der Glossolalie »der sichtbare Beweis« für die Taufe im Heiligen Geist ist... Es geht nicht so sehr darum, daß die »Glossolalie der Beweis für den Empfang des Geistes ist«, sondern vielmehr darum, daß »der Heilige Geist den Beweis dafür darstellt, daß man Christ ist«.[17]

Auch in den Briefen wird nicht erwähnt, daß Glossolalie ein Beweis für die Taufe oder Erfüllung ist. Die Pfingstler gründen ihre Lehre über die Notwendigkeit dieser Gabe als Beweis für die Geistestaufe auf die Apostelgeschichte (s. 2,4; 10,46; 19,6). Es gibt jedoch auch viele Fälle, wo Lukas in der Apostelgeschichte die Glossolalie nicht als eine Folge der Taufe im Geist erwähnt (s. 4,23-31; 8,14-39; 9,1-42; 17,32-34).

Russell Spittler stellt fest, daß »es auch durch und durch charismatische Gemeinden gibt, wo die Glossolalie nicht als der unbedingt notwendige, sichtbare Beweis für die Geistestaufe angesehen wird. Wenn jemand in besonderem Maße die Gabe der Glossolalie hat und damit verbunden auch einen geistlichen Auftrag sieht, braucht er sich deshalb noch lange nicht als klassischer Pfingstler zu verstehen. Der Geist weht immer noch, wo er will.«[18]

Obwohl das Reden in Zungen nicht der Beweis für das Erfülltsein mit dem Heiligen Geist ist, können die Geistesgaben nicht ausgeklammert werden. Zu viele Evangelikale wollen den Geist haben, aber nicht alle Gaben, eine Haltung, die der biblischen Lehre entgegensteht: »Strebt aber nach den höheren Gaben« (1. Kor. 12,31).

Soziale Barrieren

Leider stellen berechtigte theologische Fragen nicht die einzigen Hindernisse dar, die von konservativen Evangelikalen überwunden werden müssen. Soziale Schranken sind häufig größer als theologische Unterschiede. Konservative Evangelikale erleben oft, daß die Geistesgaben von unreifen Christen ausgeübt werden. Jahrelang hat es mich als Pastor gestört, daß Menschen zu mir kamen, die mir von ihrer Geistestaufe erzählten. Es waren Menschen, die nach dieser Erfahrung mit einem elitären Anspruch auftraten und mir sagten, daß ich nicht so geistlich sei wie sie. Natürlich beurteilte ich ihre Reife an ihrem Familienleben und ihrem Charakter – und oft standen mir sehr unreife Menschen gegenüber.

Doch dies war nicht der richtige Maßstab, um den Wert von geistlichen Gaben zu beurteilen. Die Gaben werden nicht nur *reifen* Menschen gegeben, sondern *willigen* Menschen. Damit will ich die Bedeutung eines vorbildlichen Charakters für die Ausübung der Gaben nicht herabsetzen; aber wir dürfen Unreife in der Ausübung der Gaben nicht mit der Frage der Echtheit der Gaben selber verwechseln. Erst nach einigen Jahren verstand ich, wie wenig mir diese Menschen geholfen hatten, den Heiligen Geist und sein Wirken besser zu verstehen. Sie waren eher ein Hindernis als eine Brücke gewesen. Als ich zum Fuller-Seminar kam, stellte ich fest, daß einige meiner Kollegen in Zungen redeten. In ihrem Charakter und in ihrem Lebensstil zeigte sich außerdem menschliche Reife.

Zum Lehrkörper des Fuller-Seminars, von seinem Ursprung her evangelikal, gehören inzwischen auch Pfingstler. Dies macht deutlich, daß heute die Zusammenarbeit zwischen konservativen Evangelikalen und Pfingstlern möglich ist. Die Pfingstler fangen an, die Anliegen der Evangelikalen und das Studium der Theologie überhaupt ernster zu nehmen. Eine Ermutigung in dieser Richtung ist auch das »David du Plessis Centre for Christian Spirituality« am Fuller-Seminar.

Auch auf der Seite der konservativen Evangelikalen ist eine Veränderung festzustellen; die scharfe Opposition den Pfingstlern gegenüber, die noch vor 20 Jahren vorherrschte, ist im Schwinden. Ein Beispiel für diese

Veränderung ist die neue Einstellungspraxis von Campus Crusade for Christ in den USA: Es dürfen jetzt auch Christen, die die Gabe der Glossolalie haben, Mitarbeiter werden, mit der Einschränkung, diese Gabe nicht im Kreis anderer Mitarbeiter oder Studenten auszuüben.

Ganz gleich, ob wir nun konservativ evangelikal oder pfingstlerisch sind, der Geist Christi, der in uns wohnt, hat das Verlangen, sich durch uns zu äußern. Viele erkennen inzwischen an, daß die Ausübung der Geistesgaben theologisch zu rechtfertigen ist. Und doch ist es ihnen lieber, wenn diese Gaben nicht ausgeübt werden. Die Anerkennung alleine jedoch reicht nicht aus. Den Gaben zu widerstehen, heißt Christus zu widerstehen. Dies ist nicht nur ein Problem der konservativen Evangelikalen: eine 1979 durchgeführte Meinungsumfrage der Zeitschrift *Christianity Today* ergab, daß in Amerika nur 17% derer, die behaupten, Pfingstler oder Charismatiker zu sein, in Zungen reden.

Die Tatsache, daß der Heilige Geist die Gabe der Zungenrede, der Prophetie und der Weissagung verleiht, ein Angriff auf die Vorliebe von uns Christen im Westen, unsere geistlichen Erfahrungen unter persönlicher Kontrolle zu halten. Wir fühlen uns sicher, wenn die Erfahrungen vorhersagbar und mit unserem Verstand zu erklären sind. So betrachtet entzieht sich der Heilige Geist unserer Kontrolle. Zeichen und Wunder trotzen der Logik eines wissenschaftlichen Weltbildes.

Auf andere Weise besteht durchaus die Möglichkeit, den Heiligen Geist unter Kontrolle zu haben. Wir können uns jederzeit dazu entschließen, uns seiner Leitung zu entziehen. Wir können ihm bestimmte Bereiche unseres Lebens vorenthalten und selbst über sie bestimmen. Aber diese Entscheidungen haben Einfluß auf den inneren Kern unserer Persönlichkeit. C. S. Lewis beschreibt dies folgendermaßen:

Ich glaube, daß man mit jeder Entscheidung, die man trifft, etwas verändert. Und zwar verändert man das innerste Wesen seines Ichs, den Teil von sich, der die Entscheidungen trifft, so daß dieses innerste Wesen nach jeder Entscheidung ein klein wenig anders geartet ist als vorher. Wenn man nun sein Leben als Ganzes betrachtet, mit all den unzähligen Entscheidungen, so verändert man langsam dieses innerste Wesen. Entweder entwickelt es sich zu einem Geschöpf des Himmels oder aber zu einem Geschöpf der Hölle. Entweder zu einem Geschöpf, das im Einklang steht mit Gott, den anderen Geschöpfen und sich selbst, oder zu einem, das sich in einem Zustand des Krieges und des Hasses befindet gegenüber Gott, den anderen Geschöpfen und sich selbst.[19]

Unterstellen wir unser Leben der Kontrolle des Heiligen Geistes und bitten wir ihn, alles das, was er tun möchte, in uns zu verwirklichen und uns seine Gaben zu geben? Dies ist die wichtigste Entscheidung, die wir als Christen zu treffen haben. Wenn Sie diesen Glaubensschritt bisher noch nicht getan haben, so können Sie jetzt, in diesem Augenblick, mit dem Heiligen Geist erfüllt werden. Alles, was von Ihnen erwartet wird, ist, daß Sie Gott Ihr Herz ganz öffnen und seinen Heiligen Geist bitten, daß er Ihr Leben unter seine Herrschaft nimmt.

Seminar
mit
John Wimber
und
Team

16. – 20. November 1988

Informationen:

Projektion J
Missionswerk e.V.
Postfach 1380
6203 Hochheim

Kapitel 10

»Was soll ich tun?«

1981 wurde ich eingeladen, in der anglikanischen Kirche in St. Andrews in Chorleywood, Herts, in England zu predigen. David Watson und Eddie Gibbs hatten Bischof David Pytches, den Pfarrer von St. Andrews, gebeten, mich als Sprecher einzuladen. Er stimmte zu und bat mich, für zwei Tage zu kommen, von Samstagmorgen bis Sonntagabend.

St. Andrews ist eine Vorortgemeinde, die sich hauptsächlich aus Akademikern zusammensetzt, Mitgliedern des Unterhauses, Ärzten, Rechtsanwälten und Lehrern. Der Vorgänger von David Pytches hatte St. Andrews schon mit der charismatischen Erneuerung bekannt gemacht, und die meisten Gemeindemitglieder hatten sich dafür geöffnet, wenn auch noch mit viel Zurückhaltung. St. Andrews war und ist eine »durch und durch anglikanische Gemeinde«; ich war etwas besorgt, wie die Menschen dort die Lehre über »Zeichen und Wunder« aufnehmen würden.

Das Thema, das für Samstagmorgen angesetzt war, hieß »Gemeindewachstum«. Ich zeigte auf, welcher Zusammenhang zwischen Wundern und wachsenden Gemeinden besteht. Abends sprach ich über »Heilung«. Als ich am Ende der Veranstaltung für kranke Menschen betete, war die Erwartung in der Gemeinde nicht sehr groß.

Am Sonntagmorgen war eine starke Unruhe unter den Gottesdienstbesuchern zu spüren. Einige waren regelrecht aufgebracht über das, was ich am Abend zuvor gesagt und getan hatte. Nach der Abendmahlsliturgie beteten ich und meine Mitarbeiter erneut für Menschen. Mein Schwager, Bob Fulton, betete für eine Frau, die auf einem Auge blind war. Als sie ihr Anliegen mitteilte, verstand er sie falsch und dachte, sie hätte gesagt:»Ich habe Arthritis.« So betete er dafür, daß sie von Arthritis geheilt würde (worunter sie gar nicht litt), und sie empfing auf dieses Gebet hin das Augenlicht wieder. Als sie das merkte, fing sie an zu schreien – was bei vielen in der Gemeinde eine negative Reaktion auslöste. Bob fiel fast in Ohnmacht. Am Sonntagnachmittag klingelte bei David Pytches ununterbrochen das Telefon. Menschen riefen an, um deutlich zum Ausdruck zu bringen, daß sie das alles für übertrieben hielten.

Am Abend war ich sehr besorgt darüber, wie die Gemeinde auf das, was ich gesagt hatte, reagieren würde. Doch als der Abendgottesdienst begann, spürte ich die machtvolle Gegenwart des Heiligen Geistes. Es wurden an jenem Abend viele Menschen geheilt, und später wurde mir berichtet, daß während des Gottesdienstes oder unmittelbar danach insgesamt hundert junge Menschen Gott ihr Leben gaben. Viele von ihnen bereiten sich inzwischen auf einen Dienst vor. Ich hatte bis zu jenem Zeitpunkt außerhalb der Vineyard Christian Fellowship noch keine unter meiner Verantwortung stehende Veranstaltung erlebt, die so spürbar vom Heiligen Geist geleitet gewesen wäre wie diese.

Alles, was an diesem Wochenende geschah, löste bei David Pytches große Freude aus – obwohl weder er noch ich ganz verstanden, was Gott tat. Als ich am Montagmorgen fortfuhr, sagte er zum Schluß, in gespieltem Entsetzen, zu mir: »Du hast meine Gemeinde völlig in Stücke zerrissen. Was soll ich tun?«

»Was soll ich tun?« Wie oft habe ich diese Frage schon gehört, nachdem Menschen das Reich Gottes erfahren und den Heiligen Geist erlebt haben. Wenn ich am Fuller-Seminar im Rahmen des Kursus »Zeichen und Wunder und Gemeindewachstum« die letzte Lektion beende, sprechen mich oft Studenten an und fragen, wie das, was ich gelehrt habe, in ihren Gemeinden funktionieren soll. Über die Hälfte meiner Studenten sind Pastoren oder Missionare auf Heimaturlaub, daher ist diese Frage für sie wie auch für David Pytches von brennendem Interesse.

Geh nach Hause und sei das, wozu Gott dich berufen hat

Ein methodistischer Pastor, der an dem Kursus über Zeichen und Wunder am Fuller-Seminar teilgenommen hatte, schrieb mir vor einigen Jahren und bat um meinen Rat. Er stand kurz vor der Pensionierung und hatte sich ursprünglich für diesen Kursus mit dem Gedanken angemeldet, dadurch Punkte zu sammeln, durch die sein Pensionsgehalt steigen würde. Am Ende des Semesters hatte sich sein Leben verändert – seine Einstellung zum Dienst war völlig verändert, weil er die Bevollmächtigung durch den Heiligen Geist erfahren hatte.

»John«, schrieb er, »ich gehöre unzähligen Ausschüssen an und bin tagein, tagaus mit Verwaltungsaufgaben beschäftigt. Ich möchte gerne in Gottes Kraft dienen, aber wie kann ich das, wenn ich immer nur zu Bezirkstreffen, Finanzausschüssen und ähnlichen Zusammenkünften gehe?«

Ich gab ihm einen einfachen Rat: Es geht nicht darum, wo du bist, sondern wer du bist. Wie Jesus sind wir dazu berufen, das zu tun, was uns der Vater gebietet, ganz gleich, wo er uns hingestellt hat. Wir sollen nicht darauf bedacht sein, die äußeren Dinge zu verändern, sondern wir sollen uns von Gott innerlich verändern lassen. Später bekam ich erneut einen Brief von ihm. »John«, schrieb er, »ich habe mir deinen Rat zu Herzen genommen. Jetzt gehe ich zu den Ausschußsitzungen und bitte Gott, mich zu leiten, damit ich Menschen in ihrer Not helfen kann. Ich bitte ihn, mir zu zeigen, was ich nach seinem Willen sagen und tun soll. Es vergeht kaum eine Sitzung, in der ich nicht für einen der leitenden Pastoren oder für ein Ausschußmitglied bete. Und überall, wo ich hingehe, bitte ich immer den Vater, daß er mir seinen Willen zeigt, damit ich seine Werke tun kann.«

Der Pastor erzählte mir auch, daß er die Menschen einfach fragt: »Wie geht es Ihnen?« Und wenn sie ihm von ihren Problemen erzählen, betet er für sie, und er sieht Auswirkungen. Er gibt Menschen vorher keine langen Erklärungen ab über das, was er tut, sondern er tut es einfach.

Das ist die Art und Weise, wie die meisten Mitglieder der Vineyard Christian Fellowship im Alltag leben. Ein Mitglied unserer Gemeinde, Keith Endow, ist Grundstücksmakler, der regelmäßig für Klienten betet, die Hilfe brauchen. Und die beschweren sich nie darüber, denn der Heilige Geist kommt immer auf sie. Kürzlich führte er z.B. einen Klienten durch die Wohnung eines älteren Ehepaares, das umziehen wollte, weil eine von den Töchtern sich vor kurzem hatte scheiden lassen. Überall in der Wohnung hingen Photos und Gemälde von der Tochter, dem Schwiegersohn und den Enkelkindern. Das Ehepaar zog um, um der Tochter in dieser schwierigen Zeit zu helfen. Kurz bevor Keith wieder ging, sagte er dem Ehepaar, daß er Christ sei, und fragte, ob er für sie beten dürfe. Sie stimmten bereitwillig zu, und der Heilige Geist brachte ihnen Frieden und Segen.

Es ist wichtig, daß wir dort sind, wo uns Gott haben will. Aber ich bin davon überzeugt, daß Christen häufig ihre besondere Lebenssituation als Entschuldigung dafür gebrauchen, daß sie von Gott jetzt nicht gebraucht werden. Sie denken oft, wenn sie nur »am richtigen Platz« wären, dann könnten sie die Dinge tun, die ich in diesem Buch beschrieben habe.

Vor allem ein Jünger Jesu

Eine weitere Frage, die mir häufig gestellt wird, ist: »Wer kann mich weiterführen in der „power evangelism"? Wer wird mich lehren, wie ich dies tun kann?«

Ich weiß sehr wohl, wie wichtig die praktische Lehre ist, und wie notwendig es ist, in allen Bereichen des christlichen Lebens von älteren und erfahreneren Brüdern und Schwestern zu lernen. Aber wenn ich Menschen diese Frage stellen höre, dann denke ich manchmal, ob sie nicht an dem einzig wahren Lehrer vorbeigehen: an Jesus. Er leitete die ersten Jünger an, und durch alle Jahrhunderte hindurch hat er nicht aufgehört, seine Jünger anzuleiten. Zu oft lassen wir es zu, daß Menschen seinen Platz einnehmen, und dadurch gehen wir an der Möglichkeit vorbei, ihm die Herrschaft über unsere Herzen zu geben.

Wir sollten gute christliche Literatur zu dieser Frage lesen, zu Konferenzen gehen und von denen lernen, die mit der entsprechenden geistlichen Frucht das tun, was ich in diesem Buch beschrieben habe. Aber wir sollten uns davor hüten, daß Menschen dabei Gottes Platz einnehmen.

Warten auf Gott

Und schließlich müssen wir lernen, auf Gott zu warten, wir müssen zulassen, daß er spricht, handelt und uns führt – ganz gleich, in welcher Situation wir sind, wir müssen beständig unser Recht aufgeben, selbst zu bestimmen und zu herrschen. »Power evangelism« ist eigentlich etwas sehr Einfaches, ja fast Kindliches. Gott gibt Eindrücke, und wir handeln danach. Wenn er nicht zu uns spricht, dann warten wir – etwas, was Menschen im Westen, die ständig aktiv sein wollen, schwerfällt.

Dies ist der einfache Glaube, den Jesus auch in seinen Jüngern entwikkelt hat: er hat immer nach offenen Menschen gesucht, nach Männern und Frauen, die auf sein Wort hin handelten, selbst wenn sie den Zusammenhang seiner Worte nicht verstanden (was oft der Fall war). »Komm, folge mir nach«: mehr Worte brauchten die meisten Jünger nicht, um alles hinter sich zu lassen und dem Reich Gottes zu folgen. Jesus ruft uns heute nicht anders.

Als am Pfingsttag der Wolkenbruch des Heiligen Geistes auf die Jünger herabging, als sie mit der Kraft des Geistes durchtränkt waren, blieb doch der Schlüssel zu ihrem Erfolg derselbe: sie mußten ihr Herz völlig freimachen von dem Verlangen, Gott zu bestimmen, und sie mußten ihr Leben im Dienst für ihn hingeben.

Was sollen wir tun? David Pytches blieb in St. Andrews, er führte keine radikalen Veränderungen in der Organisation seiner Gemeinde herbei, aber er ermutigte die Menschen, Gott ihr Herz zu öffnen, in seiner Kraft zu leben und seiner Stimme zu gehorchen. Er konnte erleben, wie die Gemeinde von St. Andrews sich zu einem immer größer werdenden Zentrum für geistliche Erneuerung und Evangelisation in Großbritannien ausweitete. David Pytches ist Pastor, andere sind vielleicht Hausfrauen, Fabrikarbeiter, Sekretärinnen, Verkäufer, Lehrer. Wir stehen alle derselben Herausforderung gegenüber wie David Pytches und die Menschen aus seiner Gemeinde: wir müssen die Herrschaft über unser Leben dem Heiligen Geist übergeben. Wir müssen lernen, zu hören und Gottes Willen zu tun, und wir müssen alles, was wir haben, einsetzen, um Satan zu besiegen und das Kommen von Gottes Reich voranzutreiben.

Zeichen und Wunder in der Kirchengeschichte

Anhand ausgewählter Beispiele werden im folgenden Anhang A Zeichen und Wunder durch die Jahrhunderte hindurch dokumentiert. Ich habe mich bei der Quellenwahl auf die wichtigsten Persönlichkeiten und Bewegungen beschränkt, dabei aber auch einige weniger bekannte Personen berücksichtigt. Für die weitere Lektüre verweise ich Sie auf die Bibliographie.

Ich habe die Kirchengeschichte in drei Abschnitte eingeteilt: die Zeit der Kirchenväter, das Mittelalter und die Zeit der Reformation einschließlich der Neuzeit. Das 20. Jahrhundert berechtigt zu einer gesonderten Behandlung, die sich im Anhang B befindet.

Die Zeit der Kirchenväter (100–600 n.Chr.)

Justinus, Martyr (ca. 100–165)

Justinus war ein christlicher Apologet, der alle großen Philosophien seiner Zeit studiert hatte. In seiner »Zweiten Apologie« (ca. 153) spricht Justinus über die Namen, die Bedeutung und die Kraft Gottes und Christi und schreibt dabei über Exorzismus und Heilung:

Es gibt unzählige Besessene überall in der Welt und auch in eurer Stadt. Viele von unseren Christen trieben bei ihnen Dämonen aus im Namen Jesu Christi, der unter Pontius Pilatus gekreuzigt wurde. Sie haben geheilt und heilen noch, entwaffnen die Mächte und treiben die Teufel aus den Besessenen aus. Alle anderen Exorzisten konnten nicht befreien, auch jene nicht, die Zaubersprüche und Drogen anwandten (Coxe 6,190).

In seinem »Dialog mit Tryphon« (einem gebildeten Juden) bezieht sich Justinus auf den damaligen Gebrauch von geistlichen Gaben:

Denn die prophetischen Gaben sind unter uns weiter wirksam bis in unsere Zeit hinein. Und daher solltest du erkennen, daß die Gaben, die früher in deinem Volk vorhanden waren, an uns weitergegeben wurden (Coxe 1,240).

... Ich habe bereits gesagt und sage es erneut: Es ist geweissagt worden, daß Jesus nach seiner Auffahrt zum Himmel diese Gaben verleihen würde. Entsprechend heißt es: »Er ist aufgefahren zur Höhe und hat

Gefangene mit sich geführt und hat den Menschen Gaben gegeben.«
Und in einer anderen Prophetie heißt es: »Und es soll geschehen in den
letzten Tagen... da will ich ausgießen von meinem Geist auf alle Menschen... und auf meine Knechte und auf meine Mägde... und sie sollen
weissagen.«... Jetzt können wir unter uns Männer und Frauen sehen, die
die Gaben des Geistes Gottes besitzen... (Coxe 1,234).

Irenäus (140–203)

Irenäus war der Bischof von Lyon. Seine fünf Bücher »Gegen die Häresie« beschäftigen sich mit der Häresie der Gnosis. Er widerlegt diese und
sagt:

Denn einige treiben wirklich und wahrhaftig Teufel aus, so daß diejie-
nigen, die auf diese Weise von bösen Geistern befreit wurden, sich häufig
der Kirche anschließen. Andere haben ein Vorwissen von zukünftigen
Dingen: Sie haben Visionen und sprechen Weissagungen aus. Wiederum andere heilen die Kranken. Sie legen ihnen die Hände auf, und viele
werden gesund. Ja, sogar noch mehr – wie ich schon gesagt habe –, selbst
die Toten sind auferweckt worden und haben noch viele Jahre unter uns
gelebt. Und was soll ich noch sagen? Es ist nicht möglich, die Anzahl der
Gaben mit Namen zu nennen, die die Kirche, die in der ganzen Welt zer-
streut ist, von Gott im Namen Jesu Christi empfangen hat.

Tertullian (ca. 160/170 – 215/220)

Über Tertullians Leben sind nicht viele Einzelheiten bekannt. Er wuchs
in der heidnischen Kultur von Karthago auf. Er wurde Christ und schloß
sich um 206 der Gruppe der Montanisten an. Er hat viele Schriften verfaßt.
In einem Werk »An Scapula«, Kapitel 5, gibt er folgenden Bericht über
Dämonenaustreibungen und Heilungen:

Dies alles ist euch vielleicht schon auf offiziellem Wege und durch die
betreffenden Anwälte bekannt geworden, die uns zu Dank verpflichtet
sind, obwohl sie sich im Gericht anders äußern, nämlich so, wie es ihnen
paßt. Der Schreiber eines Anwaltes, der häufig durch einen bösen Geist
zu Boden geworfen wurde, ist von seiner Not befreit worden. Er war auch
mit einem anderen Anwalt verwandt und war der Sohn eines dritten.
Wie sind doch viele Männer von Rang und Namen (um gar nicht erst von
gewöhnlichen Menschen zu sprechen) von Dämonen befreit und von
Krankheiten geheilt worden. Ja sogar Severus, der Vater des Antonius,
denkt voller Dank an die Christen. Er machte den Christen Proculus aus-
findig, mit Zunamen Torpacion, den Verwalter von Euhodias. Dieser
hatte Serverus einmal durch Salbung geheilt, der ihn aus Dankbarkeit
bis zum Tage seines Todes in seinem Palast wohnen ließ (Coxe 3,107).

Novatian (210-280)

Novatian aus Rom ist aus zwei Gründen berühmt: er war der Gegenpapst der sittenstrengen Partei in der Kirche, und durch ihn erhielt die westliche Kirche ihre erste ausführliche Abhandlung über die Trinität. In Kapitel 29 der Abhandlung über die Trinität schreibt er über den Geist:

Dieser ist es, der der Kirche Propheten gibt, der Lehrer unterweist, der die Gabe der Glossolalie lenkt, der Kräfte und Heilungen verleiht, der Wunder vollbringt, der die Gabe der Geisterunterscheidung schenkt, der Regierungsgewalt gewährt, Rat gibt und der alle anderen Gaben, die zu den »Charismen« gehören, ordnet und zuteilt und auf diese Weise die Kirche Jesu überall und in allem zur Vollkommenheit führt und sie vollendet (Coxe 5,641).

Antonius (ca. 261-356)

Unsere Kenntnis von Antonius beruht vor allem auf der Biographie, die von Athanasius geschrieben wurde. In Kapitel 40 wird beschrieben, wie Antonius mit übernatürlichen Mächten umgeht, besonders mit Dämonen.

Einmal erschien ein sehr großer Dämon, begleitet von vier bösen Geistern, und sagte kühn: »Ich bin die Kraft Gottes, ich bin seine Vorsehung. Was wünschst du, daß ich dir geben soll?« Ich blies ihn an, rief den Namen Christi aus und versuchte, ihn zu schlagen. Es schien, als ob ich Erfolg hätte, denn beim Aussprechen des Namens Christi verschwand er sofort in seiner ganzen Größe und mit allen seinen Geistern.

Hilarius (ca. 291-371)

Hilarius war ein Asket, wurde in Alexandria erzogen und bekehrte sich dort. Nachdem er 22 Jahre in der Wüste gelebt hatte, breitete sich sein Ruf überall in den Städten Palästinas aus. In dem »Leben des heiligen Hilarius« erzählt Hieronymus von einer Anzahl von Wundern, Heilungen und Dämonenaustreibungen, die durch Hilarius geschahen:

Facidia ist ein kleiner Vorort von Rhinocorura, einer Stadt in Ägypten. Aus diesem Ort wurde eine Frau, die seit zehn Jahren blind war, zu Hilarius geführt, um gesegnet zu werden. Als die Brüder sie Hilarius vorstellten (es lebten bereits viele Mönche bei ihm), sagte sie ihm, daß sie ihr ganzes Vermögen den Ärzten gegeben hatte. Der Heilige antwortete ihr: »Wenn du das, was du an die Ärzte verloren hast, den Armen gegeben hättest, dann hätte dich Jesus, der wahre Arzt, geheilt.« Woraufhin sie laut aufschrie und ihn anflehte, Erbarmen mit ihr zu haben. Dann folgte er dem Beispiel des Heilands, strich Speichel auf ihre Augen, und im selben Augenblick war sie geheilt (15,254 - 255).

Den Bericht über das Leben des Hilarius beschließt Hieronymus mit der Bemerkung: »Die Zeit würde nicht ausreichen, wenn ich alle Zeichen und Wunder erzählen würde, die Hilarius vollbrachte ...« (15,262 – 263).

Macrina die Jüngere (ca. 328 – 379/380)

Macrina war die Schwester sowohl des Basilius, des Bischofs von Cäsarea, als auch des Gregor, Bischof von Nyssa. Gregor erzählt von folgender Heilung:

Wir hatten unsere kleine Tochter bei uns, die als Folge einer anstekkenden Krankheit ein Augenleiden hatte. Es war schrecklich und mitleiderregend, sie anzusehen. Die Membrane um die eine Pupille herum war durch die Krankheit geschwollen und weiß geworden. Ich begab mich zu den Unterkünften der Männer, wo dein Bruder Petrus Prior war. Meine Frau ging zu den Räumen der Frauen, um bei St. Macrina zu sein. Nach einiger Zeit machten wir uns zum Aufbruch bereit, aber die Gesegnete wollte meine Frau nicht gehen lassen. Sie sagte, sie würde meine Tochter, die sie in ihren Armen hielt, nicht hergeben, bis sie ihnen eine Mahlzeit vorgesetzt und ihnen etwas »vom Reichtum der Philosophie« dargereicht hätten. Sie hörte nicht auf, das Kind zu küssen, und berührte dabei mit den Lippen dessen Augen. Als sie die erkrankte Pupille bemerkte, sagte sie zur Mutter: »Wenn du mir den Gefallen erweist und zum Essen bleibst, so will auch ich dir etwas geben als Dank für diese Ehre.« Als die Mutter des Kindes fragte, was dies sei, erwiderte die gute Frau: »Ich habe eine Medizin, die besonders zur Heilung von Augenleiden hilft.«

Wir blieben gerne und brachen erst später auf, froh und glücklich. Auf dem Heimweg erzählte jeder seine Erlebnisse. Meine Frau berichtete alles der Reihe nach wie bei einer Abhandlung. Und als sie an den Punkt kam, wo es um die versprochene Medizin ging, unterbrach sie ihre Erzählung und rief: »Was haben wir nur getan! Wie konnten wir das Versprechen vergessen. Die Medizin für die Augen!«

Ich war verärgert über unsere Gedankenlosigkeit und jagte schnell einen meiner Männer zurück, um die Medizin zu holen. Da blickte das Kind, das gerade auf dem Arm seiner Amme war, seine Mutter an. Die Mutter starrte auf die Augen des Kindes und rief laut: »Sei nicht mehr betrübt wegen unserer Nachlässigkeit.« Ihre Stimme war von Freude und Furcht bewegt. »Es fehlt nichts von dem, was uns versprochen wurde. Macrina hat sie uns gegeben, die wahre Medizin, die Krankheiten heilt, die Heilung, die durch das Gebet kommt, und sie hat bereits gewirkt. Die Krankheit der Augen ist völlig verschwunden.«

Während sie dies sagte, nahm sie unser Kind und legte es mir in die Arme. Und da begriff ich auch die Wunder in den Evangelien, an die ich vorher nicht geglaubt hatte. Ich sagte: »Wie herrlich ist es, wenn durch

Gottes Hand dem Blinden das Augenlicht wieder geschenkt wird, und wie herrlich, wenn seine Magd solche Heilungen vollbringt und durch den Glauben an ihn solches getan hat. Das ist nicht weniger beeindruckend als die Wunder damals.«

Ambrosius (ca. 339–397)

Ambrosius war der Bischof von Mailand. Seine erste Handlung nach der Ordination zum Bischof bestand darin, daß er seinen Reichtum unter die Armen verteilte. Er war ein außerordentlich begabter Prediger und Lehrer, und er war ein Mann von großem Freimut.

In »Der Heilige Geist (Väter der Kirche)« legt Ambrosius dar, daß Gott nach wie vor Heilungen und die Gabe der Glossolalie schenkt:

... Siehe, der Vater gab die Lehrer; ebenso gab Christus sie in die Gemeinden; und so wie der Vater die Gnade der Heilung gibt, gibt auch der Sohn diese Gnade; geradeso wie der Vater die Gabe der Glossolalie schenkt, schenkt diese auch der Sohn (Deferrari 44,150).

Augustin (354–430)

Augustin war Bischof von Hippo und der größte lateinische Kirchenvater. Ostern 387 wurde er von Ambrosius in Mailand getauft.

Gegen Ende seines Lebens schrieb er die »Civitas Dei« (ca. 413–427). In Buch 22, Kapitel 28, schildert Augustin die Wunder, die zu seiner Zeit geschahen, ausführlich: »Manchmal wird behauptet, daß die Wunder, von denen Christen sagen, daß sie sich ereignet haben, nicht mehr geschehen.« Augustin wendet dagegen ein, daß die Wunder, von denen im Neuen Testament berichtet wird, »vollkommen glaubwürdig« sind. Dann schreibt er: »Die Wahrheit ist, daß auch heute noch im Namen Christi Wunder getan werden, manchmal durch seine Sakramente und manchmal durch die Fürbitte bei den Reliquien seiner Heiligen.«

Augustin berichtet dann konkret von den Wundern (Deferrari 24,431–445):
- von einem blinden Mann, dessen Augenlicht wiederhergestellt wurde (24,433);
- von dem Bischof Innozenz in Karthago, geheilt von einer rektalen Fistel (24,433–437);
- von Innozenzia in Karthago, geheilt von Brustkrebs (24,437–438);
- von einem Arzt in Karthago, von Gicht geheilt (24,438–439);
- von einem ehemaligen Schauspieler von Curcubis, geheilt von einer Lähmung und einem Bruch im Hodensack (24,439).

Ferner berichtet er:
- Die Heilung von Hesperius, einem Nachbarn des Augustin, dessen Krankheit von »bösen Geistern« verursacht war (24,439).

- Ein besessener Junge wurde geheilt, nachdem der Dämon sein Auge ausgerissen hatte und es »an einer dünnen Sehne wie an einer Wurzel hing. Die Pupille, die schwarz war, verfärbte sich weiß« (24,440–441).
- Ein junges Mädchen in Hippo wurde von Dämonen befreit (24,441).
- Florenzius von Hippo, der um Geld betete und es bekam (24,441–442).
- Eine blinde Frau wurde in Hippo geheilt (24,442).
- Bischof Lucillus von Synity, von einer Fistel geheilt (24,442–443).
- Eucharius, ein spanischer Priester, kehrte möglicherweise von den Toten zurück (24,443).
- Martila, geheilt und gerettet (24,443–444).
- Drei Menschen von Gicht geheilt (24,444).
- Ein Kind, von einem Wagen überfahren, wurde geheilt, ohne daß eine Spur des Unfalls zurückblieb (24,444).
- Die Auferweckung einer Nonne (24,444).
- Die Auferweckung der Tochter eines Syrers (24,444).
- Der Sohn von Augustins Freund, der von den Toten auferweckt wurde (24,445).

Er beschließt seinen Bericht von den Wundern mit der Bemerkung, daß es zu viele Wunder gäbe, um sie alle aufzuführen.

»Es ist eine einfache Tatsache«, schreibt Augustin, »daß es selbst in unserer Zeit keinen Mangel an Wundern gibt. Und der Gott, der die Wunder wirkt, von denen wir in der Schrift lesen, gebraucht dabei Wege und Mittel, die er sich auswählt.«

Gregor von Tours (ca. 538–594)

Gregor von Tours war Bischof und Historiker. Er hat viele Werke verfaßt. Sie geben uns Einsicht in das Leben der Kirche im 6. Jahrhundert, die von unschätzbarem Wert sind (Douglas, 1974,436). Es gibt viele Berichte von Heilungen, die zu Gregors Zeit geschahen. Sie sind in seinen »Dialogen« zu finden, in denen er auch eine Dämonenaustreibung und seine eigene Heilung beschreibt:

Eleutherius, den ich schon vorher erwähnte, der Abt des Klosters St. Markus, das an die Mauern von Spoleto grenzte, lebte lange Zeit mit mir in meinem Kloster in Rom und starb auch dort. Seine Schüler erzählen, daß er durch die Kraft seines Gebetes einen Toten zum Leben erweckte. Er war sehr bekannt für seine Einfalt und sein bußfertiges Herz. Und ohne Zweifel hat dieser Mann mit seiner demütigen, kindlichen Seele durch seine Tränen viel Gunst von dem allmächtigen Gott erwirkt.

Ich will euch von einem seiner Wunder erzählen, das er mir mit seinen eigenen einfachen Worten berichtete. Einmal, als er sich auf einer Reise befand, brach der Abend herein, bevor er eine Unterkunft für die Nacht finden konnte. So hielt er an einem Nonnenkloster an. In diesem Kloster war auch ein kleiner Junge, der jede Nacht von einem bösen Geist gequält wurde. Nachdem die Nonnen den Gottesmann in ihrem Kloster willkommen geheißen hatten, baten sie ihn, den Jungen in der Nacht zu sich zu nehmen. Er stimmte zu und erlaubte dem Jungen, dicht neben ihm zu schlafen. Am Morgen fragten ihn die Nonnen mit tiefer Besorgnis, ob er etwas für den Jungen getan hätte. Ganz überrascht über ihre Frage antwortete er: »Nein.« Da berichteten sie ihm von dem Zustand des Jungen. Sie baten Eleutherius, den Jungen mit in sein Kloster zu nehmen, weil sie es nicht mehr ertragen konnten, sein Leiden mit anzusehen. Der Mann Gottes willigte ein.

Lange Zeit blieb der Junge in dem Kloster, ohne im geringsten belästigt zu werden. Hoch erfreut darüber konnte der alte Abt seine Freude über den guten Zustand des Jungen nicht länger zurückhalten. »Brüder«, sprach er zu den Mönchen, »der Teufel hat mit den Schwestern seinen Spaß getrieben. Doch als er wahren Dienern Gottes begegnete, wagte er es nicht länger, sich diesem Jungen zu nähern.« In demselben Augenblick, kaum daß Eleutherius seine Rede beendet hatte, ergriff der Teufel erneut Besitz von dem Jungen und quälte ihn in Gegenwart aller. Dies zu sehen erfüllte das Herz des alten Mannes mit tiefem Kummer. Und als die Mönche ihn zu trösten versuchten, sagte er: »Ich gebe euch mein Wort! Keiner von euch wird heute Brot zu essen bekommen, bevor dieser Junge nicht der Macht des Teufels entrissen ist.«

Er warf sich mit allen Mönchen im Gebet nieder und verharrte darin, bis der Junge von der Macht des Bösen befreit war. Die Heilung war vollkommen, und der Teufel wagte es nicht mehr, ihn zu belästigen.

Gregor I. (der Große) (540–604)

Gregor der Große war von 590–604 Papst. Er selbst bezeichnete seine »Dialoge« (593–594) als Berichte »von den Wundern des Vaters, die er in Italien vollbrachte«. Er beschreibt darin verschiedene übernatürliche Erfahrungen, die sich in drei Gruppen gliedern lassen: Visionen, Prophetien und Wunder.

Das folgende Zitat ist eine Zusammenfassung von einem der Berichte. Es ist Fredrick Duddens Werk über das Leben Gregors entnommen:

Eines Tages ging in Subiaco der kleine Mönch Placidus, damals noch ein Kind (der später aus seinem [Gregors] Orden als Apostel nach Sizilien ging), an den See, um Wasser zu holen. Er verlor jedoch das Gleichgewicht und fiel ins Wasser. Benedikt, der in seiner Zelle saß, wurde durch göttliche Eingebung auf diesen Vorfall aufmerksam gemacht und rief sofort seinem Schüler Maurus zu: »Bruder Maurus, das Kind, das gegangen ist, um Wasser zu holen, ist in den See gefallen, und die Strömung hat es fortgetrieben.« Maurus rannte hinunter an das Seeufer und lief dann »mit der Vorstellung, daß er immer noch auf trockenem Land ginge, auf dem Wasser«, packte den treibenden Jungen am Haar und brachte ihn sicher zurück. Erst als er wieder auf festem Boden stand, bemerkte Maurus, daß ein Wunder geschehen war, und »sehr erstaunt fragt er sich, wie er das getan hätte, was er bewußt nicht zu tun gewagt hätte« (Dudden, Bd. I, 1905,334).

Die Zeit des Mittelalters, 600–1500

Der heilige Franziskus von Assisi (1181–1226)

Der heilige Franziskus ist Gründer des Franziskanerordens. Er vollbrachte viele Heilungen. Die folgenden Ausschnitte sind aus einer Vielzahl von Wundern herausgegriffen, die sich im Dienst des Franziskus ereigneten:

Einmal, als der heilige Gottesmann Franziskus durch verschiedene Gebiete wanderte, um das Reich Gottes zu predigen, erreichte er eine Stadt namens Toscanella. Als er dort in der ihm üblichen Weise den Samen des Lebens aussäte, bot ihm ein Soldat aus dieser Stadt seine Gastfreundschaft an. Sein einziger Sohn war lahm und hatte einen schwachen Körper. Er war noch klein, aber schon entwöhnt. Trotzdem lag er immer noch in der Wiege. Als der Vater des Jungen die Heiligkeit des Gottesmannes erkannte, warf er sich demütig zu dessen Füße und bat ihn inständig um Gesundheit für seinen Sohn. Doch Franziskus, der sich selbst als unnütz erachtete und solch großer Kraft und Gnade nicht würdig, weigerte sich lange Zeit, der Bitte zu entsprechen. Schließlich wurde er jedoch von der Beharrlichkeit des Flehens überwunden, betete und legte dann dem Jungen seine Hand auf, segnete ihn und richtete ihn auf. Im selben Augenblick – alle Anwesenden konnten zusehen – war der Junge völlig wiederhergestellt und fing an, hier und dort im Hause herumzugehen.

Ein andermal kam der Gottesmann Franziskus nach Narni und blieb dort einige Tage. Dort lag ein Mann mit dem Namen Petrus gelähmt im Bett. Dieser konnte seit fünf Monaten nicht mehr aufstehen, mit Ausnahme seiner Zunge und seiner Augenlider nichts mehr bewegen – weder Füße, Hände noch seinen Kopf. Als er hörte, daß Franziskus nach Narni gekommen war, sandte er einen Boten zu dem Bischof der Stadt. Er bat ihn um der Liebe Gottes willen, den Diener des höchsten Gottes zu ihm zu senden. Er hatte das Vertrauen, daß er von der Krankheit, unter der er litt, befreit würde, wenn er Franziskus sähe und dieser bei ihm wäre. Als der gesegnete Franziskus zu ihm kam und über ihm das

Zeichen des Kreuzes machte, vom Kopf bis zu den Füßen, geschah es, daß er sofort geheilt und seine frühere Gesundheit wiederhergestellt wurde (Hermann o. J., 59–60).

Die Waldenser

Zu den besonderen Merkmalen der Waldenserbewegung gehörten Gehorsam gegenüber dem Evangelium, Askese, die Weigerung, den Dienst unwürdiger Priester anzuerkennen, der Glaube an Visionen, Prophetien und das Wissen um dämonische Besessenheit (Douglas, 1974, 1026). A.J. Gordon zitiert in seinem Buch »The Ministry of Healing« den folgenden Lehrartikel der Waldenser:

Daher betrachten wir die Salbung der Kranken als einen Glaubensartikel und bekennen uns hiermit dazu, daß Kranke, wenn sie darum bitten, vorschriftsmäßig mit dem Salböl gesalbt werden sollen. Dies sollte von jemandem geschehen, der dann auch mit ihnen zusammen betet, damit die Salbung wirksam wird für die Heilung des Leibes. Wir bekunden, daß solch eine Salbung, die bei den Aposteln erwähnt und nach ihrem Vorbild durchgeführt werden soll, heilend und nützlich für die Kranken sein wird (Gordon 1802,65).

Vincent Ferrer (1350–1419)

Vincent war ein dominikanischer Prediger, der aus Valencia stammte. Er war als »Engel des Gerichts« bekannt und predigte fast zwanzig Jahre lang überall in Europa. Die »New Catholic Encyclopedia« berichtet folgendes aus seinem Leben:

Vincent war enttäuscht; er wurde ernsthaft krank. Der Herr, der von St. Dominik und St. Franziskus begleitet war, beauftragte ihn in einer Vision, »durch die Welt zu wandern und Christus zu predigen«. Nachdem ein Jahr vergangen war, erlaubte Benedikt ihm, zu gehen. Daher machte er sich im November 1399 von Avignon aus auf den Weg und verbrachte zwanzig Jahre als Apostel und Prediger. So wie ihn der Geist trieb oder auf Bitten hin besuchte er ein oder auch mehrere Male Orte in Spanien, Südfrankreich, der Lombardei, in der Schweiz, in Nordfrankreich und den Niederlanden. Mit feurigen Worten predigte er die Notwendigkeit der Buße und das kommende Gericht. Selten blieb er länger als einen Tag an einem Ort. Und dann nur, wenn die Menschen dort lange vernachlässigt worden waren und wenn Häresie oder Heidentum überhandnahmen. Sein Dienst war von übernatürlichen Zeichen und Wundern begleitet (14,681).

Das »Catholic Encyclopedia Dictionary« erwähnt auch: »Einige sagen, er habe die Gabe der Glossolalie gehabt...« (1002).

Colette von Corbi (gest. 1447)

In dem »Leben der Heiligen« wird folgendes über Colette berichtet:
Im Jahre 1410 gründete sie ein Frauenkloster in Besançon; im Kloster der Cordeliers, in Dôle, führte sie eine Reform ein und danach in fast allen Klöstern in der Lorraine, Champagne und Picardy. 1416 gründete sie in Poligny, am Fuß des Juras, ein Haus ihres Ordens und ein weiteres in Auxonne. »Ich sterbe fast vor Neugier. Ich möchte dieser wunderbaren Colette, die die Toten auferweckt, einmal begegnen«, schrieb zu ihrer Zeit die Herzogin von Bourbon. Denn der Ruhm und die Berichte über die Wunder und Werke dieser Zimmermannstochter waren in aller Munde (Baring-Gould 1897, 3,99-100).

Zeit der Reformation und Neuzeit 1500–1900

Martin Luther (1483–1546)

In den »Briefen mit geistlichem Rat« ist folgender Brief Marin Luthers enthalten:
Der Steuereinnehmer in Torgau und der Anwalt in Belgern haben mir mit der Bitte geschrieben, ihnen Rat und Hilfe für Frau Korners geplagten Ehemann Johannes zu geben. Ich weiß keine weltliche Hilfe anzubieten. Wenn die Ärzte kein Heilmittel finden können, so kannst du sicher sein, daß es sich nicht um einen Fall gewöhnlicher Melancholie handelt. Es wird vielmehr ein Leiden sein, das vom Teufel stammt. Und dem muß in der Kraft Christi mit dem Gebet des Glaubens entgegengetreten werden. Ich schreibe dir, was wir tun und was wir getan haben. Denn ein Tischler hier war in ähnlicher Weise von Wahnsinn geplagt, und wir heilten ihn durch Gebet im Namen Christi.
Entsprechend solltest du wie folgt vorgehen: Geh mit dem Diakon und zwei oder drei anderen guten Männern zu dem Kranken. In dem Vertrauen, daß du als der Pastor des Ortes mit der Vollmacht des Amtes bekleidet bist, lege ihm deine Hände auf und sprich: »Lieber Bruder, Friede sei mit dir von Gott, unserem Vater, und von unserem Herrn Jesus Christus.« Daraufhin sprich mit klarer Stimme über ihm das Glaubensbekenntnis und das Gebet des Herrn und schließe mit diesen Worten: »O Gott, allmächtiger Vater, der du uns durch deinen Sohn gesagt hast „Wahrlich, wahrlich, ich sage euch, wenn ihr den Vater in meinem Namen um etwas bittet, wird er's euch geben", der du uns geboten und ermutigt hast, in seinem Namen zu beten „Bittet, so werdet ihr empfangen", und der du in gleicher Weise gesagt hast „Rufe mich an in der Not,

so will ich dich erretten, und du sollst mich preisen"; wir unwürdigen Sünder vertrauen auf diese deine Worte und Gebote und bitten dich um deiner Barmherzigkeit willen mit allem Glauben, den wir aufbringen können, beuge dich gnädig herab, um diesen Mann von allem Bösen zu befreien, und mache das Werk zunichte, das Satan in ihm angerichtet hat, zur Ehre deines Namens und zur Stärkung des Glaubens deiner Kinder; durch Jesus Christus, deinen Sohn, unseren Herrn, der mit dir lebt und regiert, jetzt und in Ewigkeit. Amen« Und bevor du gehst, lege dem Mann erneut deine Hände auf und sprich:»Diese Zeichen sollen denen folgen, die glauben; Kranken werden sie die Hände auflegen und die werden gesund werden.« Tue dies dreimal, je einmal an drei aufeinanderfolgenden Tagen (Tappert o.J. 1852).

Luther sagt in bezug auf die Prophetie (in»Luthers Werke«):»Wenn du gerne weissagen möchtest, so tue es auf solche Weise, daß es nicht über den Glauben hinausgeht, damit dein Weissagen mit dem jeweiligen Glauben im Einklang stehen kann.« Er fährt fort:»Man mag Neues weissagen, aber nicht Dinge, die die Grenzen des Glaubens überschreiten...« (Oswald o.J. 25, 44–451).

Ignatius von Loyola (1491–1556)

Ignatius war der Gründer der Gesellschaft Jesu. 1521 erlitt er in der spanischen Armee eine Verwundung. Während der Zeit seiner Genesung las er das»Leben Christi« von Ludolph von Sachsen. Dies brachte ihn dazu, ein»Soldat« Christi zu werden. Er trat in ein Kloster ein und verbrachte dort fast ein Jahr mit asketischen Übungen. Hier entstanden die Grundgedanken seiner»Geistlichen Exerzitien«. Er schreibt darin folgendes über den Geist:

Der Geist weht, wo er will. Er fragt nicht um unsere Erlaubnis. Er begegnet uns auf seine Weise und verteilt seine Gaben, wie es ihm gefällt. Darum müssen wir alle Zeit wach und bereit sein; wir müssen formbar sein, damit er uns für neue Dinge gebrauchen kann. Wir können dem Geist Gottes keine Gesetze vorschreiben! Er ist nur dort mit seinen Gaben gegenwärtig, wo er sieht, daß sie mit der Vielfalt der Charismen innerhalb der einen Kirche verbunden sind. Alle Gaben dieser Kirche stammen von der einen Quelle – Gott. Was Paulus im 12. Kapitel seines ersten Briefes an die Korinther schreibt, ist auch heute noch wahr! Dies sollte uns die Kraft geben, jegliche Form von kirchlicher Eifersucht, gegenseitiger Verdächtigungen und Machthascherei zu überwinden. Wir sollten uns auch nicht weigern, andere – die ihre eigenen Gaben des Geistes haben – ihren Weg gehen zu lassen. Das ist es, was der Geist von uns will. Er ist nicht so engstirnig, wie wir es manchmal mit unseren Rezepten sind! Er kann uns auf verschiedene Weise zu sich führen, und er möchte die Kirche durch eine Vielfalt von Funktionen, Ämtern und Gaben leiten. Die Kirche soll nicht eine militärische Akademie darstellen, in der alles einheitlich verläuft, sondern sie soll der Leib Christi sein, in der er, der eine Geist, seine Kraft in allen Gliedern ausübt. Daß es wirklich zu diesem Leib gehört, beweist jedes Glied dadurch, daß es die anderen Glieder gewähren läßt (Rahner 1962, 254–255).

Teresa von Avila (1515-1582)

Teresa ist in Spanien geboren und von Nonnen des Augustinerinnenordens erzogen. Sie reformierte den Karmeliterorden, war Mystikerin und Schriftstellerin. In ihrer Autobiographie berichtet sie von mehrfachen Ekstasen, die Gott sie hat erfahren lassen. In Kapitel 12,5 schreibt sie: »Wir sollen nicht zu Gott aufsteigen, solange er uns nicht erhebt. Was ich hierüber sage, ist Sprache des Geistes. Wer bereits Erfahrungen darin hat, wird mich verstehen, denn ich weiß nicht, wie ich dieses Erhobenwerden beschreiben soll, wenn es nicht aus der Erfahrung verstanden wird.« In Kapitel 16,1–2, wo sie über das Gebet spricht, bezieht sie sich erneut auf diese Art der Sprache:

Ich kenne keine anderen Begriffe, um es zu beschreiben oder es zu erklären. Auch weiß die Seele nicht, was sie tun soll, denn sie weiß nicht, ob sie sprechen oder schweigen, ob sie lachen oder weinen soll. Dieses Gebet ist eine herrliche Torheit, ein himmlischer Wahnsinn, wo wahre Weisheit gelernt wird; und für die Seele ist es ein köstlicher Weg der Freude. In der Tat gab mir der Herr vor fünf oder sechs Jahren dieses Gebet oft in Fülle. Ich verstand es nicht; auch wußte ich nicht, wie ich davon sprechen sollte (109)

Valentine Greatlakes (gest. 1638)

David Robertson schreibt in seinem Artikel »Von Epidaurus nach Lourdes: Eine Geschichte über die Heilung durch den Glauben« von einem Iren mit dem Namen Greatlakes:

Er war Protestant im katholischen Irland und floh beim Ausbruch des irischen Aufstandes im Jahre 1641 nach England. Eine Zeitlang diente er unter Cromwell. 1661, nach einer Zeit, in der er sehr niedergeschlagen war, entstand in ihm der Glaube, daß Gott ihm, einem gewöhnlichen Menschen, die Macht gegeben hatte, Skrofulose zu heilen. Ausgerechnet dies war die Krankheit des Königs. Als er versuchte, ihn zu heilen, stellten seine Freunde und Bekannten erstaunt fest, daß er tatsächlich in der Lage zu sein schien, ein Zurückgehen der Krankheit zu bewirken. Das erstaunliche Ergebnis führte ihn dazu, auch bei anderen Krankheiten zu beten, wie Epilepsie, Lähmung, Taubheit, Geschwüren und verschiedenen nervösen Störungen. Er stellte fest, daß seine Berührung auch in diesen Fällen wirksam war. Bald verbreitete sich die Nachricht seiner geheimnisvollen Fähigkeit überall im Lande. Und er wurde von vielen kranken Menschen umlagert. Es kamen so viele Menschen zu ihm, daß es unmöglich war, allen zu helfen. Selbst wenn er sich von sechs Uhr morgens bis sechs Uhr abends ununterbrochen um sie gekümmert hätte (Frazier 1973, 187).

Die Quäker oder die Gesellschaft der Freunde (1640 bis in die Gegenwart)

Die Anfänge der Quäker führen auf den englischen Puritanismus Mitte des 16. Jahrhunderts zurück. Ihr erster Anführer war George Fox, der ein neues Zeitalter des Geistes verkündete. Die Quäker erfuhren sowohl von den Puritanern als auch von den Anglikanern Widerstand. Die typische Quäkerversammlung hatte zwei besondere Merkmale: Die Menschen warteten darauf, daß der Geist durch sie sprach und, wenn Gott unter ihnen wirkte, dann zitterten sie (quaking). Folgende Auszüge stammen aus Fox' Tagebuch:

Im Jahre 1648, als ich im Hause eines Freundes in Nottinghamshire saß (denn zu der Zeit hatte die Kraft Gottes schon einige Herzen geöffnet, das Wort des Lebens und der Versöhnung anzunehmen), sah ich, daß ein großer Riß durch die Erde gehen und viel Rauch daraus hervorkommen würde, während sich der Spalt vergrößerte; und daß nach dem Riß eine große Erschütterung geschehen würde: dies war die Erde im Herzen der Menschen, die erschüttert werden sollte, bevor der Same Gottes aus der Erde heraus emporwachsen würde. Und so geschah es auch: denn die Kraft des Herrn begann, die Menschen zu erschüttern, und sie fingen an, große Versammlungen abzuhalten und die mächtige Kraft Gottes und sein Wirken unter den Menschen zu sehen – und dies zur Verwunderung sowohl des Volkes als auch der Priester (Fox 1901, 23).

Hugenotten (seit 1559)

»Hugenotten« war ein Spitzname für die französischen Calvinisten. Henry Baird schrieb folgendes über die charakteristischen Merkmale dieser religiösen Gruppe.

In bezug auf die »physischen Äußerungen« gibt es kaum Abweichungen bei den Berichten der Freunde und der Feinde. Die betroffenen Menschen waren Männer und Frauen, Junge und Alte. Sehr viele waren Kinder, Jungen und Mädchen im Alter von neun oder zehn Jahren. Sie stammten aus dem Volk – ihre Feinde sprachen von dem »Abschaum« der Gesellschaft – unwissend und ohne Benehmen; die meisten von ihnen seien unfähig zu lesen oder zu schreiben, und sie würden im Alltag das »Patois« der Provinz sprechen, welches die einzige ihnen vertraute Mundart sei. Solche Menschen fielen plötzlich rückwärts hin und vollführten, während sie in voller Länge ausgestreckt auf dem Boden lagen, merkwürdige und offensichtlich unfreiwillige Verrenkungen; ihre Brust hob und senkte sich, ihr Bauch blähte sich auf. Wenn dieser Zustand allmählich wieder abklang, erlangten sie sofort die Sprache wieder. War zu Anfang oft ihre Stimme von Schluchzen unterbrochen, so strömte bald eine ganze Flut von Worten aus ihnen heraus – Schreie nach Barmherzigkeit, Aufrufe zur Buße, Ermahnungen an die Zuschauer, nicht mehr die Messe zu besuchen, Verleumdungen der Kirche von Rom, Weissagungen über das kommende Gericht. Aus dem Munde von Kindern, die kaum dem Babyalter entwachsen waren, kamen Bibeltexte und Reden in einem guten und verständlichen Französisch, welches sie in bewußtem Zustand nie sprachen. Wenn der Trancezustand aufhörte, erklärten sie, daß sie sich an nichts erinnerten. In seltenen Fällen hatten sie eine verschwommene Erinnerung, aber nicht mehr. Nichts deutete auf eine Täuschung oder eine geheime Absprache hin; es gab keine Anzeichen dafür, daß sie Umsicht und Klugheit walten ließen, wenn sie Weissagungen aussprachen. Auch schienen sie keinerlei Zweifel an der Wahrheit dessen zu haben, was sie weissagten. Brueys, ihr hartnäckiger Gegner, stellte dies nicht anders dar als die Zeugen, die ihnen wohlgesonnen waren. »Diese armen Verrückten glaubten«, sagte Brueys, »daß sie in der Tat vom Heiligen Geist inspiriert waren. Sie weissagten ohne jeglichen (tiefergründigen) Plan, ohne böse Absicht und mit so wenig Vorbehalten, daß sie jedes Mal kühn den Tag, den Ort und die Person verkündeten, von welchen sie in ihren Vorhersagen gesprochen hatten« (2,186–187).

Jansenisten (ca. 1731)

»Wunder und andere übernatürliche Zeichen zu erwarten, war gegen Ende des 17. Jahrhunderts fast schon zu einem festen Bestandteil der jansenistischen Anschauung geworden«, schrieb Robert Kreiser in seinem Buch »Miracles, Convulsions and Ecclesiastical Politics in Early Eighteenth Century Paris«.

Eines jener Wunder, von dem er berichtet, ist die Heilung der Nichte Pascals im März 1656. Marguerite litt seit langem an einer ernsthaften und entstellenden Tränendrüsenfistel an ihrem Auge. Sie wurde geheilt, als ein heiliger Dorn ganz einfach mit ihrem Auge in Berührung gebracht wurde. Das Wunder wurde durch überzeugende medizinische Gutachten bestätigt und machte einen tiefen Eindruck auf die Öffentlichkeit.

John Wesley (1703–1791)

John Wesley war der Gründer der Methodistischen Kirche. In seinem »Tagebuch« schreibt er:

Mittwoch, den 15. August 1750 – auf der Reise las ich ein seltsames Buch »The General Delusion of Christians with Regard to Prophecy (Der allgemeine Irrglaube der Christen in bezug auf Prophetie)«. Beim Nachdenken darüber fand ich etwas bestätigt, was ich schon früher vermutet hatte. Ich war nun endgültig davon überzeugt: 1) daß die Montanisten im 2. und 3. Jahrhundert echte, biblische Christen gewesen sind; und 2) wurde mir deutlich, welches der Hauptgrund dafür war, daß die übernatürlichen Gaben so bald zurückgenommen wurden. Zum einen gab es kaum noch Glauben und Heiligkeit. Aber nicht nur das, sondern nüchterne, auf das Formelle bedachte orthodoxe Männer fingen an, alle diejenigen Gaben, die sie selber nicht hatten, lächerlich zu machen und sie alle als Wahnsinn oder Schwindelei hinzustellen.

Im Juni 1746 schreibt Wesley einen Brief an Thomas Church, in dem es heißt:

Ich kann jedoch nicht erkennen, daß Gott sich selbst davon abhalten läßt, seine allmächtige Kraft auszuüben und auf jede Weise und zu allen Zeiten bis an das Ende der Welt Wunder zu wirken. Es fällt mir kein Bibelvers ein, der uns lehrt, daß Wunder auf die apostolische Zeit oder auf die Zeit des Cyprian begrenzt wären oder auf irgendeine andere Zeit vor der Wiederherstellung aller Dinge. Ich habe weder im Alten noch im Neuen Testament irgendeine Andeutung dieser Art bemerkt. Der heilige Paulus sagt in der Tat einmal in bezug auf zwei der übernatürlichen Gaben des Geistes (so, denke ich, wird der Text normalerweise verstanden) »während doch das prophetische Reden aufhören wird und das Zungenreden aufhören wird«. Aber er sagt nicht, daß diese oder andere Wunder aufhören werden, bis nicht auch Glaube und Hoffnung aufhören und die Liebe alles in allem ist (Telford o.J. 2,261).

Lourdes (1858 bis in die Gegenwart)

In dem Ort Lourdes in Frankreich ereigneten sich zwischen dem 11. Februar und dem 16. Juli 1858 »religiöse Vorfälle«, die der Grund für dort weiter auftretende übernatürliche Ereignisse sind. 1882 wurde eine Prüfungskommission zusammengestellt, um alle Fälle übernatürlicher Heilungen zu prüfen. Zwischen 1918 und 1956 wurden über 216 Wunder berichtet. Einen vollständigen Überblick über die Heilungsberichte kann man in Mondens »Sign and Wonders« (S. 194–250) finden, wo mehr Einzelheiten über die Wunder beschrieben werden. In Lourdes wurden Menschen mit Augenleiden, Krebs, Tuberkulose und verschiedenen anderen Krankheiten geheilt.

Azusa Street (1906)

Charles Parham verlegte 1905 seine Schule nach Houston, Texas. Dort schloß sich William J. Seymour, ein schwarzer Evangelist, der Schule an. Er machte sich die »Lehre über die Glossolalie« zu eigen, hatte aber in Houston damit noch keine eigene Erfahrung. 1906 wurde Seymour eingeladen, in einer kleinen schwarzen Nazarener-Gemeinde in Los Angeles zu sprechen. Am 1. April 1906 empfing Seymour die Gabe der Glossolalie. Die kleine Gemeinde wuchs so rasch, daß sie bald das kleine Haus in Bonnie Brae verließen und in einen alten Mietstall in der Azusa Street 312 zogen.

Seymour war die Schlüsselperson in der Azusa-Street-Erweckung. Dreieinhalb Jahre hielt die Erweckung dort an. Dreimal täglich wurden Gottesdienste gehalten – morgens, nachmittags und abends. Die Hauptanziehungskraft übte das Reden in anderen Sprachen aus. Aber die Heilung von Kranken stand dem nur wenig nach. Seymour wurde der Pastor der Gemeinde, die sich aus Schwarzen und Weißen zusammensetzte, und blieb es bis zu seinem Tode im Jahre 1929. In der Azusa Street waren regelmäßig Pilger aus der ganzen Welt anzutreffen (Azusa Street, S. 136 ff.).

Zeichen und Wunder im 20. Jahrhundert

Zeichen und Wunder ereignen sich auch noch in diesem Jahrhundert, sowohl innerhalb der großen Konfessionen im Westen als auch außerhalb. Es gibt Anzeichen dafür, daß die Kirchen dort am schnellsten wachsen, wo der direkte Einfluß von westlich geprägten Christen – und ihrer Neigung, nicht an übernatürliche Dinge zu glauben – am geringsten ist.

Die folgenden, zum Anhang B gehörenden Beispiele wurden aus verschiedenen Teilen der Welt gesammelt. Sie sind ohne besondere Kriterien ausgewählt worden.

Südafrika

In Südafrika gibt es eine indische Bevölkerungsgruppe von ungefähr 800.000 Menschen, die sich geschlossen dem christlichen Glauben widersetzt hatten. Sehr wenige Inder wurden Christen. Vor ungefähr zwanzig oder fünfundzwanzig Jahren wurde durch eine Serie von Heilungsfeldzügen unter den Indern der Anfang zu zwei Pfingstkonfessionen gelegt. Die eine dieser Pfingstgemeinden hat jetzt 25.000 Mitglieder, die andere 15.000.[1]

Reinhard Bonnke

Bonnke ist ein deutscher Missionar, der durch eine Organisation mit dem Namen »Christ For All Nations« (Christus für alle Nationen) vor allem in den schwarzen »homelands« in Südafrika seinen Dienst tut.

Sein erster Feldzug wurde in Gaberones, Botswana, mit der Apostolic Faith Mission (A.F.M.) (Apostolische Glaubensmission) durchgeführt, welche zu jener Zeit in der Stadt nur vierzig Mitglieder hatte. Allabendlich betete Bonnke nach der Predigt zusammen mit Richard Ngidi für die Kranken. Nach nur sechs Tagen kamen bereits 2.000 Menschen in einem Saal zusammen, der nur 800 Plätze hatte. Dramatische Heilungen folgten, und die Versammlungen wurden in ein Stadion verlegt, wo jeden Abend 10.000 Menschen zusammenkamen. Der nächste Feldzug wurde in Sibasa, im Norden von Transvaal, durchgeführt. Innerhalb von sieben Tagen, nachdem sich einige außergewöhnliche Wunder ereignet hatten, war das Stadion trotz heftigen Regens jeden Abend mit 30.000 Besuchern gefüllt.

1979 machte Bonnke in Bloemfontain, Südafrika, einen Feldzug für A.F.M. Hunderte wurden gerettet, geheilt und erhielten die Wassertaufe.

Nach einem Feldzug von zwanzig Tagen gründeten sie eine neue Gemeinde mit über sechshundert getauften Mitgliedern. »Christ for all Nations« hat jetzt ein Zelt gebaut, das 34.000 Menschen aufnehmen kann, und es wird regelmäßig benutzt.[2]

Erlo Stegen

Stegen ist ein deutscher Missionar, der unter den Zulus in Kwasizabantu in Südafrika arbeitet. Die ersten zwölf Jahre seines Dienstes in dieser Gegend waren völlig erfolglos. Da begann Stegen, vollkommen enttäuscht, mit einer Gruppe von schwarzen Mitarbeitern ein ausführliches Studium der Apostelgeschichte. Sie stellten fest, daß der Schlüssel zu dem schnellen Wachstum der Urgemeinde in den Zeichen und Wundern lag. Einige Zeit später erlebten sie die Erfüllung mit dem Heiligen Geist. Es wird berichtet, daß die Einzelheiten dieser Erfahrung dem Bericht aus Apostelgeschichte 2 ähnlich waren.

Als Stegen und seine Gruppe den Raum verließen, in dem sie die Salbung des Heiligen Geistes erfahren hatten, kam direkt eine von einem Dämon besessene Frau auf sie zu, die sagte: »Irgend etwas hat mich getrieben, hierherzukommen und euch zu bitten, für mich zu beten.« Sie trieben den Dämon aus, und die Frau wurde befreit. Sie kehrte in ihr Dorf zurück und bewirkte dort eine kleine Erweckung. Sie predigte das Evangelium, betete für die Kranken, und Hunderte, die sie vorher gekannt hatten, gaben ihr Leben dem Herrn.

Von dieser Zeit an begannen die Menschen, nach Kwasizabantu zu strömen. Jedesmal, wenn ein Mensch geheilt, gerettet und mit dem Geist erfüllt wurde, ging er oder sie in das eigene Dorf zurück und verkündete dort das Evangelium. Dies war der Anfang einer großen Erweckung.[3]

Elfenbeinküste

Prophet Harris

Der Prophet William Wade Harris, ein Liberianer aus dem Berbos-Stamm, wuchs unter christlichem Einfluß auf. Sein Onkel war ein methodistischer Prediger in Liberia. Im Alter von zwanzig Jahren machte Harris eine tiefe religiöse Erfahrung. Sein christlicher Dienst jedoch begann erst, als er sechzig Jahre alt war.

1913 betrat der »Prophet Harris«, wie er genannt wurde, die Elfenbeinküste, um eine der größten Evangelisationen zu beginnen, von der je in der afrikanischen Geschichte berichtet wurde. René Bureau gibt in seiner unveröffentlichten Dissertation »Der Prophet Harris« ein wenig Einblick in die Weise, wie Gott den Propheten Harris dazu berief, ein Missionar zu werden. Er veröffentlichte das Zeugnis, das Harris einem katholischen Priester an der Elfenbeinküste gab, bevor er sich zu seiner Reise entlang der Küste aufmachte:

Ich bin ein Prophet Gottes. Vor vier Jahren wurde ich in der Nacht geweckt. Ich sah meinen Schutzengel am Fußende meines Bettes. Er schlug mich dreimal auf die Stirn und sagte:»Ich werde deine Frau von dir nehmen. Sie wird sterben, aber ich werde dir viele Menschen geben, die dir helfen werden. Bevor deine Frau stirbt, wird sie dir sechs Schillinge geben, das wird dein ganzes Vermögen sein. Du wirst nie etwas brauchen. Ich werde immer mit dir sein und dir den Auftrag Gottes offenbaren.« Aus diesem Grund bin ich gekommen. Ich bin hier, um Gottes Auftrag auszuführen.

William Harris begann dann seine Reise entlang der Elfenbeinküste. Er kleidete sich mit einem weißen Gewand und einem Turban, trug eine Bibel, ein Bambuskreuz und eine Kürbisflasche mit Wasser. Er ging überall hin und verkündigte die Rettung in Christus. Er las niemals aus der Bibel vor, weil die Menschen Analphabeten waren. Er zitierte aus dem Gedächtnis Bibelverse, die von der Rettung sprechen. Er lehrte sie Lieder und verkündete, daß es falsch ist, Fetische und Götzen anzubeten, und daß Gott die Menschen bestraft, sie solche Dinge tun. Er forderte die Menschen dazu auf, ihre Fetische zu verbrennen und Gott zu folgen.

Harris pflegte diejenigen, die Gott folgen wollten, dazu einzuladen, nach vorne zu kommen und vor dem Kreuz niederzuknien. Die Menschen kamen und legten beide Hände auf das Bambuskreuz und bekannten ihre Sünden. Harris berührte sie dann mit seiner Bibel am Kopf. Die Neubekehrten zitterten und Harris trieb Dämonen aus.

In Jackville heilte Harris die Frau eines Häuptlings, die im Sterben lag. Er sagte:»Berühre dieses Kreuz, steh auf und geh.« Sie tat es, und das ganze Dorf bekehrte sich.

Er stellte Gruppen von Gläubigen zusammen und leitete sie an, Kapellen zu bauen. Er setzte für jede Kapelle einen verantwortlichen Pastor ein und ließ jede Gruppe zwölf Apostel wählen, die die Gemeinde leiten sollten. Einige Bekehrte wurden zu den Stämmen im Inneren des Landes gesandt, um ihnen die Botschaft der Rettung zu bringen. Harris sagte diesen neu gebildeten Gemeinden, daß Missionare kommen würden, um ihnen die Bibel zu erklären.

Nach zwei Jahren des Dienstes an der Elfenbeinküste wurde Harris von den französischen Behörden verhaftet und nach Liberia zurückgeschickt. Die Franzosen fürchteten sich vor dieser neuen religiösen Bewegung und versuchten, sie zum Stillstand zu bringen.[4]

Jacques Giraud

Das, was in der Kirche der Elfenbeinküste geschah, war auch typisch für das Geschehen in vielen Ländern in Asien, Afrika und Lateinamerika. Die Elfenbeinküste hat ungefähr vier Millionen Einwohner, von denen etwa 30.000 Mitglieder der römisch-katholischen Kirche sind. Die methodistische Kirche hat im Jahre 1924 an der Elfenbeinküste Fuß gefaßt und zählt 60.000 Mitglieder. Aufgrund der treuen Mitarbeit von Missionaren sind sieben kleine protestantische Konfessionen mit einer Gesamtzahl von ungefähr 11.000 getauften Mitgliedern entstanden. Ihre Wachstumsrate beträgt 70% innerhalb von zehn Jahren (etwa 150 Missionare aus Amerika, der Schweiz und Frankreich helfen diesen Kirchen und tun eine Fülle von guten Werken).

Pastor Jacques Giraud, ein französischer Missionar auf den Westindischen Inseln, traf im März 1973 an der Elfenbeinküste ein, um ein Kirchengebäude der »Assemblies of God« (eine der Pfingstkirchen) in Abidjan einzuweihen. Während die Versammlungen ihren Lauf nahmen, geschah es, daß Menschen geheilt wurden. Die Zahl der Besucher wuchs, und die Versammlungen wurden bald in das Stadion verlegt. Lastwagenladungen voller Menschen kamen aus allen Teilen der Elfenbeinküste. Die Zeitungen und Radiosender berichteten von diesen Ereignissen. Auch leitende Regierungsbeamte kamen mit ihren Frauen ins Stadion.

Pastor Giraud pflegte zu Anfang über eines der Wunder Christi zu sprechen und eine Stunde über Gottes große Heilungsmacht zu predigen. Dann sagte er gewöhnlich: »Ich heile nicht. Gott heilt. Ich bitte ihn, seine Kraft herabzusenden. Lege deine Hand dorthin, wo du Schmerzen hast, und vereine dich mit mir im Gebet.« Dann schüttete er im gläubigen Gebet sein Herz vor Gott aus und bat ihn, zu heilen. Nach einer halben Stunde lud er diejenigen, die Gott geheilt hatte ein, nach vorn zu kommen. Krücken wurden weggeworfen, verkrüppelte und von Arthritis geplagte Menschen konnten aufrecht stehen, Blinde gingen nach vorne und sahen wieder. Viele kamen, manchmal Hunderte. Gott hatte ihnen Heilung oder zumindest Linderung ihrer Leiden geschenkt (Tausende andere wurden nicht geheilt).

Obwohl Giraud Pastor der »Assemblies of God« war, war es seine Gewohnheit, die Bekehrten den örtlichen Gemeinden und Missionsstationen zuzuführen, damit sie dort im Glauben wachsen konnten. Bei der Versammlung in Toumoudi waren die Missionare und Pastoren der »Christian and Missionary Alliance« vorne auf dem Podium. Er sagte den Menschen: »Wenn ihr euren Glauben auf Jesus Christus setzt, dann bittet diese Männer hier, euch zu taufen und eure Pastoren zu sein.«

Reverend Fred Pilding, ein Missionar der »Christian and Missionary Alliance«, der an der Elfenbeinküste arbeitet, ergänzte in der Zeitschrift »Alliance Witness« am 26. September 1973 einige Einzelheiten:

Der Feldzug begann in Bouake am 18. Juni und dauerte drei Wochen. Die morgendliche Besucherzahl lag bei durchschnittlich 4.000. Abends kamen zwischen 6.000 und 15.000, mit der Rekordzahl von 25.000 an einem Sonntag. Die Kranken saßen im Gras auf dem Spielfeld, und die anderen Menschen füllten die Tribüne. Der Evangelist verkündete Jesus Christus, der gestern, heute und in Ewigkeit derselbe ist. An diesem Ort, wo sich so viele für Gottes Heilung geöffnet hatten, wurde den Menschen bewußt, daß Jesu Macht auch heute noch wirksam ist. Es fiel ihnen leichter, ihm als dem Heiland zu vertrauen.

Ein buckliger Mann kam zu der Versammlung und kroch unter dem Einfluß von Dämonen im Schmutz herum. Die Dämonen wurden in Jesu Namen ausgetrieben, und er wurde sofort geheilt. Am nächsten Tag erschien er ordentlich angezogen bei der Versammlung, war vollkommen ruhig und gab sein Zeugnis.

Jedesmal, wenn jemand von seiner Heilung berichtete, wurden Zeugen gebeten, die Heilung zu prüfen. Pastor Giraud zitierte immer und immer wieder Markus 16,15-18 als Auftrag an jeden Gläubigen. Er betonte, daß die Christen im Namen des Herrn Dämonen austreiben sollten und den Kranken die Hände auflegen, und diese würden gesund werden. Giraud lehnte es entschieden ab, als Heiler betitelt zu werden. Sein Dienst, sagte er, bestehe darin, Glauben an das Evangelium zu wekken.»Allein durch den Namen Jesus werden Menschen geheilt.«

Nach der Veranstaltung in Toumoudi kamen aus 81 Dörfern im Umkreis von Toumoudi Gruppen von Bekehrten, suchten die Missionare und Pastoren der Allianz auf und flehten sie an, sie mögen kommen und sie durch die Taufe zu Christen machen. Nach der Veranstaltung in Bouake erhielten diese aus mehr als 100 Dörfern Antworten. Hundertvierzig Karten kamen allein schon aus einer kleinen Stadt.

Aus einem Dorf in der Nähe von Bouake kamen zehn Karten. Der Missionar machte sich auf den Weg, um dieses Dorf zu besuchen. Als einer der Männer, die geheilt worden waren, ihn sah, rannte er los, um einige der heidnischen Dorfältesten zu holen. Während der Missionar wartete, fragte er die Kinder:»Kennt ihr das Lied von Pastor Giraud?« Sofort fingen sie fröhlich an zu singen:»Hinauf, hinauf mit Jesus. Hinab, hinab mit Satan. Halleluja!« Menschen kamen angeströmt, und der Missionar predigte und fragte dann:»Wie viele von euch wollen Gott folgen und die alten Wege verlassen?« Mehr als die Hälfte antwortete sofort: »Wir wollen es.« In einem anderen Dorf sagte der Häuptling:»Die Fetische sind tot. Wir werden alle Christen werden.«

Die Pastoren und Missionare hatten große Möglichkeiten. Sie standen aber auch vor der Herausforderung, diese Begeisterung, die sich schnell wieder auflösen konnte, zu nutzen und die Menschen, die sich bekehrt hatten, in bestehende, verantwortungsfähige Gemeinden zu bringen, wo es Christen gab, die den Herrn kannten und seinem Wort gehorchten. Etwas Derartiges hatten die Christen an der Elfenbeinküste noch nicht erlebt, und sie waren natürlich ängstlich darum besorgt, daß sich die Begeisterung nicht nur als etwas Vorübergehendes erwies, wie es sehr leicht hätte geschehen können.[5]

Argentinien

Tommy Hicks

1952 sprach Gott durch eine Vision zu dem amerikanischen Evangelisten Tommy Hicks und sagte ihm, er solle nach Südamerika gehen und das Evangelium predigen. 1954, als er auf dem Weg nach Buenos Aires war, tauchte in Hicks Gedanken plötzlich der Name Perón auf. Er kannte niemanden mit diesem Namen. Kurz bevor das Flugzeug seinen Bestimmungsort erreichte, fragte er die Stewardeß, ob ihr irgend jemand mit diesem Namen bekannt sei. Sie erwiderte:»Ja, Herr Perón ist der Präsident von Argentinien.« Hicks bemühte sich um eine Verabredung mit Herrn Perón, stieß dabei jedoch auf Schwierigkeiten. Dann geschah etwas Außergewöhnliches im Präsidentenamt. Während Hicks versuchte, ein Interview mit dem Präsidenten zu bekommen, begegnete er dessen Sekretär, der ein krankes Bein hatte. Hicks betete für ihn, und dieser wurde sofort geheilt. Dies hatte zur Folge, daß Hicks General Perón vorgestellt wurde.

Perón bereitete Hicks einen warmen Empfang und wies seinen Stellvertreter an, Hicks alles zu geben, worum er bitten würde. Auf Hicks' Wunsch hin wurde ihm ein großes Stadion zur Verfügung gestellt, und ihm wurde der freie Zugang zu dem unter staatlicher Kontrolle stehenden Rundfunk und der Presse gewährt. Der Evangelisations-Feldzug dauerte zweiundfünfzig Tage. Hicks predigte das Evangelium von der rettenden Macht Jesu und betonte die göttliche Heilung. Über zwei Millionen Menschen kamen zu den Veranstaltungen. Am letzten Abend des Feldzuges waren etwa 200.000 Menschen versammelt. Obwohl fast alle örtlichen Gemeinden als Folge des Feldzuges wuchsen, verzeichneten doch die »Assemblies of God« den größten Zuwachs. Ihr Wachstum von 174 im Jahre 1951 auf fast 2.000 Mitglieder im Jahre 1956 spiegelt den ungeheuren Einfluß von Hicks' Feldzug wider.[6]

Indien

Suba Rao war der Direktor einer staatlichen Schule in Indien, ein Angehöriger einer der mittleren Kasten und ein wohlhabender Mann. Er haßte Missionare und lachte über die Taufe. Für ihn war die Kirche eine Versammlung der unteren Kaste (was sie vom sozialökonomischen Standpunkt betrachtet auch war).

Einer seiner Nachbarn, der zugleich auch zu seinen engsten Freunden gehörte, wurde krank. Zwei Jahre lang konnte seine Krankheit nicht geheilt werden. Sie zehrte den Freund langsam aus. Er ging zu vielen Ärzten – ohne Erfolg. Eines Nachts, während Suba Rao schlief, erschien ihm der Herr Jesus und sagte: »Wenn du gehst und deine Hand auf den Kopf des Mannes legst und in meinem Namen betest, werde ich ihn heilen.« Suba Rao wachte auf, lachte und dachte: »Was für ein lustiger Traum« und schlief wieder ein.

In der nächsten Nacht stand der Herr Jesus neben ihm und sagte: »Wenn du gehst und deine Hand auf den Kopf des Mannes legst und für ihn um Heilung betest, werde ich ihn heilen.« Suba Rao wachte auf. Dieses Mal lachte er nicht, und er schlief nicht wieder ein, aber legte dem Kranken auch nicht seine Hände auf. Er dachte: »Das ist unmöglich.« In der dritten Nacht erschien ihm der Herr wieder. Diesmal stand Suba Rao sofort auf und ging zu seinem Nachbarn. Er legte seine Hand auf den Kopf des Mannes, betete für ihn, und am Morgen sagte der Mann: »Ich fühle mich viel besser, tue es noch einmal.« Der Mann wurde geheilt.

Suba Rao warf seine Götzen hinaus, er begann, die Bibel zu lesen, er fing in seiner Nachbarschaft eine Bibelstudiengruppe an. Bis auf den heutigen Tag macht er sich über die Taufe lustig. Er hat sich immer noch keiner Gemeinde angeschlossen. Aber er verkündet, daß er ein Nachfolger des Herrn Jesus ist. Die Heilung von Menschen in Jesu Namen ist zu seiner Hauptbeschäftigung geworden. Einer Kirche beizutreten, die sich in Indien hauptsächlich aus den untersten Kasten der Gesellschaft zusammensetzt, ist für ihn, so denkt er, ein unmöglicher Schritt. Trotzdem heilt der Herr Jesus Menschen durch Suba Rao.[7]

Die Nishi-Stämme

Auch die Nishi-Stämme im Sulansini-Distrikt in Nordostindien sind inzwischen offen für Wunder. Es begann alles damit, daß der jüngste Sohn eines hohen Regierungsbeamten unheilbar krank wurde:

Ein hinduistischer Apotheker, der erkannte, daß medizinische Hilfe dem Kinde nicht mehr nützen würde, riet dem Vater folgendes: »Versuch es doch einmal mit dem christlichen Gott Jesus Christus. Ich habe einmal gehört, daß er einen Mann mit dem Namen Lazarus auferweckt hat, der schon drei Tage tot war!« Als der Vater sich dem Haus näherte, hörte er Weinen und Klagen und wußte, daß sein Sohn schon gestorben sein mußte. Er ging ins Haus und fand dies bestätigt. Doch dann ging er in das Zimmer seines Sohnes, legte seine Hand auf die Brust seines toten Sohnes und betete:»Jesus, ich weiß nicht, wer du bist, aber ich habe gerade gehört, daß du Lazarus drei Tage nach seinem Tod auferweckt hast. Mein Sohn ist erst vor einigen Stunden gestorben. Wenn du ihn auferweckst, verspreche ich dir, obwohl ich nicht weiß, wer du bist, daß meine Familie und ich dich anbeten werden.« Sofort fingen die Augen des Jungen an zu zucken, und er wurde wieder lebendig. Der Einfluß des Wunders war ungeheuer groß. Die Menschen riefen:»Jesus, wer bist du? Wie groß ist deine Liebe zu uns!« Innerhalb der nächsten Wochen gaben Hunderte ihr Leben Jesus.[8]

China

David Wang ist der leitende Direktor von »Asian Outreach«. Er besucht recht oft das chinesische Festland und hat regelmäßigen Kontakt zu den Gläubigen dort. Seine Berichte über das, was der Herr in China tut, sind erstaunlich.

Zum Beispiel erzählt er uns, daß es in der Nähe von Foochon einen Ort gibt, der Christian Mountain (christlicher Berg) heißt. In diesem Ort wohnen zwischen 30.000 und 50.000 Menschen, von denen 90% Christen sind. Die Entstehung dieser christlichen Bevölkerung steht in direkter Verbindung mit der Befreiung eines von Dämonen besessenen Mädchens in den Jahren 1969–1970.

Indonesien

Der bekannte deutsche Theologe Kurt Koch hat über die heute sogenannte »Erweckung in Indonesien« ausgezeichnete Forschungsarbeit betrieben.

Timor ist eine der Inseln am östlichen Rand von Indonesien. Bei einer Bevölkerung von einer Million gehören etwa 450.000 Menschen der früheren holländisch-reformierten Kirche an. Nach Koch war der geistliche Zustand der Gemeinden zu Beginn der sechziger Jahre beinahe katastrophal. Timor war nie evangelisiert worden, nur »christianisiert«. 1964 gab Gott einem Mann namens Jephtah (der ein Lehrer auf der Insel Rote war) in einer Vision die Anweisung, nach Timor zu reisen und dort einen Heilungsfeldzug durchzuführen. Vom ersten Tag des Feldzuges an bekräftigte Gott Jephtahs Berufung durch mächtige Zeichen und Wunder. Nach der

Beendigung des Feldzuges wurde eine weitere Heilungswoche in Sol abgehalten. Verschiedenen Berichten zufolge, die später bestätigt wurden, wurden mehrere tausend Menschen geheilt. All dies war der Anfang eines Geschehens, welches sich zu einer mächtigen Erweckung entwickelte, in der Tausende gerettet wurden. In einer Gegend gewann ein evangelistisches Team innerhalb von nur zwei Wochen mehr als 9.000 Menschen für Christus.

Kanada

Red Sucker Lake, Manitoba 1951

Ein frischgebackenes Ehepaar, junge Missionare, verbrachte seinen ersten gemeinsamen Winter in diesem abgelegenen Cree-Indianer-Dorf. Es ging auf den Frühling zu, und die Seen und Flüsse waren vom Eis blockiert und machten »float-flying« (Wasserlandung von Flugzeugen) unmöglich. Es gab weder Telefon noch Rundfunkverbindung zur Außenwelt.

Die Missionare hatten gerade erst angefangen, die Sprache dieser Indianer zu lernen. Das kleine Kind eines einflußreichen Eingeborenen wurde ernsthaft krank. Es gab keine medizinische Einrichtung im Dorf. Die Arbeiter hatten keine medizinische Ausbildung. Als sich der Zustand des Kindes verschlechterte, schlugen Freunde vor, daß doch vielleicht der neue Missionar für das Kind beten könne. Der Vater wies das zurück und sagte: »Er ist ein falscher Lehrer. Wie kann er etwas Gutes tun?« Die Tage vergingen, und der Zustand des Kindes wurde so kritisch, daß allen klar war, daß der Junge im Sterben lag. Die Nachbarn sagten: »Also, jetzt kann es doch nichts mehr schaden, wenn er für ihn betet. Das Kind stirbt sowieso.« Der Vater gab zögernd nach. Der Missionar kam zu dem Zelt, betete kurz für die Genesung des Kindes und ging wieder. Am nächsten Tag war das Kind völlig wiederhergestellt. Heute führt der inzwischen erwachsen gewordene Junge ein normales Leben und ist glücklich verheiratet. Schließlich bekehrte sich auch der Vater, ging auf eine Bibelschule und wurde Pastor der indianischen Gemeinde dieses Dorfes.[9]

Anmerkungen

Kapitel 1

[1] Vieles in diesem Kapitel stützt sich auf Schriften von George Ladd und James Kallas. Denjenigen Lesern, die an weiterer Literatur über das Reich Gottes interessiert sind, empfehle ich Ladd's *A Theology of the New Testament* (Grand Rapids, Michigan: Eerdmans Publishing Company, 1974) und Kallas' *The Real Satan* (Minneapolis: Augsburg Publishing House, 1975).

[2] Siehe Amos 9,14; Jesaja 11; Sacharja 8,4-8.

[3] James Kallas, *Jesus and the Power of Satan* (Philadelphia: The Westminster Press, 1968), Seiten 119-121.

[4] Es ist nicht meine Absicht, die fünfzehn Bücher der Apokryphen dem Kanon gleichzustellen. In Artikel sechs der Neununddreißig Artikel der anglikanischen Kirche lesen wir:
Und die anderen Bücher (wie Hieronymus sagt) liest die Kirche als ein Vorbild für das Leben und als Anweisung für ihr Verhalten; aber sie gebraucht sie nicht, um irgendwelche Lehren aufzustellen.

[5] Das hebräische Verständnis von Zeit unterschied sich von dem der Griechen. Anstatt sich »Ewigkeit« als Zeit außerhalb unserer Zeit vorzustellen oder als Zeit ohne Anfang oder Ende (wie der Zyklus in der Natur), bedeuten die neutestamentlichen griechischen Worte, die wir mit Ewigkeit übersetzen (*eis ton aiona* – gewöhnlich mit »für immer« übersetzt) wörtlich »für alle Zeitalter« (siehe auch Mk. 3,29; Lk. 1,33.55; Gal. 1,5; 1. Petr. 4,11; Offb. 1,18). Dies bedeutet nicht-endende Zeit, nicht aber ein Ende der Zeit. Tatsächlich gibt es im Neuen Testament kein griechisches Wort für Ewigkeit. Darüber hinaus stellten sich die Hebräer die Zeit auf einer linearen Ebene vor, auf der die Geschichte in zwei Abschnitte eingeteilt ist. Das erste, dieses Zeitalter, ist böse; das zweite, das kommende Zeitalter, ist gut.

[6] Pseudepigraphen sind jene jüdischen Schriften, die aus dem alttestamentlichen Kanon ausgeschlossen wurden und die auch keinen Platz in den Apokryphen haben.

[7] Siehe auch Römer 12,2; 1. Korinther 2,6; Galater 1,4.

[8] George Ladd, *A Theology of the New Testament,* Seite 48.

[9] Ebd., Seite 69.

[10] Ich deute damit keinen Dualismus an – als habe Satan die gleiche Macht wie Christus. Alle Autorität, die Satan hat, stammt von Gott. Für eine gewisse Zeit hat Gott Satan erlaubt, die Welt zu plagen, damit Christi Erbarmen und Gericht in der Schöpfung sichtbar werden können, besonders durch sein Werk am Kreuz.

[11] Die Begriffe »Himmelreich« und »Reich Gottes« können im Neuen Testament ausgetauscht werden.

[12] Das griechische Wort, mit dem im Neuen Testament die Kirche bezeichnet wird, *ekklesia*, wurde auch in der griechischen Übersetzung des Alten Testamentes (der Septuaginta) gebraucht. Es bedeutet wörtlich »die Herausgerufenen«, und es zeigt erneut, daß die neutestamentliche Kirche in direkter Kontinuität mit dem alttestamentlichen Volk Gottes steht.

[13] George Ladd, *A Theology of the New Testament*, Seite 117.

[14] Ebd., Seite 118.

[15] Für einen tieferen Einblick in dieses ganze Gebiet siehe Ladd, *A Theology of the New Testament*, Seiten 111-119.

[16] Jesus kam in die Welt, um Männer und Frauen von der Macht des Satans zu retten, um uns zu vergeben und uns neu zu machen, um allen, die an ihn glauben, ewiges Leben zu geben. Das Ziel dieses Buches ist es, zu verstehen, daß Zeichen und Wunder den Zweck haben, Satans Reich zu überwinden und einen Weg aufzuzeigen, um viele Menschen zu Christus zu führen.

Auch wenn ich Zeichen und Wunder hier in den Mittelpunkt des Interesses stelle, sage ich damit weder, daß in ihnen die Gesamtheit unserer Errettung liegt, noch daß die Analogie »Kirche als eine Armee von Soldaten« meine einzige Vorstellung von Kirche sei. Wir werden als Kirche Jesu Christi auch »Familie« genannt, »Zufluchtsort, Volk, Nation« und so weiter – wobei jeder Begriff verschiedene Aspekte von Gottes Erlösungsabsicht andeutet.

[17] James Kallas, *The Real Satan*, Seite 60.

[18] George Ladd, *The Presence of the Future* (Grand Rapids, Michigan: William B. Eerdmans Publishing Company, 1974), Seiten 160-166.

[19] Ebd., Seite 162.

Kapitel 2

[1] Bei dem Thema »Besessenheit« kommen viele Fragen auf, die Beispiele in diesem Kapitel provozieren sie geradezu. Zum Beispiel, welche Beziehung besteht zwischen Persönlichkeitsstörungen und dämonischer Besessenheit? Worin liegt der Unterschied? Solche Fragen sind wichtig, sind aber leider nicht das Thema dieses Buches. Für die eigene Beschäftigung mit diesem ganzen Themenkreis finden Sie die entsprechende Literatur in der Bibliographie.

[2] Alan R. Tippett, *People Movements in Southern Polynesia* (Chicago: Moody Press, 1971).

[3] C. Peter Wagner, *»Special Kinds of Church Growth«*, unveröffentlichtes Vorlesungsmanuskript, Fuller Theological Seminary, 1984, Seite 14.

4 Alan Tippett, *People Movements,* Seite 81.

5 Oscar Cullmann, *Christ and Time* (London: SCM, 1951), Seite 64.

6 Karl Ludwig Schmidt, »*Ethnos* in the NT«, *Theological Dictionary of the New Testament*, Band II (Grand Rapids, Michigan: Eerdmans Publishing Company, 1964), Seite 369.

7 Siehe Anhang A und B, wo ich aus der Kirchengeschichte Beispiele über Machtbegegnungen zitiere.

8 Etliche Monate, nachdem Kevin Springer im November 1984 in der Emmaus-Fellowship, einer Gemeinde in Ann Arbor, Michigan, gesprochen hatte, erhielt er folgenden Brief von Martha Slaughter, einer Frau, für die er an jenem Tag gebetet hatte:

Ich möchte Ihnen von meinen Erfahrungen erzählen, die ich gemacht habe, seitdem Sie in Emmaus für mich gebetet haben. Ich bat Sie, dafür zu beten, daß ein Geist der Bitterkeit und des Grolls mich verläßt. Sie taten dies, hielten dann aber inne und sagten, daß Sie das Gefühl hätten, daß da noch etwas anderes sei – Ihr Eindruck war, daß es mir sehr schwer fiel, Menschen zu vertrauen. Sie beteten für mich und baten um eine Salbung mit Gottes eigenem Vertrauen zu den Menschen. Direkt nach dem Gottesdienst *fühlte* ich einfach dieses Vertrauen und spürte, daß der Herr meine Beziehung zu meinen Schwestern änderte. Ich fühlte, wie der Herr mich durch diese Schwestern seine Liebe erfahren ließ.

Als wir von der Kirche nach Hause kamen und über alles sprachen, erzählte ich Gary (ihrem Ehemann), daß ich mir ein Gespräch mit Dr. Dave King (einem christlichen Seelsorger) wünschte. Das allein schon sprach für sich, denn vorher wäre ich in keinster Weise dafür offen gewesen. Ich habe unter der Bindung des Mißtrauens gestanden und ließ mich von den Umständen so sehr bedrücken, daß ich in Selbstmitleid fiel und Depressionen zuließ. Der Herr zeigte mir, daß er mich ein für allemal von diesen Dingen befreien wollte, daß er den Sieg darüber für mich bereithielt und alle diese Wunden in mir heilen wollte. Er wollte mich so verändern, damit ich, frei von allen Lasten, mit ihm voranschreiten konnte.

Dr. King war für uns beide ein Segen und hat uns geholfen, viel Müll zu beseitigen. Es war, als würde ein Licht angezündet – das erforschende Licht von Gottes Geist. Der Herr hat die Seelsorge dazu gebraucht, um mir schlechte Verhaltensmuster zu offenbaren, die ich im Umgang mit Menschen hatte, die mir von Kindheit an in verschiedenen menschlichen Beziehungen zu schaffen machten.

Das, was mich einfach so erstaunt, ist, wie sanft, liebevoll und barmherzig Gottes »geistliche Operation« ist. Zwei Gelegenheiten, bei denen für mich gebetet wurde und ich buchstäblich zu Boden fiel, gebrauchte der Herr, um an mir zu wirken. Ich habe mich von Gott nie verurteilt gefühlt, als er mir all diese Problemfelder aufzeigte, sondern ich war mir nur in starkem Maße seiner Liebe und seiner Barmherzigkeit bewußt.

[9] Anonymous, »Where the Spirit of the Lord Is«, in *New Covenant*, Oktober 1978, Seiten 15-16.

[10] Werner Förster, »*Exousia*«, *Theological Dictionary of the New Testament*, Band II, Seite 568.

Kapitel 3

[1] Ich meine damit nicht, daß die »power evangelism« die einzige Art der Evangelisation im Neuen Testament ist. Auch meine ich nicht, daß sie die am weitesten verbreitete Art der Evangelisation ist, die Christen durch die Kirchengeschichte hindurch angewandt haben. Zum Beispiel vertreten evangelikale Christen den Standpunkt, daß der Verkündigung der Botschaft des Evangeliums eine geistliche Kraft innewohnt, eine Tatsache, die ich nicht bestreiten möchte. Aber ich betone daneben: »power evangelism« war eine ganz normale Art der Evangelisation in der frühen Kirche und ist innerhalb der Kirchengeschichte immer wieder mit bemerkenswerten Ergebnissen hervorgetreten.

[2] Quellen: The Gallup Poll (1983) und *The Yearbook of American and Canadian Churches* (1967 bis 1983).

[3] Joseph Bayly, »Keeping In Step: How Far Will American Evangelicals Follow Secular Cultural Trends?« *Pastoral Renewal,* Oktober 1984, Seite 34.

[4] Siehe im National Opinion Research Center (NORC – angegliedert an die Universität von Chicago), die Jahreszeitschrift »General Social Survey« für 1983.

[5] C. Peter Wagner, »A Third Wave?« *Pastoral Renewal,* Juli-August 1983, Seiten 1-5.

[6] Diese geschätzte Statistik stammt aus vielen Gesprächen mit leitenden Missionswissenschaftlern der »Fuller Theological Seminary's School of World Missions«. Vgl. Craig Hanscome, »Predicting Missionary Dropout«, in *Evangelical Missions Quarterly,* 1979, Seiten 152–155.

[7] D. Martyn Lloyd-Jones, *Joy Unspeakable* (Eastbourne: Kingsway Publications, 1984), Seite 75.

[8] C.S. Lewis, *Mere Christianity* (London: Fontana, 1970).

Kapitel 4

[1] Viggo Sogaard, MA Projekt, »Commission to Communicate: Cassettes in Context of a Total Christian Communication Program«, Wheaton Graduate School, Wheaton, Illinois, 1973. Vgl. auch Viggo Sogaard, *Everything You Need to Know for a Cassette Ministry* (Minneapolis: Bethany Publishing Company, 1975).

2 James Engel and Wilbert Norton, *What's Gone Wrong with the Harvest?* (Grand Rapids, Michigan: Zondervan Publishing Company, 1975), Seite 45.

Kapitel 5

1 James Sire, *The Universe Next Door* (Leicester, IVP 1976), Seite 17.
2 Charles Kraft, *Christianity in Culture* (Maryknoll: Orbis Books, 1979).
3 Ebd., Seite 53.
4 Ebd.
5 Harry Blamires, *The Christian Mind* (London; SPCK, 1963), Seite 44.
6 Ebd., Seite 67.
7 Ebd., Seite 86.
8 Ebd., Seite 106.
9 Jack Rogers, *Confessions of a Conservative Evangelical* (Philadelphia: The Westminster Press, 1974), Seiten 33-34.
10 Paul Hiebert, »The Flaw of the Excluded Middle«, *Missiology:* Januar 1982, Seiten 35-47.
11 Kraft, *Christianity and Culture,* Seite 60. Dr. Kraft hat gezeigt, wie dieser Voraussetzung/Schlußfolgerungs-Prozeß vor sich geht. Hier sind einige kulturelle Merkmale, mit einer Liste von Voraussetzungen und Folgerungen, die daraus gezogen werden:

Kulturelles Merkmal	Voraussetzung	Folgerung
Kleidung	1. Unanständig, nackt zu sein (USA)	1. Man muß Kleider tragen, selbst im Bett.
	2. Man bedeckt seinen Leib, wenn man etwas verbirgt (Volk der Gava, Nigeria)	2. Nackt zu sein, um Wahrhaftigkeit zu beweisen.
	3. Nur als Schmuck (Volk der Higi, Nigeria)	3. Kleidung nur zu bestimmten »Gelegenheiten«. Umziehen geschieht öffentlich.
Kaufen	1. Unpersönlich, wirtschaftliche Abwicklung (USA)	1. Feste Preise. Kein Interesse am Käufer als Person. Schnell zu Ende bringen.
	2. Sozial, von Mensch zu Mensch (Afrika, Asien, Lateinamerika)	2. Feilschen über den Preis. Persönliche Beziehung entwickeln, sich Zeit nehmen.

Kulturelles Merkmal	Voraussetzung	Folgerung
Jugendlichkeit	1. Wünschenswert (USA)	1. Siehe jung aus, verhalte dich jung. Kosmetik.
	2. Geduldet. Soll überwunden werden (Afrika)	2. Beweise deine Reife. Verhalte dich nicht wie ein Jugendlicher.
Alter	1. Altersangabe nicht gewünscht (USA)	1. Gefürchtet. Alte Menschen nicht gewollt.
	2. Erwünscht (Afrika)	2. Alte Menschen geehrt.
Ausbildung	1. Vor allem offiziell, außerhalb des Hauses, Lehrer-zentriert (USA)	1. Offizielle Schulen. Bezahlte Spezialisten.
	2. Vor allem nicht offiziell, zu Hause, der Lernende im Mittelpunkt, traditionell	2. Lernen durch Tun. Lernen durch Gemeinschaft und Vorbild des »Lehrers«. Sprüche und Volkserzählungen.

Kapitel 6

[1] Herman Ridderbos, *The Coming of the Kingdom* (Philadelphia: Presbyterian and Reformed, 1962), Seiten XI-XXXIV.

[2] C. Peter Wagner, *Church Growth and the Whole Gospel* (San Francisco: Harper and Row, 1981). Siehe auch Lukas 4,18-19; 7,21-22; Markus 16,17-18. Beachten Sie bitte, daß ich unter Kategorie B noch zwei weitere Wunder (10 und 11) erwähnt habe.

[3] Ebd.

[4] Offenbarung 21,1; vgl. Colin Brown, *The New International Dictionary of New Testament Theology,* Band 2 (Exeter: Paternoster, 1976), Seite 631.

[5] *Evangelicals and Social Concern, an Evangelical Commitment,* No. 21, Grand Rapids Report, 1982, Seiten 9-11, 30-32.

[6] James Dunn, *Jesus and the Spirit* (London: SCM, 1975), Seiten 48-49.

[7] Edward Langton, *Essentials of Demonology: A Study of Jewish and Christian Doctrine, Its Origin and Development* (London, 1949), Seite 173.

[8] Tochter des Jairus: Matthäus 9,18-26; Markus 5,21-43; Lukas 8,40-56. Lazarus: Johannes 11,1-12,19. Der Sohn der Witwe: Lukas 7,11-17; »Entschlafene Heilige« nach der Kreuzigung: Matthäus 27,52.

Kapitel 7

[1] Robert K. Johnston, Herausgeber. *The Use of the Bible in Theology – Evangelical Options* (Atlanta, Georgia: John Knox, 1985).

[2] Zeichen und Wunder –

Beispiel	*Folge*
Durch Jünger – Apg. 2,43	Täglich werden Menschen zur
Gottes Kraft, die sich in mächtigen	Gemeinde hinzugetan – 2,47
Taten zeigt – 4,33	
Philippus – 8,6	Gemeinde in Samaria – 8,12
Die Hand des Herrn mit ihnen	Große Anzahl glaubte und wandte
11,20-21 und 13,11	sich zum Herrn – 11,21
Voll des Geistes – 11,24	Der Herr tat zur Gemeinde hinzu – 11,24
Paulus und Barnabas – 14,1-7	Gläubige – 14,4
Außergewöhnliche Wunder/	Alle Gemeinden aus der Offenba-
Lehren in Ephesus – 9,11	rung wurden in diesen zwei Jahren gegründet.

[3] Sprachgaben

Beispiel	*Folge*
Gabe der Glossolalie – Apg. 10,44	Getaufte Gläubige – 10,47
Prophetie – 13,2	Bekehrung von Jüngern Johannes des Täufers – 19,5-7
Gabe der Glossolalie/Prophetie – 19,1-7	

[4] Visionen –

Beispiel	*Folge*
Paulus, Mazedonien – Apg. 16,8	Europäische Gemeinden
Paulus – 18,9	Gemeinde in Korinth

[5] Wunder –

Beispiel	*Folge*
Hananias/Saphira – 5,1-11	Furcht – 5,13
Geist des Herrn entrückte Philippus – 8,39	
Paulus erblindet – 9,1-9a	Sergius Paulus glaubte
Elymas erblindet – 13,4-12	Jünger – 14,21
Paulus gesteinigt/am Leben erhalten – 14,19-20	

[6] Heilungen –

Beispiel	*Folge*
Lahme – 3,7.8	Zahl der Gläubigen stieg auf 5.000 – 4,4

Etliche Kranke und unreine Geister – 5,16 — Geheilt – 5,16
des Paulus Blindheit geheilt – 9,17-19
Lahme – Lystra – 14,10
Dämon ausgetrieben – 16,18 — Jünger – 14,21
Publius' Vater – Fieber/Ruhr – 28,8 — Brüder – 16,40
Alle Kranken auf der Insel geheilt – 28,9. Kirchenhistorikern zufolge entstand eine Gemeinde

[7] Besuch von Engeln –
Beispiel — *Folge*
Petrus – 12,7
Paulus – 27,23.24

[8]

Zeichen und Wunder	*Predigt*	*Gemeindewachstum*
2,4	2,14	2,41
3,1	3,12	4,4
8,6	8,6	8,12
8,26	8,35	8,38
10,3.12.44	10,34	10,47
11,20-21	11,20	11,21
11,23.24	11,23	11,24b
13,1-3		Gemeinden in Kleinasien, Europa
14,1-7	14,3	14,4.21,22
14,8-18	14,15	14,21
16,16	16,14	16,40
16,25.26	16,31	16,34
18,1	18,5	18,8
19,11	19,10	Gemeinden in Kleinasien

[9] J. Sidlow Baxter, *Divine Healing of the Body* (Grand Rapids: Zondervan Publishing House, 1979), Seite 52.

Kapitel 8

[1] C. Peter Wagner, »A Third Wave?« *Pastoral Renewal,* Juli-August 1983, Seiten 1-5.
[2] Ebd., Seite 4.
[3] Richard Ostling in »Counting Every Soul on Earth«, *Time,* 3 May, 1982, Seiten 66-67.
[4] Constance Jacquet, *Yearbook of American and Canadian Churches,* (Nashville, 1983), Seite 225.
[5] Ebd., Seite 226.

6   Elmer Towns, »The World's Ten Largest Churches«, *Christian Life,* Januar 1983, Seiten 60-66.

7   Victor Monterosso, William Reed and Harman Johnson, *Latin American Church Growth* (Grand Rapids, William B. Eerdmans, 1969) Seite 58.

8   Peter Wagner, *What Are We Missing?* (Carol Stream, Illinois: Creation House, 1973), Seite 25.

9   C. Peter Wagner, *Your Spiritual Gifts* (Glendale, California: Regal, 1979), Seite 32.

10 Vinson Synan, *In the Latter Days* (Ann Arbor, Michigan, Servant Books, 1984), Seite 74.

11 Ebd., Seiten 74-75.

12 Synan, *The Holiness-Pentecostal Movement in the United States* (Grand Rapids, Michigan, William B. Eerdmans, 1972), Seite 144.

13 Synan, *In the Latter Days,* Seite 79.

14 Ebd., Seite 80.

15 Ebd., Seite 81.

16 David Barrett, *World Christian Encyclopedia* (Oxford, 1982), Seiten 1-104.

17 Richard Quebedeaux, *The Young Evangelicals* (London: Harper & Row, 1974), Seite 42.

18 Dean Hoge, *Converts, Dropouts, and Returnees* (Washington, D.C.: United States Catholic Conference, 1981).

19 Michael Cassidy, *Bursting the Wineskins* (London: Hodder and Stoughton, 1983), Seite 19. Vgl. auch James Davison Hunter, *American Evangelicalism* (New Brunswick, New Jersey: Rutgers University Press, 1983), Seite 7.

20 Ebd., Seite 9; siehe auch Quebedeaux, *The Young Evangelicals,* Seiten 13, 28-41.

21 John MacArthur, *The Charismatics* (Grand Rapids, Michigan: Zondervan Publishing Company, 1978), Seite 131.

22 F.F. Bruce, *1 & 2 Corinthians* (London: Marshall, Morgan and Scott, 1971), Seite 122.

23 Hunter, *American Evangelicalism,* Seiten 41-48.

24 Wagner, »A Third Wave?«, Seiten 4-5.

Kapitel 9

1   Andrew Murray, *The Believer's Full Blessing of Pentecost* (Basingstoke: Lakeland, 1984), Seiten 9-10.

2   A.W. Tozer, *How to Be Filled with the Holy Spirit* (Harrisburg, Pennsylvania: Christian Publications, Inc.).

3   »Ein sich allmählich entwickelndes Werk der Gnade«, schrieb Wesley, »geht dem unmittelbaren Werk sowohl der Rechtfertigung als auch der Heiligung immer voraus, aber letzteres Werk ist für sich selbst genom-

men immer unmittelbar..., nach einer allmählich anwachsenden Überführung von angeborener Sünde wird man in einem Moment geheiligt.« (Brief vom 21. Juni 1784, in *The Letters of Rev. John Wesley,* ed. John Telford. London: The Epworth Press, 1931, Seiten 221-222.)

[4] Vinson Synon, *In the Latter Days,* (Ann Arbor, Michigan: Servant Books, 1984), Seiten 36-37. Vgl. Frederick Dale Bruner, *A Theology of the Holy Spirit* (London: Hodder and Stoughton, 1970), Seiten 37-39, 46-47.

[5] D. Martyn Lloyd-Jones, *Joy Unspeakable* (Eastbourne; Kingsway, 1984, Seite 80).

[6] Reuben A. Torrey, *The Person and Work of the Holy Spirit* (New York: Fleming H. Revell Company, 1910), Seiten 176-210.

[7] Torrey, *Baptism in the Holy Ghost* (London: James Nisbet & Company Ltd. 1895), Seite 16.

[8] Synan, *Latter Days,* Seite 45.

[9] Siehe Edward O'Connor,»Hidden Roots of the Charismatic Renewal in the Catholic Church«, in Synan, *Aspects of Pentecostal – Charismatic Origins* (Plainfield, New Jersey: Logos International, 1975), Seiten 169-192.

[10] Russell P. Spittler,»The Pentecostal Tradition: Reflections of an „Ichthus"-iast«, Seite 5. (Eine unveröffentlichte Abhandlung, vorgetragen auf der Jahresversammlung der Evangelical Theological Society, 27.–29. Dezember, 1971, Gordon-Conwell Theological Seminary, South Hamilton, Mass.)

[11] Die Gewohnheit, Neubekehrte zu taufen, wurde (wahrscheinlich) gegen Ende der Zeit zwischen der Entstehung des Alten und des Neuen Testamentes von den Hillelitern bei den Juden eingeführt Die Hilleliter stützten sich bei ihrer Taufpraxis auf 4. Mose 15,14 und 2. Mose 24,8. Vgl. Oscar Cullman, *Baptism in the New Testament* (London: SCM, 1950), Seiten 11, 25.

[12] Charles E. Hummel, *Fire in the Fireplace: Contemporary Charismatic Renewal* (Oxford: Mowbray, 1978), Seite 185.

[13] Russell Spittler, ed. *Perspectives on the New Pentecostalism* (Grand Rapids: Baker Book House, 1976), Seite 186.

[14] Spittler,»The Pentecostal Tradition«, Seite 5.

[15] Ebd.

[16] Ich möchte an dieser Stelle nicht die Theorien über das Aufhören der Geistesgaben (z.B. die Gabe der Glossolalie) erörtern. Ich verweise auf meine Kommentare in den Kapiteln 7 und 8.

[17] Spittler,»The Pentecostal Tradition«, Seite 4.

[18] Ebd., Seite 6.

[19] C.S. Lewis, *Mere Christianity* (London: Fontana, 1970).

Anhang B

1　Christiaan DeWet, »Signs and Wonders in Church Growth«, Dissertation für Fuller Seminary's School of World Missions, Dezember 1981, Seiten 93-123.

2　Ebd., Seiten 95-96, Fußnote 3, Seite 98.

3　Ebd., Seiten 96-97.

4　Donald O. Young, in »Signs, Wonders and Church Growth in the Ivory Coast«, eine unveröffentlichte Abhandlung, geschrieben für MC:510 – Signs, Wonders and Church Growth, Fuller Theological Seminary, 1982.

5　Donald McGavran, »Healing and Evangelisation of the World«, Basilia Church Growth Seminar, 1979, Lehrplan, Seite 296.

6　DeWet, Seite 102, 106; vgl. »But What About Hicks?« *Christian Century,* 7. Juli 1954, Seiten 814-815.

7　McGavran, »Divine Healing and Church Growth«, eine Rede, gehalten vor einer Versammlung der Missionare der »Christian and Missionary Alliance« in Lincoln, Nebraska, 1979.

8　R.R. Cunville, »The Evangelisation of Northeast India«, eine unveröffentlichte Dissertation für Fuller Seminary's School of World Missions, 1975, Seiten 156-179.

9　G. Elford, »Signs and Wonders Among the Canadian Indians«, eine unveröffentlichte Abhandlung, geschrieben für MC:510 am Fuller Seminary.

Bibliographie

The Apostolic Fathers. London: Thomas Nelson.
Vol. 3. *Barnabas and the Didache.* 1965. Robert Kraft, ed.
Vol. 4. *Ignatius of Antioch.* 1966. Robert Grant, ed.
Vol. 6. *Hermas.* Graydon F. Snyder, ed.
Baird, Henry. 1895. *The Huguenots.* New York: Charles Scribner.
Vols. 1-2.
Baring-Gould, S. 1897. *The Lives of the Saints.* London: John Nimmo.
Vol. 3.
Barker, Glenn; William Lane and J. Ramsey Michaels. 1969. *The New Testament Speaks.* New York. Harper & Row.
Barrett, David. 1982. *World Christian Encyclopedia.* Oxford: Oxford University Press.
Barrett, Thomas Ball. 1927. *When the Fire Fell.* Oslo, Norway: Hansen and Soner.
Bartleman, Frank: *Feuer fällt in Los Angeles.* Fliß Verlag 1983.
Baxter, J. Sidlow. 1979. *Divine Healing of the Body.* Grand Rapids, Michigan: Zondervan Publishing House.
Bennet, Dennis: *In der dritten Stunde.* Leuchter Verlag 1972.
Blamires, Harry. 1978. *The Christian Mind.* London: SPCK.
idem. 1980. *Where Do We Stand?* Ann Arbor, Michigan: Servant Publications.
Bosworth, F. F. 1973. *Christ the Healer.* Old Tappan, New Jersey: Fleming H. Revell.
Bresson, Bernard L. 1966. *Studies in Ecstasy.* New York: Vantage Press.
Brown, Colin. ed. 1976. *The New International Dictionary of New Testament Theology.* Exeter: The Paternoster Press. 3 vols.
Bruce, F. F. 1971. *1 and 2 Corinthians.* London: Marshall, Morgan and Scott.
Brumback, Carl. 1961. *Suddenly From People.* Springfield, Missouri: Gospel Publishing House.
Bruner, Frederick Dale. 1970. *A Theory of the Holy Spirit, The Pentecostal Experience and the New Testament.* London: Hodder and Stoughton.
Cassidy, Michael. 1983. *Bursting the Wineskins.* London: Hodder and Stoughton.
The Catholic Encylopedia Dictionary. 1941. New York: The Gilmary Society.
Christenson, Larry: *Eine Botschaft an die charismatische Bewegung.* Edel Verlag 1974.

Cho, Paul Y.: *Die vierte Dimension. Verlag Gottfried Bernard.*

Coxe, A. Cleveland. 1951. *The Ante-Nicene Fathers.* Grand Rapids, Michigan: Eerdmans Publishing Company, Vol. 1,3,4,5,6.

Cross, Whitney R. 1950. *The Burned-over District.* New York: Harper & Row.

Cullmann, Oscar. 1951. *Christ and Time.* London: SCM.

idem. 1950, *Baptism in the New Testament.* London: SCM.

Curnock, Nehemiah. ed. nd. *The Journal of John Wesley.* London: Charles Kelley. Vol. 1,2,3.

Defferari, Joseph. nd. *The Fathers of the Church.* Washington, D.C.: The Catholic University of America Press.

Vol. 9. St. Basil, *Ancetial Works.*

Vol. 15. *Early Christian Biographies,*

Vol. 24. St. Augustine. *City of God.* Books 17-22.

Vol. 25. St. Hilary of Poitiers. *The Trinity.*

Vol. 39. St. Gregory the Great. *Dialogues.*

Vol. 44. St. Ambrose. *Theological and Dogmatic Works.*

Vol. 58. St. Gregory of Nyssa. *Ascetical Works.*

Dix, Gregory. ed. 1968. *The Treatise of the Apostolic Tradition.* London: SPCK.

Douglas, J. D. ed. 1974. The New International Dictionary of the Christian Church. Exeter: Paternoster Press.

Drummond, Andrew L. nd. *Edward Irving and His Circle.* London: James Clark & Co.

Dunn, James D. G. 1970. *Baptism in the Holy Spirit.* London: SCM.

idem. 1975. *Jesus and The Spirit.* London: SCM.

Dudden, F. Homes. 1905. *Gregory the Great.* New York: Russell & Russell.

Easton, Burton. ed. 1934. *The Apostolic Tradition of Hippolytos.* Cambridge: Cambridge University Press.

Elliot, Elisabeth. 1981. *The Savage My Kinsman.* Ann Arbor, Michigan: Servant Books.

Engel, James and Wilbert, Norton, 1975. *What's Gone Wrong with the Harvest?* Grand Rapids, Zondervan.

Fordsham, Stanley: *Smith Wigglesworth: Apostel des Glaubens.* Leuchter Verlag 1967.

Fox, George. 1901. *The Journal of George Fox.* London: Friends Tract Association. 2 Vol.

Frazier, Claude. ed. 1973. *Faith Healing: Finger of God? or Scientific Curiosity?* New York: Thomas Nelson.

Gibbs, Eddie. 1981. *I Believe in Church Growth.* London: Hodder & Stoughton.

Giles, John A. ed. nd. *The Venerable Bede's Ecclesiastical History of England.* London.

Gordon, A. J. 1802. *The Ministry of Healing.* Harrisburg: Christian Publication inc.

Grant, Robert M. 1971. *Augustine to Constantine.* London: Collins.

idem. 1946. *Second Century Christianity.* London: SPCK.

Green, Michael, 1975. *I Believe in the Holy Spirit.* London: Hodder & Stoughton.

Grossmann, Siegfried. 1971. *Charisma: The Gifts of the Spirit.* Wheaton: Key Publications.

Harper, Michael. 1965. *As at the Beginning: The Twentieth Century Pentecostel Revival.* London: Hodder & Stoughton.

idem. 1979. *Three Sisters.* Wheaton, Illinois: Tyndale House Publishers.

Harrell, David Allen, 1975. *All Things Are Possible.* Bloomington: Indiana University Press.

Hermann, Placid ed. nd. *St. Francis of Assisi.* Chicago: Herald Press.

Hoge, Dean. 1981. *Converts, Dropouts, and Returnees.* Washington, D.C.: United States Catholic Conference.

Hummel, Charles E. 1978. *Fire in the Fireplace.* Oxford: Mowbrays.

Hunter, A.M. 1980. *Christ and the Kingdom.* Edinburgh: The Saint Andrew Press.

Hunter, James Davison, 1983. *American Evangelicalism.* New Brunswick, New Jersey: Rutgers University Press.

Jacquet, Constance. 1983. *Yearbook of American and Canadian Churches.* Nashville.

Johnston, Robert K., editor. 1985. *The Use of the Bible in Theology – Evangelical Options.* Atlanta, Georgia: John Knox.

Kallas, James. 1966. *The Satanward view; A Study in Pauline Theology.* Philadelphia: The Westminster Press.

idem. 1968. *Jesus and The Power of Satan.* Philadelphia: The Westminster Press.

idem. 1975. *The Real Satan.* Minneapolis: Augsburg Publishing House.

Kavanaugh, Kienan. ed. 1976. *The Collected Works of St. Teresa of Avila.* Washington D.C.: ICS Publications.

Kelsey, Morton T. 1964. *Tongue Speaking: An Experiment in Spiritual Experience.* New York: Doubleday & Company.

idem. 1968. *Tongues Speaking.* London: Hodder and Stoughton.

idem. 1973. *Healing and Christianity.* London: SCM.

Kittel, G. ed. 1964. *Theological Dictionary of the New Testament.* Grand Rapids, Eerdmans.

Kraft, Charles H. 1979. *Christianity in Culture.* Maryknoll: Orbis Books.

Kreiser, Robert. 1978. *Miracles, Convulsions, and Ecclesiastical Politics in Early Eighteenth-Century Paris.* Princeton: Princeton University Press.

Ladd, George Eldon. 1964. *Jesus and the Kingdom.* London: Harper & Row.

idem. 1974. *A Theology of the New Testament.* Guildford: Lutterworth Press.

idem. 1974. *The Presence of the Future.* Grand Rapids, Eerdmanns.

Langton, Edward. 1949. *Essentials of Demonology: A study of Jewish and Christian Doctrine, Its Origin and Development.* London.

Lasch, Christopher. 1977. *Haven in a Heartless World*. New York: Basic Books, Inc.

Laurentin, Rene. 1978. *Catholic Pentecostalism*. London: Darton, Longman and Todd.

Lindsell, Harold. 1983. *The Holy Spirit in the Latter Days*. Nashville, Thomas Nelson.

Lloyd-Jones, D. Martyn. 1984. *Joy Unspeakable*. Eastbourne: Kingsway Publications.

Martin, Ralph. 1975. *Fire on the Earth*. Ann Arbor, Michigan: Servant Books.

MacArthur, John. 1978. *The Charismatics*. Grand Rapids: Zondervan Publishing Company.

MacNutt, Francis. 1974. *Healing*. Tenbury Wells: Fowler Wright Books Ltd.

McDonald, William. G. gen. ed. 1967. *New Catholic Encyclopedia*. Washington D.C.: The Catholic University of America. Vol. 14.

McDonnell, Kilian, and Arnold Bittlinger. 1972. *The Baptism of the Holy Spirit as an Ecumenical Problem*. South Bend, Indiana: Charismatic Renewal Services.

Monden, Louis. 1960. *Signs and Wonders*. New York: Desclee.

Monterosso, Victor, William Reed, and Harman Johnson. 1969. *Latin American Church Growth*. Grand Rapids: Eerdmans.

Moore, Louis. nd. *The Visitor*. np.

Murray, Andrew: *Fülle des Pfingstsegens*. Leuchter Verlag 1985.

Nickalls, John. ed. 1975. *The Journal of George Fox*. London: Religious Society of Friends.

Olsson, Karl A. 1962. *By One Spirit*. Chicago: Covenant Press.

Oswald, Hilton. ed. nd. *Luther's Works*. Saint Louis: Concordia Publishing House. Vol. 25.

Packer, James I. 1984. *Keep in Step with the Spirit*. Leicester: IVP.

Penn-Lewis, Jessie. nd. *The Awakening in Wales*. Ft. Washington: Christian Literature Crusade.

Pilkington, J. G. ed. 1963. *The Confessions of St. Augustine*. New York: Liveright Publishing Co.

Price, Charles: *Von Gott erwählt*. Fliß Verlag 1982.

Quebedeaux, Richard. 1974. *The Young Evangelicals*. London: Harper & Row.

idem. 1976. *The New Charismatics*. New York: Doubleday.

idem. 1978. *The Worldly Evangelicals*. New York: Harper & Row.

idem. 1983. *The New Charismatics II: How a Christian Renewal Movement Became Part of the American Religious Mainstream*. San Francisco: Harper & Row.

Ignatius v. Loyola mit Vorwort von Karl Rahner: *Geistliche Exerzitien*. Herder Verlag, 1985. 6. Auflage.

Ranaghan, Kevin and Dorothy Ranaghan. 1969. *Catholic Pentecostals.* - Paramus, New Jersey: Paulist Press.

Rogers, Jack. 1974. *Confessions of a Conservative Evangelical.* Philadelphia: The Westminster Press.

Ridderbos, Herman. 1962. *The Coming of the Kingdom.* Philadelphia: Presbyterian and Reformed.

Sandford, John and Paula Sandford. 1982. *The Transformation of the Inner Man.* South Plainfield, New Jersey: Bridge Publishing, Inc.

Schaff, Philip and Henry Wace. nd. *Nicene and Post-Nicene Fathers.* Grand Rapids: Eerdmans Publishing Company. Series 1: Vol. 1,7,8,12,16. Series 2: Vol. 1,6,7.

Sire, James. 1977. *The Universe Next Door.* Leicester: IVP.

idem. 1980. *Scripture Twisting.* Downers Grove: Inter Varsity Press.

Sogaard, Viggo. 1984. Unpublished Ph. D. Dissertation, Fuller Theological Seminary, Pasadena, California.

Spittler, Russell P. 1971. »The Pentecostal Tradition: Reflections of an „Ichthus"-iast« unpublished paper.

idem. ed. 1976. *Perspectives on the New Pentecostalism.* Grand Rapids: Baker Book House.

Synan, Vinson. 1972. *The Holiness-Pentecostal Movement in the United States.* Grand Rapids, Michigan: William B. Eerdmans.

idem. 1974. *Charismatic Bridges.* Ann Arbor, Michigan: Word of Life.

idem. 1984. *In the Latter Days.* Ann Arbor, Michigan: Servant Books.

Tappert, Theodore B. ed. nd. *Luther: Letters of Spiritual Counsel.* The Library of Christian Classics. Philadelphia: The Westminster Press. Vol. 18.

Telford, John. ed. 1931. *The Letters of John Wesley.* London: Epworth. Vol. 2

Thompson, A.H. ed.nd. *Bede, His Life, Times and Writings.* London: Oxford Press.

Tippett, Alan, R. 1971. *People Movements in Southern Polynesia.* Chicago: Moody Press.

Tozer, A. W. *How to Be Filled with the Holy Spirit.* Harrisburg, Pennsylvania: Christian Publications, Inc.

Torrey, Reuben A. 1910. *The Person and Work of the Holy Spirit. New York:* Fleming H. Revell Company.

idem. 1895. *Baptism in the Holy Ghost.* London: James Nisbet & Company Ltd.

Tydings, Judith. nd. *Gathering A People.* np.

Vine, W.E. 1940. *An Expository Dictionary of New Testament Words.* Basingstoke: Oliphants.

Vos, Geerhardus. 1972. *The Kingdom of God and the Church.* Nutley, New Jersey: Presbyterian and Reformed Publishing Company.

Wagner, C. Peter. 1972. *Frontiers in Missionary Strategy.* Chicago: Moody Press.

idem. 1973. *What Are We Missing?* (Formerly titled *Look Out! the Pentecostals Are Coming) Carol Stream, Illinois: Creation House.*

idem. 1976a. *Your Church Can Grow.* Ventura, California: Regal Books.

idem. 1976b. *Your Spiritual Gifts Can Help Your Church Grow.* Ventura, California: Regal Books.

idem. 1981. *Church Growth and Whole Gospel.* New York: Harper and Row.

idem. 1983. *On the Crest of the Wave.* Ventura, California: Regal Books.

Warfield, Benjamin B. 1918. *Counterfeit Miracles.* Edinburgh: The Banner of Truth Trust.

Warren, Max. 1976. *I Believe in the Great Commission.* London: Hodder & Stoughton.

Watson, David. 1976. *I Believe in Evangelism.* London: Hodder & Stoughton.

idem. 1981. *Called & Committed.* London: Hodder & Stoughton.

Wells, David. 1972. *Revolution in Rome.* London: Tyndale.

Woodworth-Etter, Maria. 1976. *Her Life and Ministry.* Dallas: Christ for the Nation.

Projektion J - Missionswerk e.V. Hochheim stellt sich vor

PJ möchte

Menschen auf die Grundlagen des christlichen Glaubens hinweisen; sie zu einer geistlichen Verantwortung für das kirchliche und gesellschaftliche Leben heranführen;
keine neue kirchliche Organisation oder Gemeinde gründen, sondern neue, lebensnahe Impulse in allen Kirchen fördern und zu geistlicher Erneuerung beitragen.

PJ veranstaltet

in Verbindung mit örtlichen Kirchengemeinden oder anderen kirchlichen Organisationen: Glaubensseminare, Schulungen für kirchliche Mitarbeiter, Jugendprogramme und -freizeiten, Musik- und Konzertabende, Gottesdienste; in eigener PJ-Verantwortung: missionarische Veranstaltungen. Jugendtagungen und Jugendlager, Familientagungen, Konzerte und Tourneen, den PJ-Gästeabend an jedem Sonntag in Hochheim.

PJ konzentriert sich

auf eine konstruktive Zusammenarbeit mit anderen Gruppen, Organisationen, Kirchen und Gemeinden und arbeitet im Rahmen der Geistlichen Gemeinde-Erneuerung.

PJ besteht aus

einem eingetragenen Verein mit sieben Mitgliedern und einem Mitarbeiterkreis von zur Zeit 5 hauptberuflichen und 35 ehrenamtlichen Mitarbeitern, die jeweils verschiedenen Konfessionen angehören.

PJ finanziert sich

als ein freies - keiner Kirche, öffentlichrechtlicher oder privatrechtlicher Religionsgesellschaft angegliedertes - Missionswerk aus Spendenbeiträgen von Mitgliedern, Freunden und Förderern des Vereins und seiner missionarischen Arbeit.

Fordern Sie den kostenlosen PJ-Report bei uns an.

Projektion J - Missionswerk e.V. Postfach 1380 · 6203 Hochheim

Jesus hat für Kranke gebetet. Wenn er
unser Vorbild im Glauben und Handeln
ist, können wir seine Heilungen nicht
einfach ignorieren. Auf diese Formel
bringt der kalifornische Pastor John
Wimber den Auftrag Jesu, für Kranke zu
beten.
Wimber führt eine Fülle biblischer Aussagen zu dem Thema an. Er weist in dem
vorliegenden Buch nach, welche zentrale
Bedeutung dem Thema Heilung im
Neuen Testament, insbesondere in den
Evangelien, zukommt. John Wimber
wendet sich deutlich gegen Vorstellungen, Gebet für Kranke sei heute nicht
mehr aktuell oder nur ein Auftrag für
wenige besondere Christen. Über weite
Teile des Buches berichtet Wimber ehr-
lich über eigene Erfahrungen mit dem
Dienst an Kranken. Er läßt auch die Erfahrungen nicht aus, bei denen sich — trotz
Gebet — keine Heilung einstellt. Auch
wenn Gott nicht immer heilt, so Wimber,
sind doch alle Christen zu diesem Dienst
berufen, mit dem das Reich Gottes ausgebreitet wird. Das Buch vermittelt eine
praktische Hinführung zum Gebet für
Kranke, ohne einen verbindlichen Me-
thodenkatalog zu entwerfen. Daß christliche Kirchen den Auftrag, für Kranke zu
beten, heute vernachlässigen, ist für den
Autor ein deutliches Anzeichen für die
mangelnde Vollmacht der Christen.

JOHN WIMBER + KEVIN SPRINGER

HEILUNG IN DER KRAFT DES GEISTES

Vorwort von Günter Oppermann
277 Seiten, Pb

ISBN 3-925352-p6-6

Projektion J Verlag GmbH, Postfach 1380, D-6203 Hochheim

Erweckung - wir alle warten sehnsüchtig darauf, beten und kämpfen dafür, sehen schon Ansätze davon. Wenn all das, was wir verstandesmäßig wissen, in die Praxis umgesetzt wird; wenn Mitarbeiter und Leiter in verantwortungsvollen Positionen kompromißlos den Weg der Nachfolge Jesu gehen, werden wir Erweckung erleben, die nicht nur im kirchlichen Bereich steckenbleibt, sondern alle Gruppierungen unserer Gesellschaft erreicht. Wie kommen wir allerdings zu diesem Dienst in Vollmacht? Allein die tiefe Beziehung zu Gott befähigt uns als Mitarbeiter und Leiter zu einem Dienst in Freude, Verantwortung und Vollmacht. Doch »... ich weiß zwar, daß Gott die ganze Menschheit liebt, aber mich kann er doch gar nicht lieben. Ich kann zwar verstehen, warum er andere erwählt hat, doch ich weiß, daß er mich in Wirklichkeit gar nicht will«. Es mag vielleicht erstaunlich klingen, aber »Leiter gehören zu den unsichersten Menschen, die ich je getroffen habe. Viele arbeiten Tag und Nacht, weil sie sich so ungeliebt fühlen und so unsicher, ob Gott sich um sie sorgt.«

Dieses Buch hilft, sich ganz neu der Liebe Gottes zu uns und seiner Berufung zum Dienst auf verschiedensten Ebenen bewußt zu werden.

CHARLES SIPTHORPE
UNTER HÖHEREM BEFEHL
Prinzipien christlicher Leiterschaft
228 Seiten, Pb
ISBN 3-925352-04-X

Projektion J Verlag GmbH, Postfach 1380, D-6203 Hochheim